U0857747

# 徐家庄村

山东村落田野研究丛书

张士闪 李松 总主编

李然 著

山东大学出版社

## 《山东村落田野研究丛书》
## 编委会

# 总序

编纂一套山东村落田野调查方面的丛书，立意甚早。20多年来，以山东大学为核心的山东民俗学团队，每年都会安排多次村落田野调查活动，许多博士、硕士学位论文也以村落为田野点，注重对田野材料的挖掘与分析，紧贴乡土作实证研究，迄今竟有百村之数。学术论文的阅读群终归有限，将这些辛苦得来的第一手田野资料，以写实的手法呈现出一个个真实的村落世界，向社会提供一份可信的国情资料，一直是我们共同的心愿。

2016年夏，山东大学民俗学研究所与山东大学出版社共同策划、申报“山东村落田野研究”选题，并于2017年春被列入国家出版基金规划资助项目，夙愿终偿。我们从以山东村落为田野点的博士、硕士学位论文中遴选出20种，邀约作者遵循“深描村落生活，凸显村民主体，梳理乡土文脉，展现国情底色”的原则，进行改写或重写。为使这一原则不致落空，我们课题组密集举办三次小型研讨活动，达成如下共识：

首先，小中见大，述而见议。这套丛书所选村落虽然都在山东，但学术视野并不自我设限，讲究以小见大，寓学理于讲述之中，助推对于中国社会的深入理解。这需要作者秉持综合、开阔的学术眼光，既关注村落的历史脉络，涵括其驳杂的历史动态，又聚焦当今村民主体话语，反映村落的社会现实和未来走向。

其次，关注传承，着眼动态。在乡土社会发生剧变的当下，我们理应重新观察和思考作为人类最基本的生活共同体的村落，关注其自治传统的传承及组织机制，得出符合其自身历史实际和内在逻辑的阐释。村落描述，不应该成为乡村琐事的拼盘，也不是对于一个个村落凝固幻象的编织，甚至也

不应满足于立此存照式的一幅幅风俗画。我们深信，就在众多村落所呈现的异同之间，蕴含着中国基层社会的真正奥秘。

再次，村民本位，日常视角。坚持村落民俗志描述中的村民本位，摆脱那种将文人的文字传统视为“唯一性知识”的旧习，将村民日常使用更广泛的口述、物象、仪式等知识形式，放在至少是与文字同等的位置。我们深知，白纸黑字所代表的文字表达传统，仅仅是占社会总体人数很少的文人阶层所推重的一种特殊知识形式，而远非人类知识之全部。在乡村社会中尤其如此。将村落的历史、当下与未来贯穿起来的村民，在“过日子”中凝结而成的丰富知识形式，理应在村落民俗志中显现光彩。我们期望这套丛书出版后，不仅供学者研究、都市人阅读，还有村民愿看，甚至成为村落典藏。让乡土知识真正实现“从民众中来，到民众中去”，是我们最大的心愿。

新世纪以来，随着以全球化、都市化为特征的现代生活的迅速普及，乡土民俗的连续性、系统性、整体性已严重受损，曾作为中国社会主体的乡土村落正经历巨变。但无论如何，村落依然是中国传统文化的重要承载地，农民是绝不可轻忽的文化传承主体。当代学者的一项重要使命就是关注村落，将村落中的人、事、文化传统与生活现状等视为一个整体，通过深描村落社会运行的逻辑，阐释村民的生活世界及其赋予生活的意义之所在，并在此基础上对其组织形态、机制及变迁予以描述与推导，这对于理解中国乡村文化传承乃至整个中国社会大有裨益。我们深知：梳理中国村落的历史来路，叩问其从何而来；展示由形形色色民俗事象所构成的村落人文世界，理解现状与内在脉络；观察村落在现代化进程中的遭遇与新创，关注其向何处去——这应该成为村落研究介入当代中国社会发展、彰显乡村文化茁壮活力的基本向度。

## 一、中国村落研究传统

生于乡土，终老乡土，曾在漫长岁月中被绝大多数国民视若天经地义，这一社会事实本身即足以显示村落的意义。我们相信，“在村落中研究”（格尔兹语）的学术实践，在当今“世界史”“全球史”风起云涌之际，不仅没有过

时，而且不可或缺。毕竟，无论是重述“亚洲”，还是重述“世界”，我们仍要以乡土中国为立足点。

传统意义上的村落，自有其历史渊源与发育过程。村落社会的组织与运行，离不开稳定的民俗传统的传承。民俗传统既具有群体规约性质，又能为民众提供身份认同与人生意义，因而蕴含生机，常在常新。村落之为“问题”，乃是19世纪末20世纪初，一批知识分子基于晚清社会之变局“眼光向下”的产物：一方面，受西方入侵影响，新的生产方式与经济结构已日益内嵌于中国基层社会，传统时代城乡互动的社会运行模式被打破，作为中国乡土社会基本单元的村落日渐萎缩，成为当时中国社会整体发展失衡状况的表征之一；另一方面，以“西学东渐”为背景而形成的革命性、现代性强势话语，逐渐渗入乡土社会，持续改写着村落发展的内在逻辑，造成了民间自治传统的失衡或断裂。[①] 以此为背景，乡土社会成为当时知识精英普遍关注与“拯救”的对象，村落则成为中国现代学术研究的重要单元。

诚然，学术活动不能没有研究单元的设计。20世纪上半叶，以费孝通、林耀华等为代表的中国学者，就注意选择村落或村寨为研究单元，并在其学术生涯中长期坚持，认为村落既是便利研究者做全面了解的较小的社会单位，又是反映人们社会生活的比较完整的切片。[②] 其中奥秘，恰如英国人类学家布朗所强调的，对于一个村庄进行细致入微的研究的意义在于——既要看到村落社区生活的某一个方面在整体的社会生活中的功能，也要看到这个村落本身的组成结构。[③] 钟敬文在1983年中国民俗学会成立的讲话中，将“搞民俗学当然着重在广大农村”当作不言而喻的前提[④]，后又在不同场合多次表述，获得了国内民俗学界的广泛响应，乃至成为经典范式。20世纪90年代初，刘铁梁从民俗传承生活空间的角度，论述了村落作为基本研究

① 参见张士闪：《“顺水推舟”：当代中国新型城镇化建设不应忘却乡土本位》，载《民俗研究》2014年第1期。

② 参见费孝通：《江村经济——中国农民的生活》，商务印书馆2001年版，第24页。

③ 转引自赵旭东：《权力与公正——乡土社会的纠纷解决与权威多元》，天津古籍出版社2003年版，第10页。

④ 参见钟敬文：《民俗学的历史问题和今后的工作》，载《钟敬文自选集》，首都师范大学出版社2008年版，第409页。

单位的意义，明确了村落研究在民俗学学科中的理论地位。[①] 时至今日，以村落为单元进行研究的学者仍为数众多，跨越民俗学、人类学、社会学、历史学、民族学、艺术学等学科。诚然，在国土广袤的中国，无论从事怎样的课题研究，从相对自成体系而又较小的村落生活共同体入手，自有其合理性，而且有望产生深厚的学术理论意义。更何况，村落研究还被赋予认知历史、立足当下、面向未来的重要使命。村落形态尽管一直处于或微或巨的变化之中，但它所塑造的文化模式与传统，在可预见的未来中国仍具重要价值，乃是不争的事实。

但与此同时，对于以村落为研究单元的批评一直不绝于耳。美国学者施坚雅的批评可谓尖锐："研究中国社会的人类学著作，由于几乎把注意力完全集中于村庄，除了很少的例外，都歪曲了农村社会结构的实际。如果可以说农民是生活在一个自给自足的社会中，那么这个社会不是村庄而是基层市场社区。"[②]在施坚雅的"市场圈"理论之后，又陆续出现了祭祀圈、婚姻圈、联村组织等研究范式，对村落研究模式予以拓展，努力将村落单元置于更大范围的区域社会脉络中予以理解。毕竟，村落社会并非村民的简单集合，村民生活也并非只与村落有关。自古及今，村民与村外世界联系的普遍性是无可置疑的。[③]

围绕村落作为研究单元的种种争论，有相当多的误解在内。比如：对于村落生活共同体的基本理解，是被动、静态，还是动态、开放？争论双方其实是基于不同的预设。村落研究，如果将村落理解为动态、开放的社区，就应该成为从村落出发的研究，以小见大地拓展个案研究的价值，而那种从较大区域展开的研究，如果将村落理解为被动、静态的社区，也不见得就一定贴

---

① 参见刘铁梁：《村落——民俗传承的生活空间》，载《北京师范大学学报（社会科学版）》1996 年第 6 期。最近，他对此作了更明确的表述："村落被民俗学者视为田野调查的最佳场域，也是最基本的空间单位……民俗学把村落作为一个整体的小社会进行观察和分析。在村落中观察到的民俗文化事象，具有时空的限制意义。"（刘铁梁：《"深描"中国村落文化变迁》，载 2017 年 7 月 10 日《中国社会科学报》）

② ［美］施坚雅（G. William Skinner）：《中国农村的市场和社会结构》，史建云、徐秀丽译，中国社会科学出版社 1998 年版，第 40 页。

③ 即使在前现代化时期，村落本身也不可能像老子所说的"鸡犬之声相闻，民至老死不相往来"，如多村共用一庙、信仰仪式的村落轮值等。当代学界热衷于以"古村落""传统村落"等为研究对象，频繁使用"原生态""原汁原味""本真性"等概念，其实都是以将封闭自足视作村落的"典型"状态为预设的。

近了“农村社会结构的实际”。其中的关键,是对于乡村社区与村民主体之间互动关系的理解,而不在于所选择的研究单元的大与小。即便是规模不大的村落,毕竟也是民众多种力量共存的、活态的生活共同体。其实,在中国乡土社会研究中,真正让人遗憾的是对于村民主体性的轻忽或漠视,这是在上述研究模式中一直未能得到根本改变的死角。

## 二、村落研究,应聚焦民众主体

绝大多数的村落研究,往往将民众的文化笼统地归于“民俗”,似乎民众的文化生命是以“民俗传承”来丈量或维系的。厘清民众与民俗的关系,将有助于拨开笼罩在村落研究中的多重迷雾。民俗,究竟是民众自发的文化创造,还是基于“一二人倡之,千百人和之”的精英引领,抑或不过是国家大一统进程中“礼化为俗”的结果?细究之,上述三种观点虽都不免以偏概全,却也都道出了民俗的某一要义。若将三者统观,庶有助于对“民俗”乃至村落的理解。

首先,民俗的本质是民众主体的文化创造,自无可置疑。民俗传统,即民众在长期生活实践中,以约定俗成的方式促使某种价值规范发生从世俗到超验的升华过程。值得注意的是,这一升华过程绝不是一朝一夕所能成就,也并非一成不变,而是在民众生活共同体内部始终蕴含着多变的可能,呈现出活态性质。同时,再有力的国家行政运作,也无法随意篡改民俗传统或改变村落社会的民众主体性质。近年来对于当代村落的近距离观察,使我们更加确信:在当下新型城镇化的浪潮中,民俗传统不仅没有遁隐,而且变得更富弹性与多元。时至今日,某些村落的发展轨迹时显诡异,其“突然终结”与“奇迹再生”之现象让人大感迷惑。究其实,民众力量在社会剧变中的屈抑与释放当是理解这一现象的重要维度。

其次,自古以来,民俗的形成与发展均离不开知识精英的引领作用。我们在田野作业中发现,很多民俗传统一开始是作为事件应激之文化反应而出现的,如村落形成之初的生存所需、灾乱年头的秩序维持、太平时期的发展机遇捕捉等。这种因应激而形成的文化反应,不会随着事件的完结而迅即消失,而是沉淀、扩散到地方生活中,形成社会经验,此后又会在后发的事

件应激中被运用，最终磨合成一种社会行为模式。在应激事件、应激性文化反应与社会行为模式的互动过程中，离不开少数文化精英的有意识运作，并最终使之沉淀为乡土民俗。恰如“民俗”之作为现代学术概念，也是伴随着现代城市化的发展进程而为知识精英所发明并设置意义的。正像铃木正崇所说：“直到近代，‘民俗’与‘传统’在消灭和生成的间隙中得以发现。”[①]不过，少数知识精英的引领作用，从来是与其“适于时而合于势”的行为选择密切相关的。兹以地方志书中的灾荒记录为例予以简单说明。地方志书中总是凸显地方精英的非凡作用，比如为减税急赈而为民请命、订约立碑以控制社会秩序等，而将一方民众作为背景因素，至多以“民不聊生”“饥民四起”等语大略言之。这显然并非社会事实。实际上，精英的行为往往是受地方社会情势所激，其对于当时国家政治态势的估测，与对于地方民众心理的揣度，为其行为选择提供了关键性依据。但作为地方社会情势重要构成因素的民众，却在地方志书中被大大忽视了。

再次，中国很早以来就已形成所谓的“礼俗社会”，传统中国作为一个复杂社会系统，在民间生活与国家政治之间有着复杂而深厚的同生共存关系。纵观一部中华文明传承发展史，国家意识形态经常借助对民俗活动的渗透而在乡村生活中贯彻落实，形成“礼”向“俗”落实、“俗”又涵养“礼”的礼俗互动的政治框架。礼俗互动，既包括民众向国家寻求文化认同并阐释自身生活，也体现为国家向民众提供认同符号与归属路径。换言之，借助民俗文化的生机跃动，民间社会始终发挥着对于主流文化的葆育能力。以此为基础，在中国社会悠久历史进程中的“礼俗互动”，就起到了维系“国家大一统”与地方社会发展之间平衡的作用。[②] 国家政治与民间自治之间的互动关系，不仅形塑着社会组织的基本形式，也由此产生了社会生活层面的文化交织现象：“国家对村落的政治干预与民间自治之间有长期互动的历史，结果是形成了今天（家族村落）聚落联合体的基本组织形式。”[③]以此理解中国大地上的众多村落，庶有较通观的眼光。

---

① ［日］铃木正崇：《日本民俗学的现状与课题》，赵晖译，载王晓葵、何彬编：《现代日本民俗学的理论与方法》，学苑出版社 2010 年版，第 3 页。

② 参见张士闪：《礼俗互动与中国社会研究》，载《民俗研究》2016 年第 6 期。

③ 刘铁梁：《传统乡村社会中家庭的权益与地位——黄浦江沿岸村落民俗的调查》，载《北京师范大学学报（社会科学版）》2001 年第 6 期。

## 三、村民口述的意义

走进村落，不仅要关注“民生”，而且要体察“民心”，感受民众生活史与心态史的双重意义。面对民众的生活与文化，传统的学术工具似乎不那么灵光了。

比如，我们在村落调查中，经常有各种各样的困惑。为什么历史上的某一事件，会频繁地被村民表述，还被表述者加上了许多的发明和创造？不仅如此，看起来离“真相”越来越远的表述，反倒经常成为后人的话题中心，并在现世生活的裹挟下发生效用，而事件本身（即所谓“真相”）倒不见得重要了。还有，为什么是历史上的这一事件而不是另一事件，频繁地被这一地方而不是另一地方的人不断关注，并“折腾”出了这样的而不是别样的传统？有果必有因，有事必有人，民间自有其文化选择与传承的机制——没有关注，就不会有表述；没有关注和表述，就不会有传统的发明和创造。

显然，前者关注的是一种文化传承的线性历史，后者则关注其内在结构逻辑，耶鲁大学教授萧凤霞试图以“结构过程”①涵括二者。要想真正地解惑答疑，就必须在具体的区域社会空间中将二者结合起来，关注某一传统从过去到现在的建构过程与多元指向，并特别聚焦其主体表述。这一研究模式的策略是，一种传统在不同时代留下的表述有或微或巨之别，而就在种种表述的同异之中，蕴含着区域社会发展的历史脉络与内在逻辑。因此，我们的工作首先是挖掘各种表述，然后在各种表述之间寻找关联，总结民间叙事的特征，并在此基础上还原“社会事实”，建构逻辑关系。鉴于历史上官方、知识精英与民众的互动情形驳杂不一，我们今天所见的“传统”基本上都已经历过无数次改写，只是我们难以知情罢了，因此必须保持足够的警觉。这也意味着，我们在关注传统的线性历史脉络的同时，要特别关注地方社会中人的创造能力及创造逻辑。

用这样的眼光看，民间口述材料中所谓的“随意性”，不但不应是拒绝采信的理由，反倒要视为民间叙事乃至地方生活的应有特征，为我们解读历史

① 萧凤霞：《廿载华南研究之旅》，载《清华社会学评论》2001年第1期。

提供了一种相对稳实可靠的地方逻辑。一个人(当然也包括多人)对于同一事件的不同表述,既可以是基于生活状态与交流情境不同而形成的差异,也可能是他对事件表述的不同侧面的选择,还可能是他自身"觉昨非而今是"而有所改变的结果。叙事者,既是能动的个体,又会受到国家历史进程与地方社会发展格局的影响。更重要的是,国家历史进程与地方社会发展并不是作为人类个体活动的静态背景而存在的,而是通过无数个体的能动性活动才得以实现的。个体与群体的叙事及其他行为,对于地方社会发展与国家历史进程的推动作用,至今尚难以准确估测,但在它们之间存在着至为复杂的关联与互动关系,则毫无疑问。因此,民间叙事基于村落生活而呈现出的所谓"随意性",不但不是田野研究的绊脚石,反倒蕴含着学术进步的契机,因为这是理解村民的历史观、价值观的必由之径。

村落中的民间叙事,还会努力保持与地方志、族谱、文人著述等文字传统的一致性。比如,它们都倾向于将本地区的历史与文明传统演绎得悠久古老,竭力与上古圣贤、神灵怪异建立关联,以贴近"人杰地灵"的叙事逻辑。显然,地方社会一直在不断地重新定义和建构自身传统的神圣与伟大,只不过官方和文人的叙事多以县境为单元,村民则多以村境为指向,官民之间经常发生的"文化合谋"即在此背景下展开。这与现代婚礼上对于恋人"缘分"的演绎,电视选秀者对其生平际遇的"赋值"等现象,如出一辙。其中的关键是如何建构叙事的合理性,以感染受众,并挟以自重。由此可知,执着于对民间叙事证实或辨伪的学者,既难以理解历史,也不能洞悉民众智慧。

村落研究,是不能不将历史学与民俗学、人类学的研究方法加以综合运用的。就村落史研究的学科传统而言,历史学追求历史真相,其研究注重证实或辨伪,而民俗学、人类学则关注民众如何记忆历史,以及为什么这样记忆历史。村民的历史记忆可以是虚构的、附会的、可改变的,因为它指向的是意义。比如,在山东各地的移民传说中,潍水以西大都说是来自山西洪洞大槐树(有的强调是由河北枣强中转而来),潍水以东的胶东半岛则普遍流传着"小云南移民"的说法。虽然众口一词言之凿凿,但在历史上不可能村村如此。然而,人们还是将传说演绎为一种显赫话语,争相讲述、争论与传播。在争来说去之间,这一传说就被广阔地域的人们演绎为一种有意义的历史记忆,衍生出文化认同、精神安顿等现实意义。克拉克认为:"人类学者

一向比社会学者和历史学者对于历史意义的重要性更为敏感。和'什么事实际上发生过'同样重要的，是'人们以为发生过什么样的事'，以及他们视它有多么重要的。"①真正的村落研究，不仅是在为包括历史学在内的多种学科提供民众口述资料，其实还有更为重大的使命，就是挖掘和呈现民众生活实践中的文化创造及其价值建构。遗憾的是，后者至今仍为包括民俗学者在内的众多学人所轻忽。

## 四、以学者与村民合作的民俗志书写方式，推进当代村落研究

近年来学界劲吹"田野风"，进入村落成为时尚。特别是有老建筑遗存的古村，学人更是纷至沓来。热衷于进村者，并非都出于对村落价值的珍视与对村落发展的关怀，但对村落的影响却是强大而持续的。在这一切的背后，是国家战略聚焦乡村，社会资本涌入乡村，乡村成为当代社会的"宝地"。

历史告诉我们，乡村社会的良好发展是国家长治久安的基础。不过，在此时此刻，如下追问也许并非多余：我们真正了解我们匆遽进入的乡村吗？我们所理解的、要保护的乡村文化生态是自然真实且可持续的吗？我们的意愿也是生于斯长于斯的众多父老乡亲的愿望吗？这方水土会因我们的进入而更加美好吗？须知，在"现代化发展"这一庞然大物面前，乡村自然与人文生态系统是何等脆弱，而乡村所积淀的传统智慧对于人类未来发展则弥足珍贵，任何人、任何力量都无权损之毁之。广阔的农村天地首先需要被准确认知，然后才有可能"大有作为"。面对村落，如何才能更好地认知、更深入地理解与更准确地描述呢？

就本套丛书的众多作者而论，虽然早先在博士、硕士学位论文的写作过程中，已对村落有相当了解，但受到学位论文写作时间的限制与研究能力的制约，其村落民俗志描述少有村民的内部视角。我们期望在这套丛书的写作中，通过学者与村民的深度合作，尽量多地呈现二者的不同视角，尽

① [美]克拉克(Samuel Clark)：《历史人类学、历史社会学与近代欧洲的形成》，贾士蘅译，载[加]玛丽莲·西佛曼、P. H. 格里福编：《走进历史田野——历史人类学的爱尔兰史个案研究》，(台北)麦田出版股份有限公司1999年版，第386页。

量多地留存鲜活的乡土气息。

1. 对于村民的内部知识，不妄加评论，而采用现象描述的方式，呈现真实的民众心态。

初入田野者，最常见的毛病便是盲从自己的知识“先见”，乍见村落种种现象，就匆匆忙忙做类型区分和价值判断。比如，对于村民信仰活动，或要评判是否迷信，或要区分是道教还是佛教。这样的知识“先见”，其实是基于对中国社会的肤浅理解。看似荒诞不经的言行，往往背后蕴含着民众的真实心态，是解读村落心史的难得资料。本套丛书中《胡集村》一书的作者王加华，曾携初稿进村交流。村民以当地说书前惯用的几段开场白①为证据，坚持认为本村起源于春秋时期，已有2000多年历史。这一说法无疑是非历史的，却正反映了村民希望将本村历史拉长与神圣化的真实心态。作者最终定稿时，对此就没有予以简单地抹杀或揶揄，而是在列举地方志书中的“明初立村说”之后，呈现村民的“春秋立村说”及其依据，同时保留村民的其他说法，这无疑是确当的。

当然，在学者与村民的交流中，也会有村民揣摩学者意图而对村落内部知识加以改装，往学者这边贴靠。这既与现实生活中学者话语的强势地位有关，也表现出村民对外来话语（包括学者）的利用心态，后者尤其值得注意。一些有见识的村民，一旦察觉到学者话语有助于所在村落的“增值”，往往就会抛弃己见，欣然赞同学者的说法，甚至热心地帮助寻找证据。虽然这也是村落知识增长的一种方式，但目前却还处于不稳定状态，需要将之与村落中比较稳定的知识范畴相比照，否则，我们对村落的理解就不免浮光掠影。

2. 丛书最后特设专章“村里的人　村里的事”，附录“重要民俗资料提供者简介”与村民所用文献，以凸显村民的主体叙事视角。

“村里的人　村里的事”专章的设计，意在以词条单列的方式，突破传统村落民俗志书写的静态幻象，在以事带人的生动描述中展现村落中的特

① 胡集书会汇聚南北说书人，常用的开场白有：“道德三皇五帝，功名夏后商周，五霸七雄闹春秋，顷刻兴亡过手。”“孔夫子周游列国，子路沿门教化。柳敬亭舌战群贼，苏季子说合天下。周姬佗传流后世，古今学演教化。”“扇子一把抡枪刺棒，周庄王指点于侠。三臣五亮共一家，万朵桃花一树生下。何必左携右搭。”

色文化。要想做到这一点并不容易。如张士闪和张帅在完成《洼子村》一书初稿后，曾专门回村细读给7位老人听，在热烈的讨论交流中，重新审视或矫正书中的原有观点。有村民尖锐地提出，原书稿过于突出巫婆神汉、善人及其信仰活动[①]，应该为本村烈士、支前英雄"树碑立传"，突出"教师村"的形象，并提供了相关资料。我们据此进行调整，新增"教师村""红色记忆"两个词条，与原有的"公事总理""礼仪人家""善人"等并置相映，就明显合理多了。这一修改书稿的过程，其实是学者与村民的两种叙事风格的并置与互动的过程，由此形成的村落民俗志自然会较前丰厚许多。

重要的民俗资料提供者，通常属于村民心目中"会看事""会办事""会说话"的人，经常代表村民向外人表述"村落文化"，其话语当然也会经过其自身的选择、加工而具有个人色彩。我们需要进一步观察，大多数村民会认同他作为村落文化代言人的角色吗？不善于对外人表述的大多数村民，如何评价他的话语？学者的到访，是促成了村民对其话语的接受还是相反？这些都需要格外留心。书后所附"重要民俗资料提供者简介"，意在呈现其个人基本信息，供读者进一步了解与思考。

书后所附的村民文献，与学者所撰写的正文文本形成有趣对比。学者与村民之间，注意点不同，知识储备、思想局限有别，而对村民村事的价值预设也差异明显。比如，围绕同一个村落的民俗志表达，学者所感兴趣的是如何呈现其所理解的"村落"，往往是看了地方志、地图、家谱、碑记等以后，再去跟村民交流，有时候还会事先阅读相关论著。当今学者还会特别看重祠堂、庙宇、信仰仪式、巫婆神汉等，认为这代表了地方文化生态的完整性。对于村民而言，村落则是他们身在其中、终身归属的"家园"。曾记得在2002年，洼子村的几位村落精英接受村委会布置的一项任务，要向外来民俗专家介绍村落文化，他们将之分解成"村志""民俗概况""文化教育概览"三部分，分别撰文描述。显然，他们将"村落文化"理解为历史、民俗与"高层"文化（并视为本村的特色文化）等三大层面，这一分类颇有见地，对于我们今天理解村落及民众心态仍具启发性。

长久以来，中国乡村社会经过反复的礼俗教化，形成了基于农耕经济

---

① 张笃杰："看了这书，外人还以为洼子村就知道整天烧香拜佛呢！"张笃杰，山东省淄博市淄川区罗村镇洼子村人，长期担任中小学教师、校长，现退休在家。

的社区共享传统，它以乡村公共利益的高度共享来实现乡土社会秩序的长期稳定，以社区节庆、生活礼仪、生产互助、乡规民约、信仰仪式等民俗传统为传承载体，构建起中华文明绵延不断的社会基础，也是支撑当代中国乡村可持续发展的重要文化资源。当代学者应服务当下中国社会发展的现实需求，扎根村落，深入传统，以此为基础提炼研究方法与理论，建构田野研究的中国话语。我们这套丛书愿意在这一学术方向上进行尝试，抛砖引玉。

最后还要说明的是，这套丛书写作时间正值暑期，尽管各位作者都有博士、硕士学位论文的研究基础，但因丛书定位所强调的视角转换，需要大量的补充调查，有的干脆是返工重做。今夏大热，感谢各位作者不避酷暑，按时完成撰写任务。因时间匆遽，本套丛书不尽如人意之处，敬请读者诸君批评指正。

张士闪

2017 年 8 月 31 日

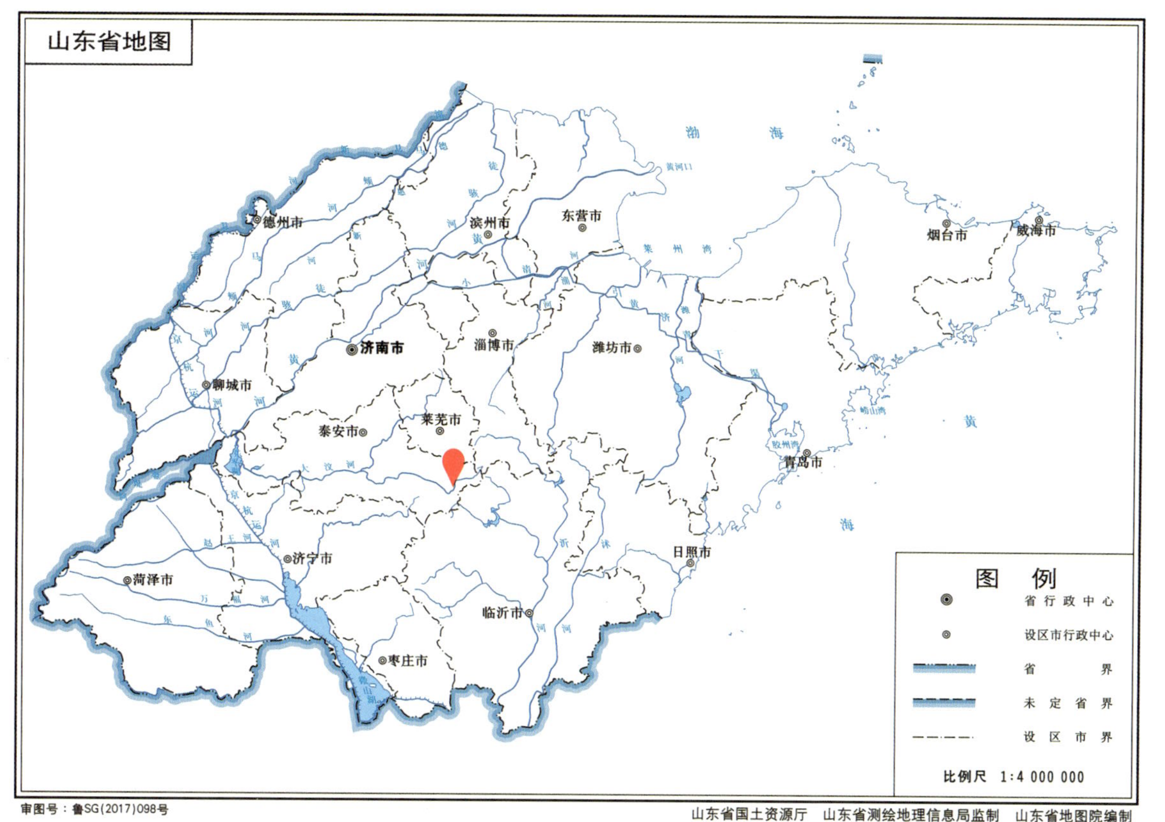


徐家庄村地理位置示意图

# 目录

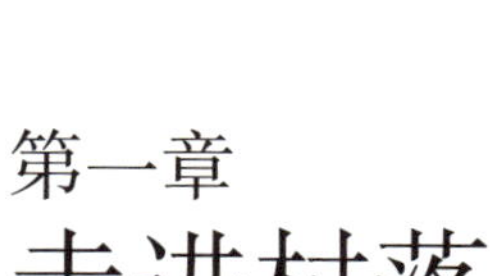

# 第一章 走进村落

## 一、位置与地理环境

徐家庄村所在的新泰地区处泰沂山脉中段。境内北部高山凸起，莲花山（旧称“新甫山”）与徂徕山相连，东部、南部山岭绵亘起伏，为丘陵地貌，西部为河洼平原。因此，整个新泰地形仿佛一只坐东向西的簸箕。徐家庄就在这只簸箕中间偏北的位置。

徐家庄距离新泰市政府所在地约25公里，村西有126乡道，向南与J01县道相连，通往新泰市。村北有两条路。一条向东北方向，经过张家沙沟和杨家沙沟通向安乐庄和石河庄。另一条路向东经过苏庄、河东村通往泉沟镇。村南沿苏庄河新修了一条沿河路，与J01县道平行，向东通往苏庄，向西通往羊流镇。

羊流，又名“羊流店”。在新泰市西北部，距离市中区21公里。羊流建于汉代，时名“秃丘”，是西晋时期著名政治家、军事家羊祜的故里。因羊家世代以品德高尚而闻名，人称此地“有羊氏之流风”，故名“羊流”，又称“羊流店”（亦作“羊留店”）。外埠之人有“知羊流而不知新泰”的说法。

羊流为古代历朝官方驿站和商埠重镇。清代以来，羊流以驿站闻名全国。清初，为加强南北之间的联系，清廷设立了自东南各省至京的驿道，俗

称“九省御道”。这条驿道便穿经羊流。顺治十年(1653年),在羊流店设立驿站,为全省首批设立的六个驿站之一。“南京到北京,羊流在当中”这句俗语,恰如其分地点明了古代羊流的区位和地位。到清代中叶,羊流店在当时的政治、经济、文化活动中占有较为重要的地位,渐渐发展为北方名镇。这一时期,山西省和济南、章丘、掖县、泰安等地的商人纷纷来羊流经商。羊流店商贸规模远远超过县城,成为商贸重镇。

现在的羊流镇依然保留了这样的优势,京沪高速公路斜穿而过,济新、泰新公路横贯东西,牛石路纵穿南北,村村通公路,有十余条客运线路。

羊流作为一个交通要塞和商贸重镇,其优越的地理位置、悠久的人文历史以及浓厚的商贸气息,使得生长在这片土地上的人们,习惯了东西南北的人口流动,更容易接受新鲜事物。

徐家庄作为羊流镇下辖的一个村落,坐落在距离镇政府东北方向不过5公里的地方。

村庄的周边有两条河:南边河流叫“苏庄河”,上游有桃花峪水库;北边是石河庄河,上游有石河庄水库;到徐家庄拐弯向西南方向,流经和庄、梁家庄、张家庄、沟西,直到羊流镇。石河庄河与苏庄河在羊流镇汇入羊流河,羊流河南流,于果都镇大潭村入柴汶河。

苏庄河

## 二、气　候

当地属暖温带大陆性季风气候区，四季分明，年平均气温 13.6℃，最高气温 42℃，最低气温－19.8℃，年均降水量 730.2 毫米。全年无霜期 198 天。春、夏、秋三季以东南风为主导风向，冬季以东北风和北风为主导风向，年均风速1.6米/秒。

旱灾是当地的主要自然灾害，发生频繁，持续时间长，范围广，危害严重。一年之中，春旱频率为 81%，夏旱频率为 74%(多在 7 月中旬至 8 月上旬)，秋旱频率为 58.33%。秋旱对农业生产威胁最大。① 1840～1957 年，境内较大的旱灾发生过 7 次，以 1889 年、1927 年、1953 年尤甚。1957～1985 年，无雨日数年平均 39.4 天。最长无雨日是 1962 年 12 月 30 日至 1963 年 3 月 1 日，长达 62 天。

## 三、行政区划与周边村落

徐家庄现隶属于新泰市羊流镇，与大和庄、东王庄、西王庄、西梁庄、徐庄村、丁家庄、吴家泉、河东村、苏庄村、长兴村、高沙村、徐沙村、杨沙村、魏庄村、张沙村一同隶属于和庄管区。其中徐家庄东北方与高沙村、徐沙村、杨沙村、张沙村、苏庄村相接，西南与大和庄相邻，南边是吴家泉，北边是安乐庄。因此这几个村庄与徐家庄往来最为密切，尤其是在通婚的范围上最为明显。

庄里人最常去的集市是邻村的和庄集(农历每月逢四、九为集)。除此以外，稍远些的还有：浮邱集，距离徐家庄 3 公里；果庄集，距离徐家庄 2.5 公里；羊流集，距离徐家庄 4 公里。

## 四、村落的经济状况

历史上的徐家庄村民主要以种地为生，收入有限。自从 20 世纪 80 年代

① 参见山东省新泰市史志编纂委员会编：《新泰市志》，齐鲁书社 1993 年版，第 89 页。

改革开放以来，村民从事的行当越来越多，有从事机械维修并以此开办工厂的，有组建建筑队的，有从事个体商业活动的，当然还有承包土地以种植业为生的。不过，目前大部分60岁以下的男劳力在外打工，主要从事机械维修、电焊和建筑等工作。留在庄里的多是60岁以上的老人、需要带孩子的中青年妇女以及儿童。

## 五、姓氏及人员分布

徐家庄以徐姓为主，徐姓人口占据了庄里人口的80%以上。其他姓氏历史也比较久远，但是人口数量较少，分别为：张姓、王姓、陈姓、史姓、李姓、泥姓、尹姓、杜姓、孟姓。其中，人口较多的有张姓和陈姓，人口较少的有尹姓和杜姓。

徐家庄人现在说起自己的居住位置，还习惯上沿用人民公社时期的生产队来确定："某某是一队的，某某是三队的。"这个所谓的"队"就是改革开放以前的生产队。当时生产队的划分就是按照村民的居住位置，相邻的人家组成一个生产单位，每个生产队30来户，一共9个生产队。

## 六、村落基本布局

### （一）内部道路

现在徐家庄村内有两条主要干道，一条南北向，一条东西向，大约都在村落聚居地的中间位置。南北向街道南端是徐家庄桥，经过吴家泉村，与J01县道相接，北段通往126乡道。东西向路向西与126乡道相接，向东是徐家庄的土地。两条道路交叉的地方就是原来的村落的中心位置，庄里人称为"十字路口"。那里曾经有一些村落的重要公共设施。西南角是徐家庄人引以为傲的徐凤梅孝子牌坊，西北角（约30米）是一个老戏台。戏台正南是一口水井。早年间这口井是村庄生活用水的主要来源。

1949年前，徐家庄是有寨子的，又高又厚的寨墙包围着村庄，四面都有

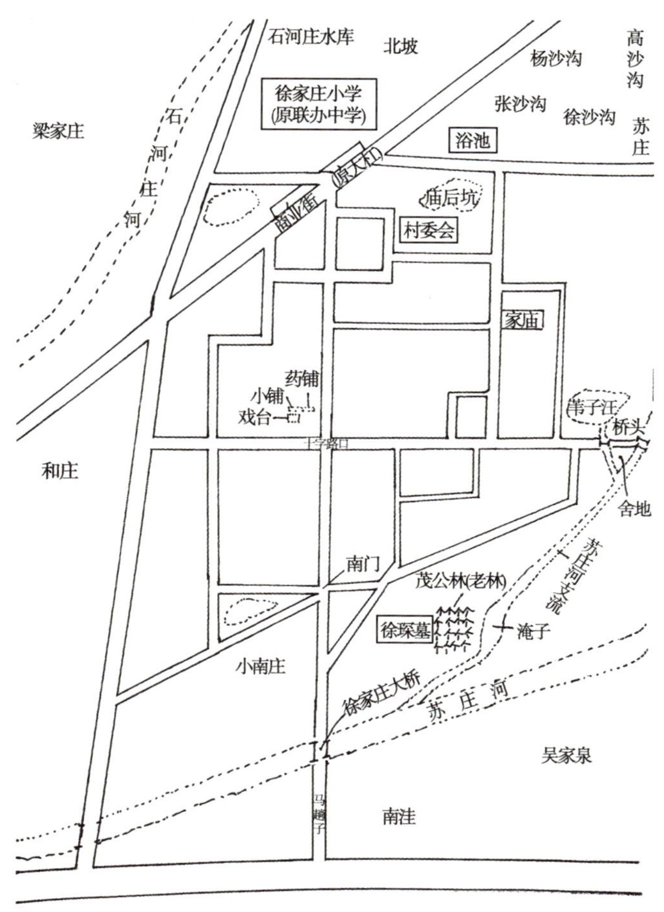


徐家庄村落示意图

寨门。因此，按照不同方位为一些主要街道进行了命名。如以“十字路口”为分界，有东头街、西头街、南门里、北门里，好记也好认。其中，东头街与西头街连接成东西方向的主干道，南门里与北门里所在街道连接成南北方向的主干道。还有以家族来命名的，如王家胡同，就是王姓家族聚集的一条街道。再有就是一些小街小巷，为了方便辨识，庄里人会说“西院那边”“东院那边”“八大院那边”，就是指一些大的家族聚集地。

徐家庄大桥

（二）田地与名称

徐家庄现有耕地1780亩（约119公顷），村北和村东主要是沙土地，种植比较抗旱的地瓜和花生。南洼土地面积较大，几乎占了全村土地的一半。土质多属于黄土地，当地人叫“干子土”，不耐旱，当地灌溉条件又比较差，因此除了部分土层比较厚实的地块种麦子外，其他也是种地瓜，基本上只能靠天吃饭。泉东的土地属于黑土地，土质好，比较抗旱，主要用来种小麦。

笔直的马趟子

徐家庄的田地分布范围很大，主要有两大部分：一部分称“南洼”，指在村南的水洼

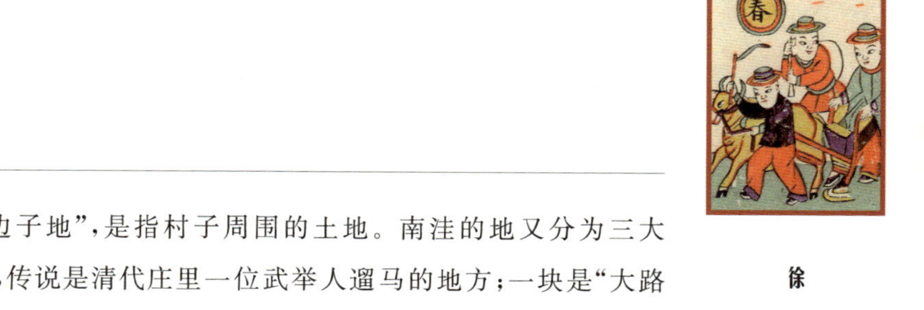





地;另一部分称“家边子地”,是指村子周围的土地。南洼的地又分为三大块:一块是“马趟子”,传说是清代庄里一位武举人遛马的地方;一块是“大路南”,在现在泰新公路的南面;还有一块是“泉东”,在一处叫“吴家泉”的泉水东边。家边子地就复杂多了,但也都有各自的名字。如:“老林南”,指老林[①]南面的土地;“沙岭子”,主要指村西边的沙土地;“上河”,指的是流经本村的河段上游附近的土地;“老柳树底”,指的是这块地旁边有一大片柳树;“刘家园”,指的是这块地曾经属于一个刘姓大家族的;“林西”,指的是老徐家一个大家族的家林西面;“古蹲哈拉”,名字有些古怪,是因为这块地处在四个不知来历的大坟的周边;“下河”,与上河相对,指的是流经本村的河段下游附近的土地;“北坡”,显然是指村北的有坡度的岭地。还有一块地叫“罗锅子地”,在庄子北边,之所以有这样的名字,是因为这个地块比周边的土地凸起2米左右,形似罗锅。现在是徐家庄小学所在地。

(三)池塘汪崖

早些年,雨水多,村子里的池塘也不少,水常常是满的。这些池塘从面积、形状和蓄水量上来看,又分为不同的类别:面积大、方正些的称“汪崖”;形状狭长、比较深的称“涧沟”;面积很小,水很深的称“井子”;有些水特别深的又称“淹子”或者“坑”。这些池塘客观上起到了调剂水利、方便村民浇地的作用。其实,它们的形成大都是村民集中取土用土的结果。由于村民盖房打墙、往猪圈里倒土攒粪等都需要用土,于是就集中在村边上划出块地方来,供附近的人家使用。长此以往,就形成了种类各不相同的池塘。具体到每一个池塘,其名称要么标明了在村子里的方位,如“东汪崖”“西汪崖”“南涧沟”,很显然分别处在村东头、西头和南面。东汪崖还有个别名叫“苇子汪”,因为这里面种过苇子。要么标明了池塘的具体位置,如“庙后坑”,就是在徐家庄家庙的后面。要么标明了当年挖池塘的用途,如“窑汪崖”,就是砖瓦窑取土形成的。要么直接用了“淹子”“井子”的称谓。“井子”是村民在自家田里挖出来浇地用的,一般这个地的下面有泉水;而“淹子”就特指村南老林附近的深水渠,据说常年不干。其实,现在由于气候等多方面的原因,这

① 老林:又称“茂公林”,位于徐家庄村南,是徐琛墓所在地。

些池塘都已干涸或大大缩小了。有的已被填平盖上了宅子，像庙后坑，已缩成了一个堆满碎石、长满杂草的小坑，周边全是民宅。

20 世纪 80 年代的汪崖风光

现在的淹子

现在的庙后坑

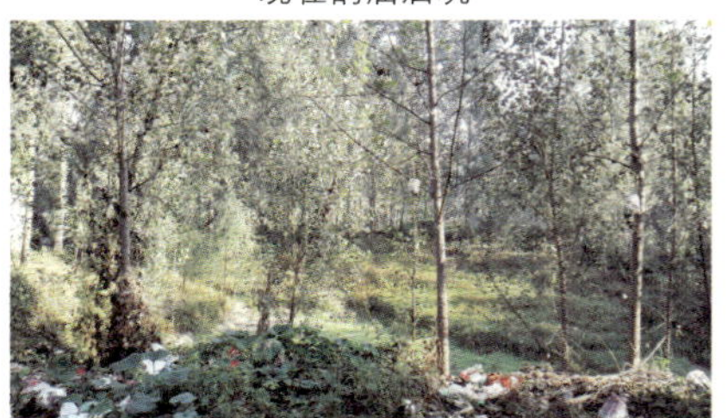

现在的苇子汪

(四)房屋建筑

徐家庄的房子没有统一的规划，标准、规格各一。总体来看，村外围的房子多为新式建筑，村中间区域的房子则新老夹杂，一些破败不堪、已经或接近垮塌的老房子也不少见，当然这些大都已无人居住了。老式房子由砖、瓦、土、木混合构造，屋顶为起脊坡形，早先的草房顶已消失，现为瓦房顶；庭院（庄里称“天井院子”）大小各异，但都属相对方正的四合院样式，一般由本村的泥瓦匠组团建成。现今徐家庄最老的房子当属徐传一的老院子。据说有 100 多年的历史。新式房子主要是砖石混凝土结构，很多是平顶、两层楼样式，前后开窗，一般由专业建筑队修建；而且也不再讲究庭院的大小，有的人家四周房屋连接在一起，只在中间留下一个面积很小的天井。

保存完好的老房子

老房子上的装饰物（一）

老房子上的装饰物（二）

(五)传统的公共空间和现代公共设施

每个村落都有自己必不可少的公共空间，这些地方或是承载了村落的集体活动，如农耕生产离不了的场院和娱乐休闲必备的戏台；或是与每个人、每个家庭的生活息息相关的公共设施，像磨坊、油坊和理发店。因此，各个村落的公共空间的布局在因地制宜的基础上也往往要照顾大多数人的方便。

现就徐家庄传统公共空间作简要介绍：

**场院** 每到麦收季节，土地相邻的几个人家会共同压出一个上百乃至几百米见方的场院用于小麦等农作物脱粒收获。不过庄里也有固定的场院，就在原来村落的北部的边缘。场院除了麦收季节用于扬场，在一些重要的集体活动中也发挥了作用。比如20世纪70年代末80年代初，这里经常是放映免费电影的地方。

**土地庙** 土地神类似村落管家，因此每个村庄都少不了供奉土地神的土地庙。徐家庄的土地庙现已不存，老庙所在位置已经盖上了宅子，所以庄里凡是有人去世，都是去村委会(村民习惯称为“大队部”)前报庙、泼汤(丧礼仪式，后文有详细介绍)。

**阎罗殿** 就在现在的村委会所在地，20世纪50年代以前规模很大。据介绍，阎罗殿里有彩色泥塑的鬼神像，还有不孝之子遭受鬼神拷打的场景展现。阎罗殿既是警示世人孝老爱亲的殿堂，也是人们日常烧香拜佛的所在，每年正月十九，这里还有大型的庙会。

**戏台** 中华人民共和国成立后，庄里有了专门的戏台子，处于村子的中心位置，就在十字路口的西侧小广场处。这里原来是一个地主家的院落，比较大。1949年以前地主跑去了东北，房子也塌了，村里就在院子里盖了五间屋，作为当时徐家庄的大队部。在堂屋西边盖了戏台，周遭垒石头，中间填土，成为戏台。唱戏的时候四周围上箔，头顶上也搭上箔，还要盖上席挡风。每年农闲时节，这里曾经是人们看戏、听书的所在，也是日常开会的地方。如今这类娱乐活动已被电视、电脑取代，戏台子不见踪影，小广场也建上了民宅。

**水井边** 20世纪60年代以前，庄里人一般都是使用庄里的公共水井，一直到20世纪80年代，村民才逐渐在自家院里打起了压水井。庄里方便使用的公共水井有多处。如：十字路口中心位置东侧、戏台的对面有一处；老村落东头街的东头也有一处。其他还有位于村边菜园子地里的水井，主要是村民们用来浇园的。此外，有的人家院子大，可以种菜，也挖了水井，浇菜、吃水两用。

**碾旁**　碾是村民生活中离不了的器具。直到20世纪80年代末，磨面机广泛使用之前，徐家庄的七八盘碾一直使用着，几乎每个生产队都有一盘碾。一般来说，压麦子、压玉米糁子、压糊涂（玉米面）面子、压豆面子（炒渣腐）、压猪食都需要用碾。从早上五六点到晚上八九点，庄里的碾几乎就没有闲着的时候，常常需要排队等候。等碾的时候，把粮食放下，跟前面的人说好，就可以在附近聊天，但不能走远，有的勤快人为了避免等碾浪费时间，清晨不到4点就会到碾上来压东西。

正因为水井、碾是家家户户生活离不了的，所以井边、碾旁自然也是村民们重要的公共空间，人们在这里汇聚、聊天，传递信息。

**代销铺**　20世纪六七十年代，在大戏台北侧建有专门的小铺，属于独家专营，必须由供销社进货，销售的都是国家统购统销的商品。"代销"的意思就是代替供销社销售商品。主要商品有油盐酱醋、烟酒糖茶、针头线脑、煤油、咸鱼等。

**供销社**　与小铺相对应的还有"大社"，其实是和庄管区的供销社，辐射徐家庄周围的几十个村子，名气很大，生意兴隆。改革开放前，那些凭票供应的煤油、糖、盐都要在自己所属的供销社购买。

**药铺**　20世纪五六十年代，徐家庄有一个专营的药铺，也在戏台子北侧，与小铺东西相邻，几位赤脚医生集中在这里为村民看病拿药。改革开放以后，药铺解散，赤脚医生分散经营，形成了三家，除了一位老医生病故外，其他两家一直没间断工作。只不过，原先的家庭门诊现在已变成了专业化的卫生室，而且是按照医疗标准要求建设的专门工作间，与原先在自家一间闲屋子里工作的模式大相径庭。

**十字路口**　十字路口是徐家庄村民的活动中心。十字路口南侧是远近闻名的牌坊，"四清"时期拆除，但部分村民家中仍有相关的遗存物品。牌坊附近曾有一座关帝庙，庙里奉有关公读书的塑像，身后是周仓护驾。十字路

口北侧有一棵唐朝栽种的枣树，十字路口的南边有一棵清朝栽种的槐树，高大古朴，见过的人说当时树心已空，可以几个人同时在树洞里打牌，后来也被人砍掉当柴烧了。据说古时候，外来的人行至十字路口，文官需下轿，武官需下马，足显此处神圣之气。十字路口不仅是村民日常聚会最多的地方，而且各类外来匠人，如支炉打铁的铁匠、打锡壶的锡匠、锔锅锔盆的匠人等，也都视其为做生意的宝地。20 世纪六七十年代，庄里的重要集会就安排在这个地方，主要是方便四面八方的村民汇聚。冬天这里还是老头们凑在一起拉呱聊天的所在。

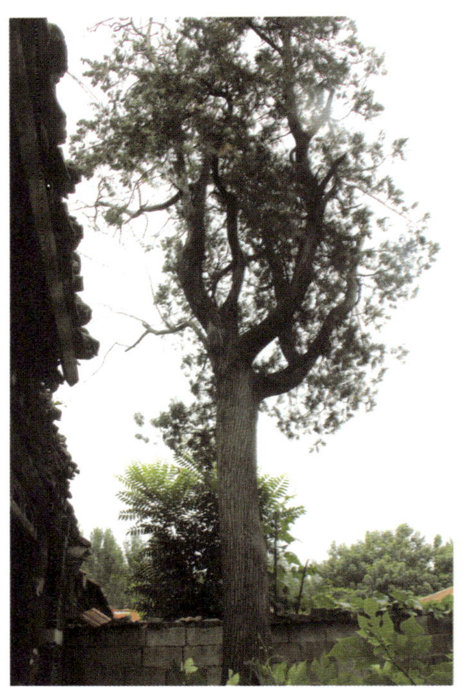

家庙前的清代柏树

随着时代的变迁，很多传统的公共空间逐渐失去了原有的功能，消失在人们的视野之中。比如老场院被民宅取代，土地庙不见了踪影。同时，伴随着乡村的现代化，村里也出现了一些新兴的公共设施。

**商业街** 从 20 世纪 90 年代起，在原大社的位置及附近区域专门建设了一条商业街，主要辐射方圆几公里的区域住户。这里商铺门类多，经营物品不一，以日用百货为主。商业街取代了原先供销社和小铺的职能，成为徐家庄人生活里不可替代的一部分。

进入 21 世纪以来，徐家庄新增加的公共空间也有不少，如在大队部的院子设有专门的电影放映中心，在大队部大门前面设有健身广场，放置着常用的公共健身设施，南侧是庄里的宣传墙，成为村落政治、娱乐、宣传的中心。

现在的徐家庄，无论传统公共空间还是现代公共设施，都呈现相对落寞的形态。传统的公共空间，不论是信仰类的庙宇还是生活类的井边与碾旁，

抑或是娱乐性的十字路口，往往都是自发形成的，但是在传统村落生活中拥有强大的社会功能，如消除分歧、缓解矛盾、达成共识、互惠合作等，同时也是公共舆论形成并传播的重要场所。但是，随着同质、封闭的乡村社会逐渐走向异质与开放、流动，越来越多的家庭和个人不再依附于宗族、村落这样的集体，而是更多依靠自己获得生存发展的资源和机会。因此，传统公共空间的衰落是难以避免的。

现代公共设施的修建更多是秉承自上而下的要求，缺乏村民的共同参与，因此影响比较弱。有些公共设施的建设初衷是给社区居民提供更好的服务，比如健身器、放映中心，但是在目前，经济条件的制约使其服务的针对性、质量与数量远远达不到村民的需求，也难免不被村民重视，形同虚设。

# 第二章 传统生计与村落匠人

"日出而作，日入而息，凿井而饮，耕田而食。"这首反映远古农耕时期的《击壤歌》，生动地描绘了当时人们的日常生活，也是那之后千百年来中国传统乡村农耕社会的真实写照。多年的经验积累，我们的祖先创造了一整套独特的精耕细作、用地养地的方法体系，并在农艺、农具、土地利用率等方面不断改进。汉代崔寔《四民月令》中关于"农业"概念的表述就更加清晰，不仅包含种植业、养殖业、水产业、畜牧业和林果业，许多情况下甚至包含了农家手工业。那时也出现了一些比较成熟的农业经营理念，如趋时避害、集约管理等。在这样的生产和生活方式下，我们的祖先还发展出一套相应的文化传统和核心价值，比如集体至上、尊老爱幼、勤劳勇敢、吃苦耐劳、艰苦奋斗、勤俭节约、邻里相帮等。所有这些正是传统农耕社会得以长期存在、持续发展的保障。因此，要理解中国乡村，首先要了解村民的传统生产方式。

## 一、传统生计

作为较大的平原村落，长期以来，农业作物一直是徐家庄人的主要生活来源。因此农业耕作是村民们赖以为生的传统生计。年复一年，他们用自己的双手播种下希望，用辛劳的汗水收获果实。这片土地记录了他们亘古不变的生活，也承载着他们对未来的向往。

### （一）种植与时令

种庄稼最讲究的是不误农时。俗话说：“人误地一时，地误人一年。”每年春节过后，大地回春，地温上升到适宜农作物生长的时候，徐家庄的村民便忙碌起来，选种、运肥、修理农具，准备春耕春种了。春季种植的大田作物有花生、地瓜、玉米、大豆等。种完大田，再种地头、地边，最后连房前屋后都种上适宜生长的农作物。“房前屋后，点瓜种豆”的农谚描述的正是这种情形。此外也会有少量地种些高粱、谷子和芝麻。

夏收、夏种和夏管被称为“三夏”。夏收主要是收割越冬小麦。夏种主要是种麦茬玉米、花生、大豆和地瓜等，现在大都实行间作套种法，就是在麦子还未成熟时就在麦行间的地里点种玉米、花生和大豆。夏管主要是指锄草、灭虫、施肥、灌溉等田间管理工作。俗话说：“三分种，七分管。”“三夏”大忙时节，为赶农时，村民要天天披星戴月地忙碌，才能确保有好的收成，因此工作非常辛苦。即使在酷热的三伏天里，也要在密不透风的庄稼地里耕耘不辍。

收获的花生

晒玉米

秋天是最忙碌的季节，既要把丰收的果实收回家，储藏好，又要播种下新的种子。玉米成熟比较早，最先收割。村民先把成熟的玉米掰下，运回来晒着，然后再去砍秸秆。许多庄稼要先用镰刀割下，然后一捆捆地捆好，运到场上打场脱粒。有的作物成熟了要抓紧收割，比如豆子，如果收割不及时，豆荚爆裂，豆粒就脱落在地上了。地瓜和花生收起来很麻烦，要用镢头一墩一墩地从地里刨出来，再从秧上摘下，地瓜还得切成瓜干，等晾晒干了再一片一片拾起，最后才运回家收藏。如果遇到连阴雨，瓜干就会烂掉，连猪都不愿吃。所以人们直到在霜降前将粮食全部收藏好，才能安下心来。不过现在许多庄稼都已经使用机械化收割了。

### （二）土地与分配

土地是每个农民最重要的资产。同中国大部分农村一样，徐家庄村民的土地所有权变迁经历了解放之初的土地改革、合作社、初级社、高级社、人民公社时期以及 20 世纪 80 年代的联产承包责任制时期；土地从归个人所有到归集体所有再到个人承包。土地集体化时期（1982 年之前），徐家庄就是一个大队，下辖 9 个生产队，基本上是按照居住的地理位置划分。一个生产队由 30 多户组成。

生产队是一个独立的经济核算单位，所有的土地分配、粮食分配都在生产队内完成。生产队里的土地是由其成员在土改时分得的土地组成的。

土地集体化时期，一方面是受制于土地的灌溉条件，另一方面是没有优良种子和化肥，再加上管理跟不上，很多人在集体劳动中出工不出力。所有这些原因带来的结果就是粮食产量不高，一亩地才产 50 多公斤麦子。为了保证粮食产量满足人们的口粮需要，那时农耕土地讲究粗细搭配，粗粮用地能占到 90%，而麦地很少（到 1982 年实行联产承包后，小麦亩产就达到 400 公斤了）。即便如此，也还是经常出现一家人年终分的粮食不够吃的情况。在最好的年景里，徐家庄的村民也不过每人能分 20 公斤麦子。据村民说，有一年一家五口人分了 100 公斤麦子，全家就高兴得不得了。最差的一年，全家五口人才分了 40 公斤麦子。那时玉米产量也不高，年终时每人能分到二三十公斤。地瓜是分得最多的，一般一家五口能分 1000 多公斤。此外也会分点豆子、谷子和高粱。

1982 年实行联产承包后，土地分配也是以生产队为单位进行。但是，由于土地质量参差不齐，如何分配就成了生产队面临的一大难题。

有的生产队按照土地的质量和大小及人口直接均分到家户，但问题是每家的土地可能都很零散，而且每块土地相隔较远。而有的生产队则设置了一个过渡时期。为了保证各家各户土地质量基本平衡和地块的基本完整，生产队分成三至五个组，小组成员自由结合，按人口上报生产队。生产队将土地按质量、大小搭配着分成相应的三至五组，村民抓阄决定自己选到哪一个组的土地。开始是一起耕作，也可以由组内成员商量着分配现有土地，自由调换。那时分地异常细致，划分边界时常常能细到以厘米计量。人们终于可以在属于自己的土地上精耕细作。徐家庄人重新焕发了对土地的热情，而土地也回馈给徐家庄人丰厚的报偿。

### （三）种菜与浇园

无论是生产队时期，还是土地承包之后，菜地都是徐家庄村民日常劳作的重要组成部分。只要悉心照料，菜园不仅能满足一家人一年的蔬菜需求，多余的蔬菜还能挑到集市卖掉贴补家用。

生产队时期，队里留给队员每人 2 厘（约 13.32 平方米）自留地用来种菜。徐家庄的菜地都是最肥沃的土地，其所处位置往往水层较浅，很容易打井出水，所以每块菜地都有可以用来浇园的水井，这也是种菜必不可少的条件。这些地距离村庄很近，用村民的话说，都在庄皮儿上，围着庄子一遭都能种菜。比起参加生产队的集体劳动，人们更愿意精心照料自己的自留地，比如把好粪推到自家的自留地里当肥料，而把质量不太好的粪肥（掺土比较多）交给生产队用来换工分。

那时候徐家庄人种的蔬菜主要是白菜、萝卜和土豆，都是些大众化、产量又高的蔬菜。春天种土豆，秋天一季种白菜，间着种萝卜，但是萝卜不值钱，种够自己吃的就行。种菜是个仔细活。拿种白菜来说，秋天种白菜之前，先撒上粪，晾干，打碎，然后用锄耪地，趁着个好天挑沟子种白菜。种的时候，用抓钩镂一道沟，撒上种子，盖上土，然后用壶溜上水。只要三四天工夫，小苗儿就齐刷刷地长出来。然后是间苗。间苗不能一次到位，看着小苗儿长得密了，长得挤了，就间下一些，留下的继续生长。小苗儿再长一些，又

密了,又挤了,就再间下一些。如此三五次之后,白菜长得大了,才可以计算距离,留单棵儿,任着它们长成肥硕的大白菜。有的妇女在娘家时没有种过菜,不会间苗,还因此被夫家批评过。

庄皮上的菜园子

白菜喜水喜肥。肥就是由自家的麦糠、猪圈里的垫土沤成的土杂肥。水需要五六天浇一次。为了浇园,一般人家都有自备的工具——辘轳。这是流行于北方地区的一种利用轮轴原理制成的井上汲水的起重装置,由辘轳头、支架、井绳、水斗等部分构成。当地人把这种工具分成两种:一种是两个人一块摇才能转动的辘轳,提水更快些,而且人不太累,叫“大辘轳”;另一种是单人使用的辘轳,也叫“小杆子”。每次浇园的时候,都需要自己把这些装置扛到菜地里,支上辘轳支架,才能提水浇园。摽架子需要巧劲,摽不结实的话,很可能会榻架子。一般用小杆子浇完一家三口的 6 厘(约 40 平方米)菜地,大概需要 2 个小时。联产承包后就有了抽水机,浇这样一块地也就花几块钱,人们也不再需要扛着辘轳去浇园了。

### (四)贮菜与售卖

立秋前后种上的冬白菜一般在小雪前就可以收获了。如果收得不及时或者天气有变,降下大雪,白菜就会冻在地里,所以村民经常会冒着雪收白菜。第一天拔白菜,因为拔白菜比较累,所以会在第二天锄窨子。窨子也叫

"白菜壕",是当地贮藏果蔬的一种地窖。白菜窨子的高度和宽度有五六十厘米,把白菜竖着放在里面,一般一排放两到三棵,挤得满满的。上面再盖上薄薄一层土,有时还能露着白菜叶。上了大冻的时候要盖 20 厘米左右厚的土。人们一般根据白菜的多少挖个一壕或者两壕窨子用于储存,剩下的就带回家放到闲屋里,随时取用。

白菜收获比较多,吃不了可以拿到集市上去卖。卖菜都是在比较清闲的时候。卖一车白菜要费 2 天的时间。第一天早上先把白菜从窨子里扒出来,要等上了太阳去扒,在地里晒一上午。下午用推车排上白菜运回家,一车可以装五六十棵白菜,大约 100 公斤。为了防止菜被冻坏,还得推到屋里。第二天一早连饭也来不及吃就得去赶集。徐家庄村民常去卖菜的集有浮邱集、果庄集、翟家庄集(离村庄有 12.5 公里),最远能到新泰去卖菜(离村庄有 25 公里)。果庄有飞机场、有部队,加上当地多为山区,很少有种菜的,所以推去的菜从来剩不下。而翟家庄周边是矿区,山岭地多,因此卖的价钱最高。

大冬天,推着一大车白菜走上六七里路,身上难免汗津津的,一停下就备觉阴冷。卖菜的人就赶紧吃点饭,或者是自己带的煎饼、豆腐皮,或者在集上买两根油条解解馋。一车白菜一般可以卖十七八块钱。集市上各种摊贩各占一小块地方,有卖粗菜(白菜)、细发菜(芹菜、藕)、水果的,也有卖杂货(针头线脑)、鸡蛋的,还有猪市、羊市,什么都有。卖完菜还可以顺便从集上捎点其他的东西回家。

菜园子里收菜的村民

家里种的粗菜一般到年根就基本上卖完了,一个冬天

卖上十来车白菜，能挣200多块钱。这种种菜、卖菜的经历对于徐家庄人来说是一种常态的生活。没有推车的人家，白菜、土豆都是用钩担挑着去卖，非常辛苦。这种生活即便在生产队时期也没有中断，只是需要批准。毕竟冬天农闲时出去卖个菜，也不耽误生产，报告一声就可以了。在周围几公里范围内，种菜的主要村落只有三个——徐家庄、徐家沙沟和南羊流，所以在浮邱集、果庄集上见到的卖菜的大都是徐家庄人。徐家庄人说，那时徐家庄日子比外村强就在于菜地，有活钱，卖两季菜能挣300来块，这笔钱在20世纪七八十年代来说，已经是不少的收入了。

## 二、家庭副业

除了赖以为生的农业耕作，徐家庄人也少不了利用有限的空间来从事些家庭副业。养猪、养羊，喂鸡、喂鸭，家畜与家禽的饲养既能丰富饮食结构、增加营养，又能售卖获利，补贴家用。因此，徐家庄的女人们往往承担起这些家庭副业的主要责任。

**养鸡** 养鸡是最常见的家庭副业。改革开放前的徐家庄，几乎家家户户都会养上几只鸡。少的两三只，多的十几只。一方面是为了养鸡下蛋，既可以自己吃改善生活，也能挣点零花钱；另一方面，是为了留到过年的时候自己吃或者待客。

养鸡比较简单，春天买上几只小鸡仔，平时喂点剩饭剩菜，或者喂麦糠加上点棒子面，再放点菜叶，只要能吃饱，母鸡五六个月大就能下蛋。粮食紧张的时候，鸡都是放出去散养，这样它们可以自己找点吃的，不至于光在家里吃粮食。不过真到了粮食匮乏的年份，鸡也喂不起。20世纪70年代的时候，供销社会专门收鸡蛋，10个鸡蛋5毛钱，可以买1.5公斤盐。一般人家一集能攒十来个鸡蛋，卖了就换点菜、咸鱼、盐。所以村民戏称："鸡腚眼子是银行。"意思是说鸡蛋就是庄户人的重要收入来源。

**养鸭** 徐家庄的水塘比较多，有的人家也会喂上一两只鸭子。除了主妇们日常的饲养照料，孩子们也常常能出一份力，放学后割草、逮蛤蟆，将穿成串的蛤蟆带回来喂鸭子。村民说，鸭子吃了活食特别肯繁（四声）蛋，两只鸭子，两天能下3个蛋。鸭蛋攒起来腌上，来客人的时候，煮上五六个咸鸭蛋就是一盘挺像样的菜。

**喂猪** 猪是农家重要的肉食来源。改革开放前，徐家庄人喂猪很少是为了自己吃，主要目的是卖猪换钱，而且还能积攒粪肥。由于养猪需要较多的粮食，只有在粮食有结余的时候才养得起。

养猪一般以年为单位。春节过后买个小猪仔，喂到下一个春节前，它能长到75公斤。过去养猪不喂饲料，一般喂地瓜干、地瓜叶、地瓜秧、花生秧等。

各种秧子都需要磨碎，然后掺上地瓜糁子。这些都需要上碾压。压一袋25公斤的地瓜糁子要好几个小时。连孕妇也无法避免这项辛苦的劳作。到了20世纪70年代末，庄里就有了烧柴油的磨糊机，磨一袋不过几毛钱，省去了大量的繁重工作。

猪的食量比起鸡、鸭来说大得多，拌猪食也就成了主妇们一项重要的工作。为了既让猪能吃饱，又不浪费，主妇们真是得费一番心思，秧子、地瓜糁子、白菜帮、萝卜叶、剩饭菜等搭配着和成猪食，喂得好的，猪一年可以长到150公斤。

秋收以后，养猪的人家还会把猪放到地里，经常能看到老母猪带着一窝小猪在地里找吃的的景象。据说猪能闻着味找到地瓜，有的时候能拱到一块大地瓜。有些地瓜长得不正，长到沟里去，这种地瓜叫“飞瓜子”，人刨不着但猪能找到。猪还能把没刨出来的花生拱出来，吃的时候还能把花生皮磕破，只吃果仁儿。村民都说猪从来不乱拱，都是闻着味来拱，可见其嗅觉还是蛮灵敏的。

养猪除了可以换钱、攒肥，还能够保持一定的卫生。人的粪便都被猪吃了，栏里(厕所)也会干净些，尤其是夏天。

猪养成了可以自己杀，杀好后卖给邻居家一些，分给亲戚一些，自己能留下猪头、下货和一部分肉，最多的还是卖到集上，或者卖给杀猪屠(音“兔”)子(屠夫)。卖猪的时候一般在冬天，也是过年要用钱的时候。用卖猪的钱过个年，给孩子置办点新衣服，准备好走亲戚的礼物和菜肴。也有人家会把这笔不少的收入攒起来留着办大事，比如盖屋、娶媳妇。

20世纪70年代，国家的生猪收购任务下派到各生产队，生产队再把养猪的任务分摊给个人，养猪的人家可以获得一部分饲料补助。但是，这些猪

养大了只能送到食品站，个人是不能杀的。

**放羊** 羊也是徐家庄村民常常饲养的家畜。羊主要以草为食，所以和养鸡、养鸭、养猪不一样的是，养羊的过程中家里的孩子承担了比较重要的责任。20世纪五六十年代，但凡家里有孩子长到十二三岁，放羊的任务自然而然就落到他们头上。放学后，他们牵上家里的羊去路边、河边吃草，要注意不能让羊吃了别人家的庄稼；也可以找个青草茂盛的地方，找个棍子插到地上，把羊拴在上面，羊转着圈吃草也跑不了，这片草吃没了就换个地方。放羊的孩子就利用这段时间去割草，等割好了草，羊也吃饱了。割来的草除了用于当时喂羊，也可以晒干了存起来留到冬天用。养羊也是为了卖钱，羊肉是当地比较高档的肉，过去村民家里很少自己吃羊肉，都是来了客人才会买些来待客。

**养牛** 土地归个人所有的时候，种地的主要牲口就是牛。耕牛体型大，不是每家都能养得起，但作为生产工具却是每家都需要的，因此，会有几家合伙养牛的情况，这叫“犋犋”。几个脾气相投、关系好的村民，家里地亩也差不多，通常是叔伯兄弟们几家一起养一头牛，一家轮着养一段时间。只有富裕的人家才能自己单独养牛。

犋犋的人家谁家要用牛，就提前给养牛的人家说一声。养牛的会事先好好喂喂牛，这样对得起别人家，也保护了大家的牛。使用过程中则是谁家用谁家喂。

耕（音“经”）地的时候需要两头牛，因此要两个家族的牛合起来才行。好的耕地子（擅长耕地的人）犁地笔直。在土地的一头树一个杆子当标尺。一头母牛（石牛）和一头犍子（阉割过的公牛）一起干活。人在牛后面扶犁，肩头搭着鞭子，喊着牛的名字，命令牛走直道。第一犁直了，后面的就好办了。犁偏了的地不好收拾，还得找补回来，很麻烦，所以会犁地的好把式大家都佩服。犁完了再耙，耙完后的地就很平整了，然后才播种。

牛也用来耩地、拉车载物、拉碌轴，用处很多。碌轴是一种用于碾压的畜力农具。总体类似圆柱体，中间略大，两端略小，宜于绕着一个中心旋转，用来轧谷物、碾平场地等。牛拉碌轴的时候，要戴上笼嘴以防其吃粮食，还要有人看着它，拉尿的时候赶快用瓢接住，有时接不及也会拉到粮食里。

生产队时期，牛由队里集中饲养，还有专门的牛园子，就在大队部旁边的空场。队里派上四五个人,有负责喂的,有负责使用的。这些人经常和牛打交道,因此都很熟悉牛的脾性。

秋天庄稼收获以后,剩下的各种秸秆都被运到牛园子里来喂牛,麦瓤、庄稼秧子、麦糠都是牛的主要饲料,但是无论是麦秸、豆秸,还是花生秧子,里面都会有剩余的没有捡干净的粮食,所以喂牛的人还能捡不少粮食。

夏天的时候,生产队的队员也会割草送到牛园子来,可以换工分。青草是牛的细粮,也有一部分草被晒干留到冬天使用。

牛园子的牛都是用于耕作的,不能宰杀。当牛老了、病了,干不了活儿了,就要打报告杀牛(当时宰杀耕牛犯法,要申请才能杀)。牛杀了以后,社员们可以分到生肉,牛头和牛下货则当场煮熟了分食。

徐家庄的徐衍江原来就在牛园子里养牛。因为经常和牛打交道,而且人又细心,所以养牛养得很好。20 世纪 80 年代初分地以后,他就自己买牛来养,专门买那些看上去又瘦又癞的母牛,养上一段时间,在他的调养下,牛就能长得很好。他自己先用一段时间,然后再卖出去,价格往往比买来时贵不少。然后用卖牛的钱再去买一头便宜的来养,家里从来不空着,一直养着牛,一般就一两头,多了也喂不起。徐衍江从 60 多岁到 70 多岁,养牛的活儿干了将近 10 年。靠着养牛的技术,给儿子盖好了房子。除了买牛卖牛,他还替人家耕地,主要是给家族里的人耕地,也不收工钱,但是主家要管饭,最后主家还会把家里存着的草、地瓜秧、果子秧给他以示酬谢。

**掐辫子** “掐辫子”是指选用麦秸编成辫子。掐辫子几乎是每个家庭妇女都从事的副业劳动,与其说是劳动,不如说是生活方式,因为庄里的妇女在街上“掐辫子”的场景随处可见,她们在茶余饭后聊家常的时候,手上都盘着“辫子”。在徐家庄,村中女性无论大小,几乎都会掐辫子。

清代举人朱光斗《竹枝词》有云:“不织丝绵不绣花,草莛包里有生涯。金绦万挂龙鳞细,都出寻常百姓家。”说的就村民们手中的辫子。辫子作为各种草编用具的基础用料,用量一直比较大,草帽、篮筐都需要用它。

掐辫子是乾隆年间由掖县人传授并在羊流一带流传开来的,很快就成为当地传统的副业产品,也是当地商品交易中最兴盛的一种,徐家庄就曾经是草帽辫子的交易中心。根据《泰安五千年》记载:“各项交易,夙以草帽辫

为最盛。其交易中心，始在浮邱，继移苏庄，再移徐家庄，今则移于羊流店。”①

掐辫子对麦秸的要求比较高，因此要留莛子的那部分小麦是不能用收割机收割的，只能用镰刀割，这样才能保证麦秸正直挺拔的品相。每年麦收时节，村民除了收割麦子，还有一件重要的事情就是选麦秆。将粗细适中、可以用来掐辫子的麦秆预先挑选出来，然后晒干脱粒，集中放置于房内较高的地方，这种地方往往是通风干燥之处。等到忙完麦季，再拿出麦秆来去掉下节，只留上部两节，然后除去叶梢，当地方言叫作“择（音‘摘’）莛子”。把麦秸莛子按照粗细分拣开来，可以掐成宽窄不同的辫子。掐之前，莛子需要用清水浸泡，使其变软。

最适宜掐辫子的莛子来自一个特殊的小麦品种，俗称“高麦子”。这种小麦拔的莛子高，麦子的皮很薄，出的面格外白，也叫“面包麦”。高麦子麦穗头很小，产量不高，所以种得不多，一般家里种够掐辫子用的就可以，老妈妈（指老年妇女）们用的话，种上一分（约 66 平方米）多地，出的莛子就足够使用了。如果老人自己已经不种地了，孩子们也会为了老人掐辫子而种上一两分地的高麦子。

高处存放的莛子

村民掐好的辫子会在集市上卖掉，辫子价格不一。按照长度，辫子分成十圈一大桄和六圈一小桄，按质论价。现在，也有骑摩托车、开小货车的商贩在庄里走街串巷收购。

① 泰安市地方史志办公室、泰安市电信局编：《泰安五千年》，山东省地图出版社 2001 年版，第 156 页。

一个非常熟练的妇女每天能掐六七桄辫子，一集可以卖个几十块。改革开放前，辫子的价格虽然没有如今这么高，但是妇女卖辫子的所得也曾经是家庭的一项重要收入。

对于现在的老年人来说，掐辫子的所得可能解决不了大事，但是日常生活问题就能自己解决了。用这笔钱可以买点针头线脑、柴米油盐什么的。现在老年人还有养老金，儿女也会给一点赡养费，老人晚年的基本生活所需都能得到满足。有的老年妇女在掐辫子的时候，不失风趣地说，掐辫子好处大了，花点小钱不用找人要，还能活动活动手，不会瘫痪了，反正闲着也是闲着。庄里的大夫和桂芳也说，其实掐辫子对身体还有好处呢，指尖部位穴位多，经常进行穴位刺激对神经有好处，有益身体健康。而且现在的孤寡空巢老人在家闲得慌，出去之后凑在一起，说说笑笑的，满足了人们交往沟通的情感需求。可以想见，作为一项传统的家庭副业，徐家庄的女人聚在一起边说边笑掐辫子依然是一幅常见的画面。

大门口掐辫子聊天的村民

卖辫子

## 三、村落匠人

村落生活中，传统的种植、养殖和家庭手工副业满足了人们基本的生活所需，是大部分村民安身立命的根本。此外，还有一些人依靠自己特殊的本领和技艺为村民提供产品和服务，他们虽然人数不多，却是村落生活中不可或缺的，他们就是村落里的各种匠人。

**石匠**　村落里的石匠其实有两种：一种是建房的，一种是制磨的。两类

石匠的工作范畴大不相同。

制磨的石匠主要的工作就是凿石磨。在徐家庄，碾是公用的，但是磨是自己家用的，磨面、磨糊子都离不了，是家家户户必备的生活用具。新组建的家庭大多需要购置石磨。20世纪80年代时买一盘全套的磨大约50元，大的得七八十元。磨用得时间长了，磨扇中间的沟槽逐渐平滑，磨出的粮食就不够细了，需要把磨沟子凿一凿，因此石匠隔三差五就会被不同的人家请去。请石匠除了要付工钱，还要管饭。没有活的时候石匠一般就在家里制磨。

废弃的石磨

建房的石匠主要是给需要盖新房的人家提供石料。改革开放后，这类石匠会在周围包下一片山，专门打石头卖。20世纪80年代兴起个人承包以后，一片山上有好几个石料厂。个人加工石料的地方叫"石窝"，果庄、黄崖村都有，离徐家庄有三四公里路。

石匠每天的主要工作就是背着锤、钎子，带着炸药，上山采石头。他们先在山体上打上眼，灌上炸药，把石头从山体上炸下来。采石头是个力气活，以前没有炸药的时候就靠人力，通过在山体上打楔子分离石头，然后就地把大石头凿成尺寸符合建房需要的大小石块。石匠先在石头上錾窝儿，用钎子錾一溜，砸上小钎子，最后用大锤砸开，就成了整齐的条状石块。用于建房的石料对高度要求最严格。

采石头又是个技术活，需要懂得石头的纹理走向，能够控制石料的大小、形状，所以在哪里錾窝儿是很讲究技巧的。每天晚上，石匠回家后还要修理自己的工具。铁钎子用一天就会磨平了，所以每天要把铁钎子的细头錾尖了——把铁钎子放火上烤，然后用铁锤砸一砸，再放在冷水里一激。火候要合适，火候不够太软，火候过了易断。基本上一个石匠一天需要用10来根钎子，对于石匠来说，工具不管用就没法干活，一天就会白白浪费。所以石匠都是来回背着钎子去石窝干活，晚上回家修理工具，很辛苦。

盖房子时打地基需要用大量的石料，一般盖五间房需要十车石头。需要用石材的直接到山上去拉，各家石料场走一走，看一看，看好哪一家就买哪一家的。

盖房子的过程中也会用到石匠，需要他们把石头錾好，取直，那样石料的接缝处比较好看，但是石匠的人工贵，所以一般人不会专门请石匠来干这种活儿，大多数时候就让瓦匠代劳。

修喜坟(即人在去世前先将坟修好，一般是儿子给父母修)的时候也能用到石匠。喜坟完全都是石制的(人死后建的坟一般是砖垒的)，修的时候，瓦工和石匠一起干活。石匠先大体上把石头錾好，然后运到林上(墓地)，和瓦工一起垒，有不合适的就在现场錾成合适的尺寸。

现在修喜坟已经流程化了:石匠自己计算好石料大小和排列位置，在每个石头上标号，运过来按照编号直接排上就可以垒成坟。垒坟的时候找瓦工，石匠就不需要到场了。有时石匠还会应主家的要求雕刻香堂子，用于墓室里放长明灯。

**木匠**　木匠的工作主要是盖房子，房子的梁、檩、屋架子都需要木匠按尺寸打造。其次就是打家具。尤其是闺女出嫁的时候，要请木匠去家里，打制陪送嫁妆的柜子、橱子等。一般是木匠根据自己的经验来打，也有主家自己出样子，木匠照着打的。好的家具式样往往一传十，十传百，成为样本被很多人家选中。再有就是修理农具，个人的、集体的都需要定期修理，以前的生产队也离不了木匠。因此，木匠几乎常年不闲，一般不参加生产队里的劳动。不过，木匠外出干活要向生产队请假，须生产队长批准。木匠的工钱是每天2.5元，回来后向队里交钱买工分，一般一天1.5元，记10分工，剩下的钱留作自用。生产队其实是愿意木匠出去干活的，因为可以收钱。那时

候匠人们出去干活都要经过批准。

在庄里，木匠往往被人高看一眼，因为大家都用得着，盖房子、打嫁妆都得请木匠。所以请木匠到家里来干活是非常郑重的一件事，不仅要付工钱，还得管饭，而且饭还得管得好。

请木匠必须有开工酒和完工酒。男主人作陪，请上三四个人，炒上五六个菜，有鸡有鱼，比较隆重。平时的饭食虽然没有鸡和鱼，但每顿都会有肉。其他如鸡蛋、豆腐、油炸花生米、白鳞鱼……都是请客才有的菜。主家也会准备酒，爱喝酒的木匠会喝上几盅。

木匠受人看重，自己也重视自己的身份，因此木匠行里规矩大。比如在吃饭上就比较讲究。木匠一般都带着徒弟，吃饭的时候，师傅不夹菜，徒弟就不能动筷子；师傅放了筷子，徒弟就不能再吃。不过，为了照顾徒弟，老木匠师傅都会在吃饭的时候放慢速度，让徒弟吃饱。而徒弟必须学会快吃饭，否则师傅一旦放下筷子，自己即便没吃饱也不能再吃了。

木匠师傅吃白鳞鱼也很讲究。四指宽的白鳞鱼一顿只吃一面，不翻面。下一顿主人家给打上两个鸡蛋一煎，又吃一顿，也不吃完，总要剩下一些留给主人家的孩子。毕竟过去好吃的东西不易得，孩子都眼巴巴地看着呢。

1982 年以后，请木匠就成了包干制，明面上是只付工钱，不管饭，但是木匠真的回家吃饭会耽误工夫，所以主人家依然会管饭。村落里找的木匠大多是本乡本土的乡亲熟人，再加上主人精心照料饭食，所以很少有磨洋工的现象。

到 20 世纪 80 年代末，村民开始购买成品家具，就少有请木匠的了。

**泥瓦匠** 盖房子的时候不能少的还有泥瓦匠。20 世纪 80 年代以前，盖房子打地基和土墙都是自己找人做，家庭成员和街坊四邻都会来帮忙。这些前期的准备工作可能要花上一两年的时间，请来的泥瓦匠主要负责修建房屋的上半部分——建窗户、盖屋顶，也叫“上帽”。所有的材料主家自己备好，还要搭好盖屋的架子。因为前期工作准备充分，所以房屋的上部分很快就能建好，15 个瓦工大约用 3 天时间就可以完工。

主家支付瓦工们工钱，还要准备上梁酒和完工酒。平时需要管茶、管水、管烟。茶叶尽着喝，烟不能太差。

盖房的时候，泥瓦匠和木匠要配合着来，上梁时木匠必须到场。两类人的权威都很大，主家提的要求如果他们认为不合理就可以不听。有一次一个主家想把房子盖得宽一点，盖成4米宽，结果瓦工、木匠死活不同意。用他们老辈传下来的经验就是“六尺一间，不压自弯”。

到了20世纪80年代后期，开始有了建筑队，整体承包人家的房屋修建，从修建地基开始直到最后完工，盖一座宅子只需要几个月。泥瓦匠有大工、小工之分，前者是有技术、有经验的，后者主要是出力、打下手的。一般一个建筑队4个大工(最少2个)，房屋四个角各一个，一个大工带2个小工，即所谓的“一匠二工”。冬季是农村建筑生意旺盛的季节，将要迎亲嫁娶的和有余钱的人家几乎都集中在这个时间建新房，建筑队会一直忙到次年春季。

庄里干过建筑的徐庆乐说，20世纪90年代以后一直到2015年左右，富裕的人们都想改善自己的居住条件，建筑队的工程几乎就没有断的时候。

**铁匠** 对村民而言，几乎所有的生活所需都能在传统村落社区里获得满足。那些由于消费太少而不能每个村落都存在的职业，其从业人则会相应地扩大经营范围，定期走村串户，成为整个乡村生活一种不可或缺的调节。铁匠就是其中之一。

铁匠，既不像石匠那样有固定的工作地点，也不像木匠和泥瓦匠一样被人请到家里干活。他们一般是走村串乡，尤其是农忙之前，需要修理农具的时节，铁匠就来到村里。铁炉子支在十字路口，师徒或夫妻配合着干活。师傅打铁，徒弟拉风箱(音“仙”)、打下锤。打铁的时候，师傅拿小锤，徒弟拿大锤，师傅先砸一下，徒弟再砸一下，师傅的小锤实际上起指挥作用，所谓“指哪儿打哪儿”。庄里的孩子格外喜欢模仿打铁的场景，一边还唱着欢快的童谣：“钢得当，钢得当，你砸铁，我砸钢。”

因为几乎所有的农具都是铁包钢制作而成，正所谓“好钢用在刀刃上”，所以用得时间长了，刃磨没了，就得“钢”(四声)。“钢”就是补的意思，即把钢补到刃上，比如钢镢。如果不用补，只将其变锋利，叫“锏”，比如锏镢、锏刀。刀用得时间长了，刃上会有小豁口，不齐也不快。铁匠会将其烧红，用铁锤砸薄，然后用铡刀剪齐，再砸薄，最后磨出刃来，这叫“锏刀”。

锄和锨不锋利了，就需要伸一伸，即放到火里烧一烧，然后放到水里激一激，锄和锨没有补的，因为太薄了，所以用坏了就直接扔掉。镰也是一次性的。铁匠的活计按照工艺的繁简程度收费不一。钢最贵，锏次之，伸比较

便宜。铁匠打出来的农具都没有固定的尺寸，即便同一个铁匠打出来的也不一样大，但是手艺高超的铁匠打出来的工具就是好用。人说"木匠按尺寸，铁匠看眼力"，就是这个道理。

除了修理农具，铁匠也卖成品，包括农具和其他用具。但在生产队时期，有一段时间国家不卖给个体铁匠钢材，铁匠也就干不下去了，所以那时候的农具都不太好用，但因为是给集体干活，大家也不在意。到 20 世纪 80 年代分地后自己干的时候，各家又开始在意自家的工具了，不仅各种农具的种类、质量有区别，连大人和孩子用的都有区别。铁匠依然是大家离不开的手艺人。

**锔锅与打锡壶** 除了铁匠，走街串巷的手艺人还有不少，像锔锅的、打锡壶的，也都是村民们日常生活离不了的。

锔锅匠也叫"骨碌子"，作为一种民间古老行当，已流传了千百年之久。过去人节俭持家，锅碗瓢盆的磕了口子、裂了缝，甚至掉了底儿，不能用了却又舍不得扔，就等着锔锅匠来修补。每当锔锅匠挑着家伙头，拉着长腔吆喝"锔盆的，锔锅的"的时候，村民们就知道他们来了。

锔锅匠的家伙其实很简单，一条扁担，一头是个木箱，里边装着锔钻、锔弓、锔钉、绳子、腻子盒、小铁桶等器具，一头挑着一张四方的矮凳，供其工作和休息使用。锔锅匠人在庄里找个宽敞干净的地方支好摊子，就开始干活了。先用小刷子把器皿坏碴及裂缝的地方弄干净，然后再按原样拼好，橡皮绳扎紧，用金刚钻沿裂缝的两侧，钻出一对对小孔来，用小锤轻轻敲打扁平的小锔子，将其一个个嵌入小孔，将裂纹勾紧固定，再抹上腻子，就修旧如新了。各种器具修补的难易程度不一：最好锔的是瓦器，如瓦盆、瓦罐儿等泥土烧制的东西，质地疏松，钻眼儿比较容易；锅和大缸要硬许多，但也并不太难；最难的是修补碗、酒壶等，这属于最细致的活儿，这些器皿往往小巧玲珑，而且质地坚硬，要求匠人技术精湛，而且要加倍小心。锔瓷碗要用金刚钻，"没有金刚钻，不能揽瓷器活儿"，说的就是锔匠。

锔匠按使用的锔子的大小数量收费。铁锔子几分钱一个，铜锔子要一两毛钱。20 世纪 80 年代以前，人们生活困苦，囊中羞涩，家里使用的多为泥巴盆，经常会碰坏了或者碰个口子，买个新盆要块儿把钱，而锔盆只需要几毛钱。锔匠用自己独特的手艺修补好它们，为人们节约了开支，因此在人们的生活中发挥着重要的作用。

打锡壶的匠人也是走街串巷。在山东，有“章丘的铁匠，莱芜的锡匠”之说。新泰紧邻莱芜，本地锡匠多，手艺精湛。

锡壶是用来盛酒的。因为用锡制品盛酒不容易氧化。另外锡壶导热快，用于温酒能节约时间。以前喝酒前需要将酒加热，就是往锡壶里倒上酒后，拿着锡壶的把儿在火上来回地烤，叫“温酒”，也叫“筛酒”。除了打锡壶，匠人也打燎壶(烧水壶)。

锡制酒壶

家里锡壶漏了可以补，也可以让锡匠把旧锡壶化了重新打一把新的。锡匠点起小炉子，拉着风箱将炉火烧旺，把破旧的锡器弄碎，放入坩埚中加热。很快，那些碎锡就被化成了银亮的液体，锡匠将其灌入石质的模具，待其冷却成锡箔后，再根据需要，用画规、尺子画线，用剪刀剪成所需的尺寸、形状，把锡箔片卷到木制的模具上形成壶身、喇叭口、壶嘴等，然后将缝儿焊好；用小锤敲敲打打，把缝儿整光滑；最后再把壶底、喇叭口、壶嘴儿依次焊接起来。一把精致漂亮的锡壶往往能用几十年，是村民过年过节、宴饮待客之时必不可少的器物。

不论是打铁的、锔锅的，还是打锡壶的，这些走村串乡的匠人们不仅满足了人们的日常所需，还带给人们无尽的欢乐。每逢庄里来了这样的手艺人，孩子们总是最高兴的，观看他们的手艺活儿是童年生活的一大乐事。

**编匠和篾匠**　编匠和篾匠也是村落里传统的手艺人，几乎每个村庄都有那么几个。有家传的，也有跟人学的。编匠是用白蜡、棉槐等各种条子做材料，篾匠是用秫秸篾子和苇子做材料。

过去耕作用的各种筐就是从编匠那里买的。在农村，筐的用处很大，分粮食、盛土(垫栏用)、拾柴火、刨地蛋(土豆)等都用得到。种类大致有大筐、筐头子(小筐)、抬筐(两人抬的)、粪篓(长圆形，一般用于推粪、盛地瓜干、盛土豆)、提篮(长圆形，细条编制，比较贵，一般赶集或菜地里挖菜时使用)。实际上，由于过去筐都是买来的，用得又比较费，因此这些种类的筐也不是每家都有，一家也就有两三个。

编匠还会编制生活中用的筦子、簸箕等。筦子是走亲戚必用的，礼物就放在筦子里。筦子是编制品中比较精细的东西。簸箕，也叫"簸篮子""簸箩"，是闺女出嫁时必须陪送的，用来盛新媳妇做好的新鞋。结婚以后就是家庭主妇用来放针线的工具。

由于白蜡条、棉槐树、柳子等长条子的树枝可以用来编筐，因此有些人就把自家在河沿边上不好种庄稼的土地用来种条子，卖给编匠。或者请编匠编筐，用条子来顶工钱。比如给两个筐的条子拿走一个筐，不用给钱。

编匠编筐一般在下雨阴天的时候，或者晚上，或者农闲时期，不耽误干农活。一个直径50厘米的筐，2个小时就能编好。编匠攒上一些，就挑到和庄集上去卖。在1980年前后，小筐3块一个，大筐5块一个，成本也就1块钱。下脚料可以烧水用。各种筐家家都要用，而编匠少，编的筐有限，所以拿去集市卖的从来都剩不下。

秋天收了高粱以后，篾匠会到处去收高粱秫秸。收回来的秫秸放在场院里，用碌轴压，然后泡湿，用刀把秸秆里面的瓤挖出来，只留下皮，叫"秫秸糜子"，这就是用来编制器具的材料了。秫秸糜子可以编炕上铺的席。当时乡村谁家要娶媳妇的时候，还会找篾匠编一领红席，即红高粱的秫秸糜子编成的席。后来红高粱少了，红色的秫秸糜子就只能用在四个角上。秫秸糜子还可以编篓、编茓子，剩下的碎料可以做席帽夹子(一种帽子)。

装满花生的粪篓

**裁缝** 庄里的裁缝一般都是女性。有的是家传的技艺,也有专门拜师学缝纫的。拜师的需要给师傅先当几年小工,才能学到师傅的本领。徒弟住在师傅家里,吃饭就吃自己带来的煎饼。待上一两年,师傅看着徒弟人还不错,肯干活,才开始教真功夫。也有的是跟着亲戚或熟人学,徐家庄以前干过裁缝的和尚芬说,自己是跟着外甥女学的缝纫。

有了缝纫的技艺日子会好过很多,虽然以前做衣服工钱不多,但是比起出工下地,挣得还是要多,尤其是技艺好的裁缝,外村的也会找上门来做衣服,相对收入就更高些。徐家庄的裁缝就是因为家里人口多,劳力少,为了一家人能吃饭、孩子能上学,才学了缝纫,以此谋生。

村落里的裁缝一般就是做家常的褂子、裤子,正装就是中山服,都是客人自己带着布料来。除了本村的,附近的村庄也会根据裁缝的名声来做衣服。有的裁缝也能联系到一些批量加工的活儿。和尚芬就曾经给济南的某医院做过工作服,当时做一件 5 块钱,一年做二三百件,持续做了三四年。

对于裁缝来说,一台老缝纫机可以用几十年,凭借的全是手艺。做衣服常常做到晚上,尤其是冬天快过年的时候,做衣服的多,时间赶,晚上点上罩子灯来回端着做衣服,不知不觉就到了十一二点。虽然裁缝不是力气活,但是熬眼耗神,也很辛苦。衣服做好就可以收到工钱,也有人会赊账,衣服穿上身却不给钱。不过大部分村民都知道裁缝做活不容易,不会赊欠。

**货郎与针妈妈** 严格来说,货郎不是手艺人,而是商人,但也是村落生活中不可缺少的一类人。

20 世纪六七十年代,货郎挑着担子,前、后各有一个有盖的木箱子,里面有可以支起来的架子。每到一个村,就放下箱子,打开盖子,支起架子,一摇拨浪鼓,大姑娘、小媳妇、小孩、老人,就纷纷出来了。针线、沿条(做鞋用的)、玩具(哨子等)、糖果、头绳……各种小物件惹得大人孩子眼馋不已。除了用钱买,还可以用东西换。小孩子们偷偷从家里拿了废铜、铁块或者老辈传下来的制钱去换玩具,换扎头绳……

还有一种类似货郎的生意人,一般都是女性,专门卖针线,叫“针妈妈”。针妈妈挎着个装了各色针线的篼子走街串巷,每到一个村子,也不摇拨浪鼓,就找个人家的大门口坐下,街上的人看见了,一传就都知道针妈妈又来了。小本生意利薄,所以有时也跟买针线的人家要点吃的。徐家庄以前经

如今走街串巷的商贩

常来的针妈妈是从泰安流浪到羊流的。她老家在泰安，男人1937年被炸死，后来就带着两个儿子落户在高沙沟，靠卖针线养大了两个儿子。周围村子里的人都知道她。

**接生婆** 直到20世纪80年代，庄里人还习惯于在家生产，因此每个村庄都少不了接生婆。徐家庄最后的两个接生婆是村民徐卫庆的母亲和他的妻子。据说她们接生的孩子从来没有出过事，如今提起来人们还交口夸赞。

接生婆只管接生，所以只有产妇觉得快要生孩子了才请她来。有的时候请了来却又没有生的意思，就先让接生婆回去。不过总要给接生婆冲上两个鸡蛋喝，毕竟麻烦人家白跑了一趟。

接生也是祖传的技艺，传媳不传女。接生婆很有经验，据说用手一摸就能知道胎位正不正；按哪里孩子就能生出来；孩子不哭的时候也有办法——提着脚丫，拍后背；而且也能动刀辅助接生，只是事后不缝针，需要让伤口自行愈合。孩子生出来，接生婆剪断脐带、打上结，烧点火纸，用纸灰止血，然后用布拦腰缠好。接生婆不负责给刚生的孩子洗澡。那些在冬天出生的孩子，因为屋里生炉子有灰，所以生产时难免头皮上会糊上一层灰。产妇和家人也不敢动，要一直等到孩子的头皮长结实了才敢洗。所以好多孩子长到快1岁多头上还有灰。

接生婆接生是不收费的，如果生孩子时间长，要请接生婆吃顿饭。等到

孩子送粥米的时候，要请她来坐席，还要把亲戚带来的挂面、小米给她送过去。有时候也会给接生婆买块布、买两块手巾，这些都是产妇的娘家给。

到 20 世纪 70 年代末，镇医院就开始专门培训乡村医生负责接生，一个村庄培训一个。这些医生都受过正规接生技术培训，遵守规范的程序，用酒精、卫生棉消毒，而且也能缝针，但要收取一定的费用。到 80 年代，“计划生育”政策开始实施，村民必须到医院生产，否则新生儿不能落户，渐渐地就没有在家生产的了。

**大厨**　这里所说的大厨不是在饭店里工作的厨师，而是村落里红白事负责掌勺的大厨长。徐家庄的徐庆恒、徐庆松都是很有名的大厨长，不仅本村有红白事要请他们，连外庄都会来请。

庄里人有公事的时候，会带着烟酒提前去预约大厨（大公事提前两天，小公事提前一天）。过去的大厨长帮人家办公事都不收钱，但最后要有谢礼。大厨要先了解了规模，和主家一起规划材料及数量。主家还要找二厨和打下手的，打下手的得十几二十个，具体人数根据规模来定。

公事的前一天，大厨会指挥提前杀鸡、宰鱼、盘炉子，有些菜（比如炸制的菜）也需要提前做好。炒菜是公事当天现炒。当天大厨只带着自己的刀和炒勺，其他都由主家准备。

一般来说，白事十个碗；红事是八顶八，带大件（详见后文）。所以白事大厨要忙活两天，红事大厨最多要忙 4 天。如此复杂的宴席既考验大厨的厨艺，也考验其指挥调配能力。

给大厨的谢礼一般是烟、酒、糖、茶和猪肉，然后加上围裙和手巾，送围裙和手巾估计是因为大厨做饭的时候会用到。主家都是事后带着谢礼专门去感谢大厨，以示郑重。能做大厨的人一般在庄里威信都很高。因为大厨经常帮别人办公事，既费时又费力，而且不收钱，所以大家都很领他这个情分。对大厨自己来说，由于和主家是一个庄的，要么是熟人，要么是一个家族的，也不好意思拒绝。

**医生**　医生不属于村落匠人，但他们的确是村落生活必不可少之人。

20 世纪初期，徐家庄历史上出过一个闻名羊流的医生，他叫徐衍珂，人称“大先生”。他自幼随父学医，记忆力惊人，能背诵《本草纲目》《伤寒论》。

擅长治疗伤寒杂症,医术很高,挽救了很多乡民的性命。[①]

1949 年前,徐家庄有一座二层小楼,叫"后升堂",是一位医生的宅院。西屋朝街开窗,看病、卖药、卖银器。夏天,庄里的孩子捡了知了鬼皮(蝉蜕)会拿到那里换一种能当零食吃的药材。

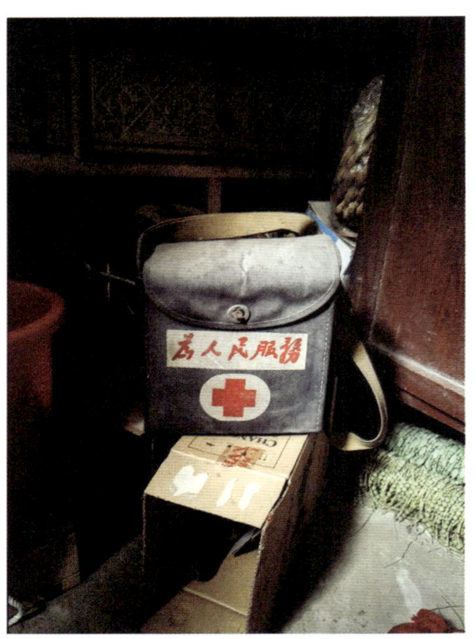


赤脚医生和桂芳当年用的医药箱

当年在徐家庄后升堂里做学徒的徐衍福,从拉药匣子打杂开始,用心学习,记住了诊疗不同病症的各种方子,1949 年后被政府招为和庄正式的驻片医生,其后代也多以行医为生,成为医生世家。

如果说以前的医生大都是靠家学渊源学习行医,那么到了中华人民共和国成立后,大部分乡村的赤脚医生都受过专门的培训。据徐家庄的医生徐学启回忆,1965 年时,新泰在每一个公社都办了一个半工半读的卫生学校,学生都是经过考试录取,学制三年,培养全科医生。1968 年,徐学启回村工作。那时候的赤脚医生不仅治病,更注重预防。疟疾流行,他就到处发疟疾药。如果村落哪一片有发疟疾的,方圆百米的人家都得吃药预防。那时候大家都在生产队里干活,医生就提着开水,拿着药,到坡里发药,还要看着村民吃下去。隔三天就要吃一次,一直到这一片没有人再发疟疾为止。其他如治蛔虫的糖丸,也是直接送到每家每户,看着村民吃下去。那时,赤脚医生还负责"两管五改":所谓"两管",即管肥、管水;"五改",即改鸡圈、改猪圈、改牛圈、改锅灶等。这在当时村落的卫生防疫和疾病预防与治疗上都起到了相当大的作用。

① 参见李光星:《羊流风华》,远方出版社 2004 年版,第 130 页。

# 第三章 岁时节日与日常生活

民俗是一种生活模式，时代在变，生活方式在变，民俗习惯也在变，变是民俗发展的常态。从传统农耕社会到现代化社会，村落经历无数的变迁，既有外在直观可见的断发易服，废止缠足，也有内在的观念变革，如婚姻观念、女性地位。每个身处其中的人都能切实感受到生活与习俗的变迁。变迁的发生有时缓慢微小，润物无声；也有时由于受到外力的干扰而天翻地覆。尤其是中华人民共和国成立后，村民生活习俗的改变更是显而易见的。因此，人们在谈论起某种生活状态或民俗行为时，总是要特别强调其所处的时间段，比如“共和国成立前”“共和国成立后”“四清运动”“‘破四旧’的时候”“‘文化大革命’时”“生产队的时候”“分地以后”等。这些不同的时间表述后面，是不断变化的生活。

当然，在这种常态的变化中，总还是有些东西内存于人的心灵深处，顽强地坚守着那些古老的传统。那些人们不曾、不会、不希望改变的传统笃定地占据着某些特定的时间与场合，寄寓了人们对于生活的信条和期望。

## 一、不变的传统——岁时节日的习俗

在民俗生活中，一些仪式性的传统往往是生命力最顽强的，即便因环境

的因素不得不改变，一旦有机会，它们就会很快恢复。其中，各种节日习俗最有代表性。而在所有的节日中，各项传统保留最为完整的当属春节，当地人俗称“过年”。

**春节** 春节，俗称“过年”，过年是一年中最重要的节日，传统农耕社会，过年要持续一个多月的时间，素有“过了腊八就是年”“不出正月不算过完年”之说。

过年大体上分为忙年和过年两个阶段。一进腊月，直到大年三十，这一个月的时间是忙年的阶段，主要是为过年做各种准备。

整个过年程序里第一个重要的日子是腊八。庄里人称“过腊八”，从这天开始，大人、孩子就开始数着手指头计算过年的日子了，连老人哄孩子也有应时的歌谣：“小孩小孩你别哭，过了腊八就杀猪；小孩小孩你别馋，过了腊八就是年。”腊八节这天除了喝腊八粥，最主要的习俗就是腌腊八蒜。蒜瓣剥好，用醋腌起来，盛在罐子或者小盆里，几天后就会呈现碧绿的颜色，汤汁和蒜都能吃，到过年的时候配上饺子格外美味。过去条件困难，腌的腊八蒜其实并不多，也就一小罐子，醋也不舍得放，基本上过完年就吃完了。

腊月二十三，庄里称“过小年”，也叫“辞灶”——“腊月二十三，灶王爷上天”。这一天要把供奉了一年的灶王爷的画像揭下来，摆上供品，点上香，恭恭敬敬地祭拜一番，将画像连同火纸一起烧掉，把灶王爷送上天，希望他“上天言好事，回宫降吉祥”。

腊月二十四这一天，各家里就要把屋里的家具、用品都遮盖起来，把笤帚绑在长杆子上，清扫屋顶、墙壁上的灰尘蛛网，再把家里角角落落都清理干净，准备过年。

临近年根儿的几天，庄里几个书法比较好的老教师就会很忙，因为他们负责给庄里人写春联和牌位。现在春联大部分是买成品，牌位和折子大部分是自己家来写。牌位每年用火纸现折而成，上面写上已故的祖宗三代，年三十摆上，送家堂的时候烧掉。

忙年最重要的工作就是置办各种年货。腊月里最大的年集在羊流，日期是腊月二十二和二十七，家家户户都会去赶集采办年货。除了肉蛋果蔬，过年必不可少的鞭炮、对联、年画等，都要在年集上置办齐全。这两个年集也是小贩最挣钱的时间。年货置办齐了，主妇们就开始忙碌起来，摊煎饼、蒸馒头、发豆芽、做豆腐、炸吃食，洗刷各种器具，还要给大人、孩子做新衣服。正如歌谣里说的："十七十八泡豆芽，二十七八上锅炸。"这些都要在大年三十之前做完。肉、鸡及炸的咸鱼、丸子、肉蛋和馒头、煮的猪蹄，这些大菜既是大家享用的美食，也是给老祖宗的供品。给祖先的供品每个碗里都要放一棵菠菜，下面有时会垫上白菜叶，显得多且好看。供品里要有一块方肉，肉顶上割个窝，把菠菜插到肉上面。供养用的白鳞鱼要用绳弯起来，用石榴籽做眼。鸡要专门摆出特别的造型，叫"盘鸡"。还要摆上糖块、石榴等。奉献给祖先的供养必须是单数，五、七、九碗都可。

摆供用的盘鸡

腊月三十，又称"除夕"，庄里称"大年三十"。早上首要的任务是贴对子，即把提前准备好的春联贴上，从大门开始贴起。家里所有的门，包括影壁墙、磨上都要贴一个"进门见喜"或"福"字，连猪圈门口也要贴一个"六畜兴旺"。

大年三十有一项重要的仪式，就是"请家堂"，庄里也称为"供养"。在堂屋正中的八仙桌上，摆好老祖宗的牌位、香炉，摆放供品，倒茶斟酒。然后在大门口烧纸，放鞭炮，把从外面点燃的三炷香插进香炉，表示引着"老祖宗"回家过年。还要在大门槛处横上一根拦门棍，以挡住"外人"。所以有歇后语说："年三十晚上吃饺子——没有外人。"年三十这一天，出嫁的闺女是不能回娘家的，传说对娘家人不利。有的家里弟兄们多，怕"老祖宗挨家跑忙不过来"，一般都会商量好过年在一家"供养"，大家集中都去他家祭拜。除了写祖先牌位，村民还要在天井里搭天地棚子，原先家家都有磨，就在磨上摆牌位，现在没有磨就用椅子，牌位上面写的是"天地三界十方神灵真宰"。要用苇席把椅子围起来，放上灯，摆上供品。扎天地棚子一般是男人的活

儿。“文化大革命”期间，“破四旧、立四新”，不让供养祖先，不让磕头拜年，这些习俗到 1976 年之后才逐渐恢复。现在，有些徐家庄人虽然已经离开了村子，住到城里的楼房里，但他们依然保留着供养祖先的习俗。

春节供养

年三十中午的饭菜非常丰盛，晚上要“熬五更”，即守岁，家里的大人，特别是爷爷、奶奶，还要给孙辈们压岁钱。晚餐要吃素馅饺子，寓意是保一年素净不出事。豆腐馅的水饺取的是“兜福”或“都富”的谐音；有时还要在饺子里包上几枚一分的硬币，看谁能吃到，象征“发财致富”。午夜时分，各家开始“发钱粮”，就是在天地棚子前烧纸、磕头、放鞭炮，给天地众神发“钱财”，祈求众神保佑来年一家平安。整个村庄里鞭炮声此起彼伏，好不热闹。发完钱粮人们就可以睡觉了，准备天一亮去拜年。

大年初一是家族里的人相互拜年的日子。通常是平辈的、年龄又差不多大的人约着一块挨家挨户地串，年纪小的先行，年纪大的殿后。进屋后，先跟家里年长的招呼一声，就跪下磕头，嘴里还要报上“给老祖宗磕一个”，再给家里的长辈挨个磕头。磕完以后站着说上几句话，然后离开再去下一家。每家都会给来磕头的小孩子装上几颗糖，一圈下来，孩子们的口袋里都鼓鼓的。

闹了矛盾的村民，大年初一相互到家里一坐，给对方的祖先磕个头就算和好了。

这一年新娶的媳妇得挨家挨户磕头。

初一这天忌讳比较多。比如，水饺煮破了，不能说“破”，得说“挣”了；小孩子打碎了碗碟，要说“岁岁(碎碎)平安”。女人在这一天不能动针线、刀剪，怕来年不素净。这一天不能扫地、扔垃圾，连脏水也不能随便泼，怕“破财”。

大年初二最重要的习俗是“送家堂”，即送老祖宗们回天上去。时间是吃了午饭以后，不能太早，庄里人说“送早了显得不孝顺”。“送家堂”可以以家为单位，也可以以一村的同姓族人为单位。一个家族聚在一起“送家堂”的时候，大家都集中在辈分最大或年纪最大的一家门口，先烧纸钱、牌位；快烧完时，再冲火灰浇上三盅酒；最后用一桶水把所有火星浇灭，这表示为老祖宗“饮马”。这时，各家的鞭炮也都用长杆子挑好了，逐一点上，在一阵鞭炮声中，常规意义上的“年”就算过了。庄里上了年纪的人这时常会感慨：日子真不经过，一年又过去了。

即将烧掉的纸与牌位

从大年初四开始，各家各户四处走亲戚，一直持续到正月十五。过去通信不发达，人们会固定几个日子作为走亲戚的时间。一般约定俗成的日子是初四、初六、初八和初九。尤其是新亲走动一定要选好日子。若是老亲戚，选在初七也可以，但是初五是“五麻日”，不走亲戚。在这些天里，每天一大早，主妇们就会把屋子打扫得干干净净，准备迎客。客人挎着篼子，带着礼物，上午到达。中午主人要设宴款待，饭后客人离开。主人要给客人压回少量的礼物，不能让客人的篼子空着，否则就会被视为不懂礼数。

庄里称大年初五为“五麻日”，俗称“破五”“填穷坑”。这一天要吃饺子，

而且要把过年的东西都吃干净，家家户户放鞭炮“送穷神”。这一天还流行“叫媳妇”，即把尚未过门的儿媳妇叫来认认家门，大娘、婶子、嫂子们陪着认认自家人。为了显示对未来媳妇的重视，一个家族的人会轮流请她去吃饭，人口多的家族能一直请到正月十五。

正月十五是传统的元宵节，也叫“灯节”，是闹花灯的日子，庄里人称“过十五”。这一天，除了放鞭炮、放烟花以外，人们还要自制各种灯，会扎灯的人家会用彩纸糊个大灯笼，里面插根小蜡烛。大部分人家是制作各种杂面灯、萝卜灯。

杂面灯以豆面为主，掺上白面，俗称“杂面”，捏成鸭子、刺猬的形状给孩子拿着玩。也有代表十二个月份的碗灯，每个碗边上有十二个小角，一个角代表一个月，以此类推。面灯要上锅蒸，蒸好后，看哪个碗里水多，就意味着哪个月雨水大。蒸好后再往灯里倒上豆油，放上灯芯，灯芯是用专门从山上采来的黄草梗缠上棉花做成的。月份灯是用来上供的，供养之后的灯给孩子照照耳朵眼，据说可以不招蝎子、蚰蜒等毒虫。

黄昏的时候，村民就带着灯、鞭炮、火纸等到老林里去上灯，把灯放在坟前，然后烧纸、放鞭炮，让先人享受灯节的快乐。远远看去，老林里灯火点点，人影绰绰。从林地回来后，要在自己家里上灯，大门、房门前，桌子、井台、石磨上，各个角落都放上灯，然后烧纸，放鞭炮。孩子们则提着各式各样的灯走街串巷，呼朋引伴。庄里灯火通明，人们也都站在街头，看各家放烟花，俗称“放花”，格外热闹。

过了正月十五，人们才觉着是真“过完年了”。

**二月二**　农历二月初二，是春节过后庄里人过的第一个传统节日，传说这一天是龙抬头的日子。此时正值春耕时节，农民们借助这个节日来祈求好的收成。有民谣称：“二月二，龙抬头，大囤尖，小囤流。”

一大早，家家户户就开始“打簸箕”。在簸箕里面放上白色的豆秸灰，用棍子敲打着簸箕，让灰匀和地撒在地面上。一般要在出太阳之前，从大门口开始往里撒，只要是自己家的地方，都围上一圈灰，表示妖魔鬼怪都被挡在外面了。还要在家里打几个圆圈，俗称“打囤”。院子里打个大圆圈，里面放上五谷杂粮，压上石头，表示一年大丰收，粮丰囤满。堂屋一进门要打一个小圆圈，里面放上钱，意为“钱满柜”。剩下的灰撒到自己家的菜园里，意味着一年种菜不招虫。这一天还要吃水饺，取粮食丰收之意。俗话说“二月二吃弯弯饺，打了粮食没处装(音‘桌’)”，就是这个意思。二月二还有吃豆子的习俗。孩子们最喜欢的是家里炒的黄豆，甜的、咸的，咬起来嘎嘣脆。

二月二是开始耕作的时节，所以这个节日里的大部分习俗都与耕作有关。

**清明节**　公历4月4日(或4月5日、4月6日，即冬至后的第108天)是传统的清明节，庄里人称“过寒食”。这一天是扫墓祭奠先人的日子，人称“上清明坟”。清明节前后三天，哪一天去都可以。早上，家里的长者扛着铁锨到祖坟那里，先给坟墓培上些新土，除除杂草，有坑有窝的地方填满土，下雨冲出来的沟子也需要填平，然后用砖压上坟头纸(火纸)。这一天的坟头纸要叠成方形。

此外，家家户户都要在大门上插上新发芽的柳条。旧俗这一天家里不动烟火，吃提前准备好的食物。一般来说，清明头一天就把柳枝弄到家里来，把麦仁、玉米、高粱、小米上碾压好。清明那天，天不亮把柳枝插上，然后煮粥。这一天应该吃凉饭，烟道里别冒烟，所以要一早做下一天的饭。吃了饭以后到坡里去挖苦菜子、荠菜等野菜，这叫“扎青”。野菜主要用来炒渣腐(当地一种家常菜)，村民认为这一天挖的野菜格外好吃。

大门上的柳枝

**五月端午**　农历五月初五是传统的端午节，庄里人称“过端（音‘单’）午”“过五月端午”，这一天要吃粽子、煮鸡蛋。鸡蛋是用艾蒿煮的，也放上点柳枝，据说人吃了可以不生病。门上还要插艾蒿，据说是为了驱鬼辟邪。

小孩子要戴荷包，或者挂在脖子上，或者戴在手腕上。缝荷包用的都是做衣服剩下的布头和碎花布，里面放少许棉花及弄碎的艾蒿叶、芝麻和香草。有花线就弄个穗头。家里有比较娇气的孩子（身体不好或者单传），荷包里还会放上朱砂，据说可以压惊。现在人们一般都是买现成的荷包，形状各异，小动物、元宝形的都有。

**六月六**　六月六是夏天的节日，主要的活动是打路斋祭祀山神（泰山奶奶）。除此之外，六月也是麦子收获的时间，所以流行喝凉面、吃炒面。把新麦子放到锅里炒熟，磨成粉，拌着糖水或盐水吃。俗语云：“六月六，吃炒面——正拌。”

**七月七**　农历七月初七，传说是牛郎和织女在天上相会的日子，庄里人称“过七夕”。传说三月三种下眉豆，到七月七晚上，在豆秧底下能听到牛郎和织女说悄悄话。

**七月十五**　农历七月十五是传说中的“鬼节”，也是村民祭祀祖先的重要日子。此时瓜果成熟，人们会提前赶集采购西瓜、花红果子、葡萄之类。吃过早饭就要在家里放好供桌，摆上牌位或者折子，供上点心、瓜果等，从林上（祖坟）把列祖列宗“请回来”，烧纸、上香，在家里过节。中午供养包子（水饺），用茶酒浇奠一下。吃过午饭之后，在大门外烧烧纸，就算是把“请来”的祖先送走了。

**八月十五**　农历八月十五，是传统的中秋节，这是一个受人重视的日子，也叫“团圆节”。这一天，出门在外的人大都会赶回家过节，晚上一起赏月、吃月饼、吃团圆饭。过去一般人家都吃不上月饼，也就是制菜买肉包包子（水饺）。生产队时期，八月里正是收庄稼的时间，人们往往顾不上过节。据村民回忆，很早的时候生产队曾经给队员分过一次月饼，但是数量极少，一家也就分一个。大家按家里的人口切成小块，一人只得一小块，还不够塞牙缝的，不过当时吃着很好吃。

**十月初一**　这也是祭祖的日子，主要是给自己家故去的老人上坟，叫“上十月一坟”。时间可以持续10天，十月初一的前后5天以内都可以，就是到坟上添土、烧纸。

## 二、渐变的生活

时代的变化是天翻地覆的，人们也总是在过去生活的底色上添加或者更改一些，才成为现在的习惯。蓦然回首，在润物无声的点滴改变中，生活已经走出了过去的影子，找不到旧日的面貌了。回顾那些发生了的变化，可以发现人们在过去与现在甚至未来的生活坐标。

### (一)器物的变迁

**灯** 徐家庄在未通电之前，照明工具主要是小煤油灯、罩子灯、提灯、嘎斯灯，还有蜡烛和手电(庄里人称为“手灯”)。大部分灯用煤油。煤油实行供应制，一户一个季度 1～1.5 公斤，到供销社买。那时人们白天下地干活，傍晚回家做饭、吃饭。到了晚上，家里有小孩的还要赶紧给孩子做衣服。孩子小，经常会尿湿衣服，尤其是冬天的棉衣，隔一段时间就得拆洗重做。一般白天拆洗，晚上赶紧做起来，否则就没有换的。主妇们就在罩子灯下做活，一个晚上下来，鼻子眼儿里都是灰。

煤油灯

1980 年前后，庄里通上电以后，有了灯泡，后来还有更加明亮的电灯棍。不过刚通电的那几年，庄里经常会停电，因此，罩子灯一直是各家的常备之物。

现在的灯就五花八门了，各类装饰灯具在庄里都能见得到，村民也习惯了使用节能灯。与之相关的用语都随着灯具的变换而变化，由“点灯”“吹灯”逐渐变成了“开灯”“关灯”。

**灶具** 20 世纪 70 年代前，徐家庄人通常使用的灶具，包括泥糊的柴火炉子、拉风箱(庄里称“风弦”)的大锅炉、摊煎饼用的鏊子和煤油炉子等。

柴火炉子，又叫“站炉子”，是最传统的灶具。农村的柴草多，柴火炉子

柴火炉子

攒了灰还可以当作种庄稼的肥料。柴火炉子都是自己做的,用最大号的瓢或大盆当模子,用泥巴掺上麦秸糊成半圆形炉底,中间挖洞,担上铁条,防止柴火灰太快漏下去。炉底干透了就往上糊炉帮,炉帮中间有小口,可以出烟;担上两根铁条,就可以放小底的烧水壶了;前面留出嘴子,一般是用泥巴糊上小瓦片,通过这里往炉身里面放柴火。等到炉身整体都干透了,再糊上三条腿。用的时候在腿下面垫上砖,目的是防潮。

柴火炉子夏天在院子里用,但是遇到下雨天就得赶紧挪到屋里。冬天可以搬到饭棚子或饭屋子里用(饭棚是没有顶的,饭屋是有顶的)。冬天在屋里做饭比较暖和,不过柴火炉子用起来灰多烟大,经常把燎壶、锅烧得黑乎乎的。现在的人们在柴火炉子上加了烟囱,垒上专门的烟道,烟道上留两个圆洞作炉口,大的炉口做饭,小的炉口放烧水壶。两个炉口一起用,既省时又省柴。

柴火炉子烧的大多是玉米秸、棒槌子骨头(玉米棒子脱粒后的干棒)、麦掌(麦子的根部),也有干树枝等,还有一些木质外包装也能当柴烧。烧完的灰可以直接倒到地里当肥料。

不过现在年轻人更喜欢干净便捷的煤气灶和煤气罐,徐家庄的商业街上就有煤气站。

冬天的炕炉子可以连做饭加取暖。炕一般在堂屋的北边,上面有拔灶(烟囱),通着屋顶的烟道。据说这种炉子是从东北传过来的。庄里有不少会盘炕的。炕由土坯垒成,炕沿用砖砌,上面护上木板,平时可以坐人,又整齐又漂亮。但是炕也有缺点:一是占地比较大,三间的屋炕占一间,房间利用率比较低;二是砖坯垒就,没法清理,经常会有跳蚤。所以到了 20 世纪 70 年代后期,人们逐渐把炕换成铁床,用烧炭的铁炉子替代了炕炉子。铁炉子放在堂屋里用,比起只能暖炕的炕炉子,铁炉子可以使整间屋都暖和起来,还可以在上面烧水做饭,无疑更受庄户人青睐。后来铁炉子由最初烧炭过渡到烧蜂窝煤,用煤更省,而且火可以经夜不熄。

**盆** 20 世纪 60 年代,以前,村里人家里用的各种盆——脸盆、洗衣盆、糊子盆、尿盆,基本上都是用泥巴做的。那时洗衣服会把搓板放到盆里,如果搓洗衣服的时候太用力,可能会把盆顶出个窟窿。

当时也有生铁盆,比泥巴盆还要沉,不过比泥盆泼辣(结实耐用),使用时间要长得多。尤其是冬天洗脚的时候,把装有冷水的铁盆放到炉子上,一会儿水就热了。那时候有钱的人家还有用铜盆的。铜比较值钱,所以后来生活困难时期很多人家的铜盆都卖了换成钱了。1958 年大炼钢铁的时候,铁盆都上交到队里炼了钢。

大约从 20 世纪 70 年代开始,村里人出现用铝盆和搪瓷盆。搪瓷盆当时价格高,又很容易掉瓷生锈,用的时候要很小心,生怕磕掉了瓷。搪瓷的脸盆还要给它专门做个脸盆架保护起来。铝盆也不常见。谁家要是有个铝盆,往往就成了大家共用的。谁家有公事,都会借去和面、盛菜什么的,磕磕绊绊的,很快就坏了。

现在,不锈钢盆、塑料盆以其结实耐用、价格便宜备受大家青睐。

**烧水壶** 烧水壶当地人叫"燎壶",也是家家都离不了的。燎壶质地的发展演变大致跟盆一样,从泥的、瓦的,到十几斤重的生铁的,再到后来花叶子铁(打烟囱的铁)打制的,一直用到铝壶出现。有钱人家的闺女出嫁会陪送铜壶。抗日战争时期还有用日本鬼子的钢盔打的燎壶,二三公斤重,底儿是花叶子铁,钢盔做壶帮,都是钢板。

**餐具** 餐具变化似乎不太大,时至今日,虽然各种不锈钢餐具、塑料餐具在生活中也占有一席之地,但人们还是更习惯于用瓷质的。徐家庄有一

个小笑话，讲的是两口子打架，气急败坏之下，两人开始摔筷子、砸碗。媳妇留了个心眼，藏起来一个碗。后来吃饭时媳妇用自己藏起来的那个碗，丈夫没有碗用，就只好用瓢吃饭了。现在各种瓷质的餐具花色更丰富，式样更精美，最重要的是人们不会因为其价格高而舍不得买了。

**盛粮食的器具** 虽然过去粮食产量不高，但是每到秋收，村民们还是觉得家里盛粮食的器具不够用。那些有限的粮食要满足一家人一年的吃用，所有的粮食要分开放，既不能让它们发霉，也不能让老鼠偷吃。更关键的是，家里地方有限，各种储存粮食的器物既占地方又不便宜，如何贮存粮食的确要花费不少心思。

最常见的储存粮食的器具是大瓮，泥制，大口，直径约 1 米，能盛 200 多公斤粮食。买瓮的时候要提前给小贩说好，小贩从窑上贩来了可以直接推到庄里。瓮的体积很大，小贩一次也只能推 2 个。

有时一个大瓮不够用，就需要在大瓮上面加茓子。茓子是用秫秸篾子编成的长席，在大瓮上一圈一圈地绕，慢慢加高，同时往里面倒粮食。口越扎越小，最后用铁丝系住口，盖上油布，瓮口处的茓子要用铁条捆绑固定。大瓮可以盛高粱、谷子、麦子。

如果粮食比较少，也可以存储在缸里(一种小口大腹的器具，能盛 150 公斤左右的粮食)。无论是瓮还是缸，都容易进老鼠，所以有些人不愿把盛粮食的瓮和缸放在屋里。

有一种缸则不怕老鼠，泥制，比大瓮高，直径半米，小口加盖，老鼠不易钻进去，村民多用它存放细粮，人们形象地称其为“气死老鼠”。这种缸以其实用受到人们喜爱，家里人口多的会备上三四个。

玉米储存相对简单，收了的玉米棒子一般不磕粒，晒干后直接挂在院墙上，也不怕雨淋。如果磕下粒来还需专门找容器盛，1 公斤鲜棒子出半公斤干粒，很占地方，所以村民们都是现吃现磕粒。

院子里还有廒(音“澳”)子和囤。廒子是圆形的。屋子少或太小放不开粮食的人家常常在院子里垒廒子。底座是石头和砖，垒半米高，填上些碎石，上面用泥巴坯垒，留个小门，外面用石灰抹面，顶上铺上麦秸打的苫子，用铁丝固定好。这种贮藏方法既防雨、防潮，还能防老鼠，而且不占室内空间。

囤是用秫秸编的箔圈起来，再用绳子拴住。上面搭上苫子，一般用来盛糠或是不好的地瓜干，这些粮食主要用来喂猪。

20 世纪 90 年代以后，随着住房条件的改善，大部分村民家里都有了专门储藏粮食的屋子，粮食放在有盖的大缸里，或者垒好的水泥池子里，茓子、廒子和囤逐渐消失不见。

## （二）服饰的变迁

比起城市，村落里的服饰式样变化会慢一些，传统保持得更长一些，尤其是 20 世纪 70 年代以前。那时候，虽然男式的服装已经以对襟为主，但很多女式上衣依然保留了原来的大襟式样。直到今天，村落里仍有些七八十岁的老太太喜欢穿大襟褂子，说是能护住肚子。

现在村落的服装式样、用料基本与城市无二，城市的各种潮流也很快能够影响到村落中的年轻人。事实上，服饰里变化最大的应该是人们的穿衣习惯，正是这些习惯透露着生活的变化。20 世纪 70 年代之前，一般家庭中每个人通常只有两身衣服，一身棉的，一身单的，所以老话常说“脱了棉袄穿单衣”。春夏之交，穿棉袄太热，穿单衣太冷，大部分人就穿着棉袄，敞着怀，挽着裤腿。棉袄和单衣之间其实还有夹袄、夹裤，即用比较厚的粗布做的衣服，两层，中间不絮棉花。这种衣服适宜春、秋两季穿着，但是一般只给孩子和老人做，只有家庭条件稍好的才会给成年人做夹衣。穿棉袄的时候里面没有贴身的秋衣、秋裤，外面也没有套住棉袄的褂子。小孩子冬天冻得流鼻涕，没有手绢，就直接就擦在棉袄袖子上。时间长了，棉袄袖子都油黑锃亮的。

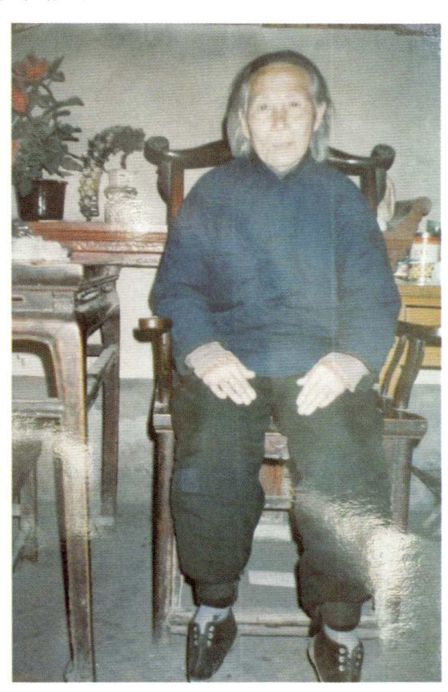

着大襟袄的老人

更能够展现过去与现在不同的还有衣服的来源。过去一般人家的衣服大都是主妇自己做的。女孩们从小就要受到各种家务劳作的训练，缝衣服、纳鞋底、做鞋、做被子都是必须掌握的生活技能。而且一件衣服往往是父母传给子女，哥哥、姐姐传给弟弟、妹妹，缝缝补补，穿了一年又一年。至于裁缝，都是做十分正式的“礼服”，只有比较隆重的场合穿的衣服才找裁缝做。而现在，人们更习惯穿各种成品服装，厚薄、样式极为丰富，品牌服装也渐渐深入人心。

（三）食物的变迁

徐家庄人的主食是煎饼，以玉米为原料，耐储存。灾荒之年，主妇们会将谷糠、地瓜秧等磨细，掺上一点粮食，做成煎饼果腹，只不过味道比纯粮食做的差了许多。吃煎饼的时候可以卷上生葱、韭菜、蒜薹，抹上甜酱。有的时候人们将野菜、豆面、渣豆腐卷在煎饼里，也吃得津津有味。至于其他的馒头、花卷、单饼、大包子、包子（水饺）、烙饼、面条，主要是节日饮食，在过去都是偶尔才能吃上，现在则是想吃什么就吃什么。不过对于徐家庄人来说，煎饼的主食地位一直没有动摇，一段时间不吃就会想得慌。此外，庄里人吃饭的时候要喝面糊糊，当地人叫“糊斗”，即用玉米面或小米面、杂面做的一种稀饭。糊糊里还可以加上一些白菜叶、菠菜叶，做成“菜糊斗”；若再加上黄豆，就更讲究了一些。

20 世纪 80 年代以前，吃饭配的菜一般就是自家种的白菜、萝卜和土豆，有时候加点粉皮、粉条，炖一大锅一大家子吃。菜经常不够吃，需要就着咸菜作补充。以前家家都有一个大咸菜缸，放在屋门口的房檐下，上面盖上盖子，主要腌制青萝卜、胡萝卜，还有姜芽子、黄瓜纽子（小个的黄瓜）等。腌咸菜的汤往往常年不换。来不及做菜时，就从缸里拿块咸菜切一切就着饭吃。

煎饼、糊斗、咸菜、一大碗炖菜，这是那时候家家户户吃饭的标配。好点的人家再煎个豆腐、炒个鸡蛋，就是极为丰盛的一顿了。至于其他的菠菜、韭菜、芹菜、蒜薹之类的菜，当地人称为“细菜”，一般人家也不种，需要的时候得去集上买，只用于年节和待客。

虽然那时候很多人家里养着鸡，但鸡蛋也不是日常随便吃的，只在特定的时间才会煮鸡蛋，比如结婚、生孩子时。即便平时用葱花炒个鸡蛋，那也得炒得齁咸，用来卷煎饼吃。有条件的人家会腌点鸡蛋、鸭蛋、鹅蛋，但那是比较稀罕的菜肴，常常是用来待客的。现在，咸菜、咸鸭蛋都有成品在卖，而且品质很高，随时可以买到，自家腌制的已很少了。

过去吃肉更是不太容易。一方面是没有钱，另一方面是各种肉都是计划供应，有钱也不一定买得到。有村民回忆说，20 世纪 70 年代早期，有一次家里来了客人，她去羊流镇上的食品站买肉，好不容易挤到窗口，肉已经卖完了，于是又打听着到张沙沟才买上了 1 公斤肉，回来就忙忙活活地剁馅儿，包包子。当时她怀孕了，这么一忙活，脑袋一晕就跌倒了，幸亏没出事。

到年根儿时，家家户户都需要备下点肉过年。这时食品站会派人来生产队收猪。因为养猪是国家任务，每个生产队都有一定的任务量。食品站的人会现场杀几头猪卖给村民，剩下的猪带走。

鱼虾在日常饮食中比较少见，通常在宴席上才能吃到。徐家庄人爱吃各种咸鱼，尤其是咸白鳞鱼，那是过去专门待客的美味。白鳞鱼很少有做一整条的，都是切一小段，用平锅慢油煎透，因为只有一小溜，在盘子里显得少，人们就在出锅前打上一只鸡蛋同煎，气味调和，色彩丰富。

### (四)饮用水的变迁

“两管五改”之前，庄里根据人口的密度大体布局了几口水井。根据位置，井水水质有所差别，有甜水井和懒水井之分。据说，过去东门外的那口甜水井的水就比其他的井里的水好喝。

那时候，每天拿着钩担和筲到就近的井边打水、挑水是家家户户都要做的功课。井口八九十厘米宽，把筲挂在钩担上扔到井里，左右摇晃，就能盛满一筲水，不过需要些巧劲，有时候一不留神筲就会从钩担上脱落，掉到井里。这样的汲水方式其实是比较危险的，尤其是对于身材比较矮小的孩子。

吃井水还有一个比较大的问题，就是卫生。过去的街道都是土路，一刮风满地都是树叶，而且各家里的粪也都堆在街上，每逢下雨就会随着雨水灌到井里去，因此井水里经常会有虫子。那时候村民一看到天快下雨，为避免喝雨水，就赶紧往家挑水，能挑多少挑多少。家里也没有太多盛水的器具，除了盛满水缸，家里洗衣服的盆、盛煎饼糊子的盆、临时用不到的盛粮食的小瓮等，都用来盛水。即便是不下雨的时候，打水的器具放在地上，难免会

粘上鸡屎、猪粪一类的脏东西，这些自然也会被带到井里去污染井水。虽然井是一年一挖，但是每年挖井的时候里面都有很深的淤泥。所以20世纪70年代以后，庄里实行"两管五改"，对水井的改造就是其中重要的一部分。

压水井

改水主要是提倡在自己家里打压水井。七八十年代，徐家庄的地下水位还比较浅，一般挖上5米多深就能打出水来。一开始压水井都是自己打，到80年代后有了专门打井的人。一般是两个人配合，将直径七八厘米的铁管子插到地里，1米一截，向下转，泥土随着转动进入铁管被抽出来，半天就能打出水来。打上压水井，村民就可以随时用水，有的人家后来还接上了电源，成为电压水井，省时省力。

（五）居所的变迁

徐家庄的房屋传统格局一般是四合院式，为一进院落，坐北朝南，大门在东南角或西南角，与南屋连为一体，需要找人相看来确定位置。北屋是正房（称作"堂屋"），间数多为单数，多由五间组成，分作两个大屋，进门左手为大屋，右手为小屋；也有的分为三个屋，中间是大屋，两边各一个小屋。大屋作为家中长辈居住、会客之用。除了北屋，四合院中适于居住的还有东、西厢房（根据大门的位置确定是盖东屋还是西屋）。如果家中人口不是太多，南屋就成为堆放杂物的库房或者是生火做饭用的厨房；也有把灶台垒在厢房与堂屋之间的过道处的。根据大门的位置在东南角或西南角建猪圈（即"栏"），厢房的对面一般留作空场，可以围上网子养鸡，这样一进大门显得敞亮。

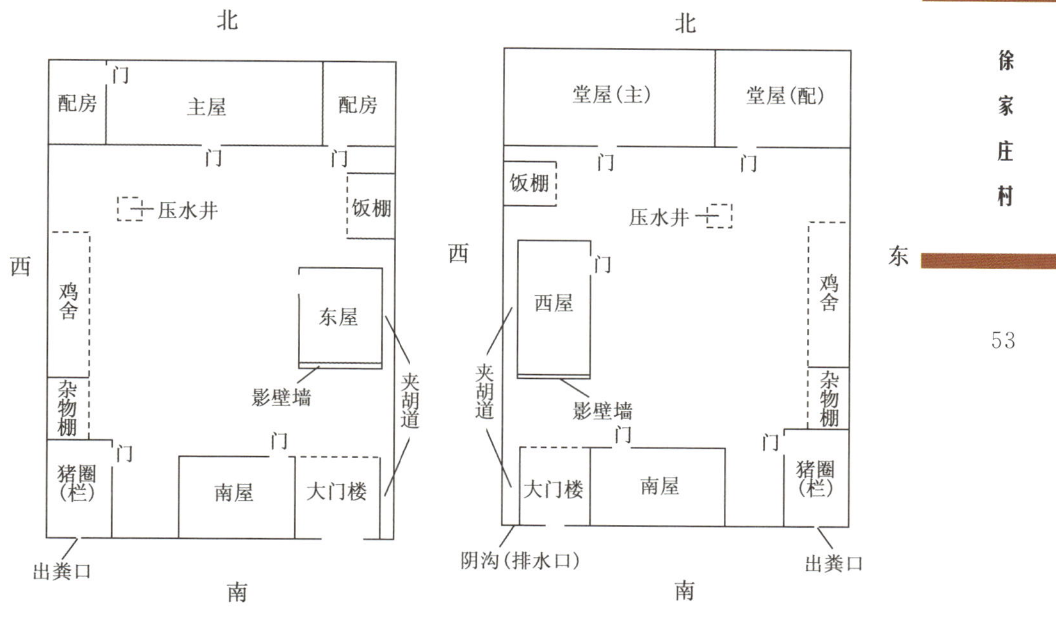


东南角大门建筑格局示意图　　西南角大门建筑格局示意图

现在这种布局仍是主流。但也有一些家庭根据需要在四周全建上房屋,只在中间留下很小的开井。房屋的功能也更加完善,将客厅与卧室分开,并且把堂屋的各个房间都开上门通连起来(以前各屋的门都自行开向院子),出入更加方便。

栏圈向外出粪的小门

20世纪80年代以前，房屋大多是起脊的土坯房，以石块打地基，土坯做墙；或以土打墙，用石灰泥涂抹墙皮。20世纪80年代初比较流行砖瓦房，石基高至窗台，红砖砌墙，博山瓦铺顶，水泥地面，木框门窗，一般带有玻璃，还配有纱门、纱窗，比起原来的房屋高大、宽敞得多。90年代后期，村子里开始出现楼房，样式是将正房建成两层，其他房屋依旧盖成平房。外墙用大理石板或马赛克釉面砖装饰，门楼高耸，看起来气派非凡。

经济条件比较差的时代，庄里住房相对紧张。不少人家常常是一大家子挤在一张炕上睡觉。一个院落里住几家人的情况也很常见。至于已婚的儿子和老一辈住在一个院子里就更常见了。大约80年代以后，住房日渐宽裕，几代人同住一院的现象逐渐减少，通常是儿子成年结婚后另迁新居，和父母分开单过。

等到父母需要养老的时候，有的人会把父母接到自己家里。但由于自己住着正房堂屋，父母接过来就只能住在厢房，有时会引发父母的不满，认为儿子不够孝顺。村民说，就因为这个，有的老人即使儿子愿意接他们同住也不去，就是觉得面子上不好看。

土坯大门楼

瓷砖大门楼

青砖大门楼

（六）垃圾处理与厕所的变迁

传统村落生活是没有垃圾的，用庄里人的话说，“庄户人家过日子，没有瞎了的东西”，即没什么东西可丢掉，物尽其用：所有土、灰、用过的水都填到猪圈里沤肥；人吃剩下的东西都可以喂鸡、猪、狗；庄稼棵子、叶子，树枝、树

叶都可以晒干了烧火；旧布可以纳鞋底、做补丁；碎石、碎砖、碎渣可以垫路，也可以垒墙基；头发丝、破绳头都可以收集起来，等糊泥巴炉子时，掺在泥里增加韧性，头发丝还能跟货郎换针线；废纸是最佳引火用品。所有装、盛东西用的器具都是重复用的，没有一次性的东西。甚至一些不能吃的鸡内脏或死家畜家禽，都要专门深埋在自家的树根旁，作为肥料。

现在，人们吃的、用的东西越来越丰富，一次性的、带包装的东西也很普遍。以前能自行消化处理的，现在由于家里不养猪、不养鸡了，也处理不了了；一些化学塑料制品，在哪里都是环保难题，在农村更是如此。现在，新农村建设重视环保工作，庄里也安置了垃圾箱、垃圾池，定期有环保车来清理垃圾。

对于厕所的改造早在20世纪70年代末就开始了。“两管五改”的农村爱国卫生活动，提出管水、管粪，改水井、改厕所、改畜圈、改炉灶、改造环境。在当地，人们习惯管厕所叫“栏”，因为厕所就是与猪圈（栏）相连的，而且粪便都是露天堆放的，厕所的后面就是比较深的猪圈，老人和孩子上厕所都不太安全。改造后的厕所加盖了池子，把粪堆到池子里面发酵。目前，徐家庄在进行着新一轮的厕改项目。地下埋两个大塑料罐，一个冲水，一个装粪，外面用水泥封住。但是粪便需要用专门的机器来抽，抽粪车半年来一次，一年两次是免费的。不过受限于庄里的街道，有的地方车进不去。

### （七）文化娱乐生活的变迁

日常生活之余，人们也需要有文化生活和娱乐活动，只不过不同的时代有不一样的方式和内容。

**串门拉呱**　拉呱是村民日常生活中最常见、最传统的交际娱乐活动，通过这种方式，他们可以了解信息、增加见闻，从而愉悦心情并调剂生活。一般吃完饭，女人拿上一捆莛子就去串门。一个庄里总是有些特别“招人”的人家。主人热情好客，脾气好、小事少，时间长了，大家就喜欢聚集到这些人家里去，一边拉呱一边掐辫子，干起活来也不累。参加者并不局限于女性，也有男的。拉呱分为小呱和大呱。小呱就是女人们说公道婆，说说庄里的蹊跷事，还有些流传的神仙鬼怪故事。举个例子，有人说庄里某某某的生日是五月十三，这天正好是关老爷磨刀日，好下雨。每年他过生日时总是下雨，从婆家赶来祝寿的闺女常常被淋在路上。后来就决定提前一天过寿，结果那天又下起雨来。拖后一天，结果还是碰上下雨。这个事在庄里传为笑谈。这样的故事一方面让人们开怀一笑，同时又在笑声中传承了不少风俗与习惯，而且强化了人们关于关老爷磨刀日下雨的记忆。

大呱则是讲历史故事，一般是男人来讲。故事大部分是从集市上听说书人讲的，回来再转述给庄里人。有时人们早上赶了集，听到新鲜的故事、相声、笑话，下午就赶快讲给大家听。听众们听得津津有味，讲故事的就越发讲得起劲儿。有些听众有心，回去再讲给自家的老人、孩子听，乡村的故事就以这种方式流传。

**赶集听书** 在没有电视、广播的年代，在集市上听说书人讲故事就是固定的带给人们快乐的源泉。每到赶集的日子，说书人就来了。他打着油鼓，先把人聚集起来，看着人逐渐多起来就开始说。说上一段就停下来，拿个篮子转圈收钱，一分、二分的都行，小孩不用给，大人一般不好意思不给。当然也有一看收钱就躲开耍赖的。说书要靠技艺，能吸引人，其实挣钱不容易。据说徐家庄有个小伙子看人家说书挣钱也想试试，自己在家里看了书，就去集上说书。开始还有几个人，说着说着听众越来越少，最后只剩下一个，仔细一看还是条狗。这样的轶事也是在拉呱中被保留了下来。

**看戏看电影** 集市上除了说书的，有时也会请戏班来唱戏，但一般是在过年期间。以羊流集为例，正常的日子是农历每月逢二、七为集，但是每年二月初二到初七是固定的羊流会。“集”一般是大半天，但“会”要持续好几天，会上就有戏。女人们最爱听戏，在娱乐活动贫乏的岁月里，这算是难得的放松机会和娱乐方式。这时，她们会事先在家里准备好饭菜，安抚好孩子，让他们在家里等着自己带好吃的回来，然后就三两个约着一起到集上听戏。有的人听得入迷了，一直到晚上散了戏才回家，也不管回家会不会挨丈夫的数落。

20世纪80年代，羊流镇上修了戏园子，看戏比以前方便了很多。戏园子里一般上午有戏，2毛钱一张戏票。戏园前面有石凳，去得早才有座，去得晚了只能在后面站着听。徐家庄的女人们会早早前去占个座位，随身还带着一大捆莛子，一边听一边掐辫子。听戏的钱也是自己掐辫子挣的零花钱。还有的老头用小车推着老太太来听戏。

庄里比较吸引人的娱乐项目就数不定期地放电影了。地点一直是在大队部的场院里。20世纪70年代末80年代初，这里放的是免费电影，公社有放映队，工作就是下乡放电影，费用由生产队里出。不用专门通知，一拉上幕布，摆上电影机，庄里人就口耳相传，大家很快就都知道了。孩子们匆匆忙忙吃过饭，拿着小杌扎子（矮小的木质方凳）去占地方，人挤人，有时能把鞋都挤掉了。《神秘的大佛》《追捕》《少林寺》……都是那个时代人们深刻的记忆。到80年代中后期，大队部的场院里放的电影就是收费的了。为了防止人爬墙进入，大队部的院墙也由原来的2米高加到4米高，还雇了两个人站在门口看门。放电影之前，大队部通过喇叭会不断地宣传广播，宣传得好来看的人就多。孩子们为了不花钱看电影，也不顾墙高危险，常常翻墙进大队部偷看。时至今天，在“送电影下乡”丰富农村文化建设的大背景下，大队部的场院又成了免费放映电影的地方。

大约在1985年以后，徐家庄开始有人家买电视机，相熟的邻居、亲戚也会在晚间凑去看电视。后来家家都买上电视机，每天可以在自己家里看电视剧，又轻松又方便，人们也就不再那么心急火燎地去集市上听戏了。《霍元甲》《陈真》《射雕英雄传》……都是那一时期耳熟能详的电视剧，每逢晚间一播出，街巷里就见不到人了。

生产队时期，各个村都组建了自己的宣传队（全称是“毛泽东思想文艺宣传队”），招收能歌善舞的年轻人，发统一的军帽、军装，学唱歌、学唱戏，表现出色的还可以去新泰县城参加培训。宣传队的任务是在村落中表演节目，为村民提供娱乐休闲活动，进行政治宣传。比如演一些现代戏剧《红灯记》《奇袭白虎团》《红色娘子军》等，有时也会自己排演剧目，用梆子或豫剧腔调来唱。过年过节的时候，宣传队在自己庄里唱戏、演节目，也会到各村串场，四处表演。宣传队的表演虽然带有浓厚的政治色彩，但也为村民带来了不少的乐趣。每逢大队里开大会，开始之前宣传队先表演节目，村民们三三两两地聚集起来。庄里人说，那时参加宣传队可以记工分，比上坡里干活强，所以大家都愿意参加。至于听众们，反正闲着也是闲着，听个热闹也蛮好的。“文化大革命”一结束，宣传队就纷纷解散了。现在，听惯明星唱歌、唱戏的人们谁也没有兴趣参与这样的活动了。

现在，庄里大多数中青年都会外出务工，这种情况下，如果不是逢年过节，大家聚集在一块热闹一番，平日里的徐家庄显得很安静。除了在家看电视，中老年人最大的乐趣就是找几个伙伴在庄里凉快的树林里打牌。

（八）家务劳动的变迁

除了田地里的辛苦劳作，徐家庄的主妇们在家里也不得闲。她们是家务劳动的主要承担者，做饭、喂鸡、养猪、看孩子，还有一家老小的衣服、鞋袜，全都离不开一个能干的主妇。因此，也就不难理解为什么家里主妇去世，要是男人还年轻就需要赶紧续娶一个；如果儿子到了适婚年龄，就赶紧把媳妇娶进家门。主妇才是支撑起一个家的轴心，哪个家里少了主妇，哪家的生活就一团糟。

**摊煎饼**　在徐家庄，摊煎饼是家庭主妇必须掌握的一项生活技能，一个家里有没有人摊煎饼标志着这家里有没有一个勤快的主妇。过去，女孩子一般十二三岁就学摊煎饼；新媳妇娶进门，婆婆第一件要安排的家务活儿就是摊煎饼。据说，新媳妇摊煎饼的时候，邻居家还会借串门的机会来看手艺。

一般是吃了晚饭，主妇们开始推磨磨糊子。玉米事先碾成颗粒较粗的糁子，用水泡透，然后用石磨研磨成稀糊；然后把鏊子烧热，搽油，用竹片做的煎饼劈子将糊子在鏊子面上摊匀，反复推压，刮平，烙干，即可揭下。摊一张揭一张。1 公斤玉米可以摊十七八张煎饼，薄的甚至能摊到二十五六张。摊得越薄，说明女性的手艺越高，会得到邻里亲戚的交口称赞。

在粮食短缺的时代，玉米面分得很少，只够喝糊糊用的，村民就吃地瓜面的煎饼。做地瓜面的煎饼不叫“摊煎饼”，而叫“轱辘煎饼”。一般是地瓜面加水，先用包袱包起来，控水，形成比较黏的糊子；然后用勺子盛出一捧，倒在烧热的鏊子上，用劈子或者耙子推匀，多余的糊子推回盆里。一盆（大约直径 70 厘米）糊子能摊一百多个煎饼，够吃三四天。

煎饼耐存储。主妇们一般一次会摊几十斤煎饼，叠起来放到缸里，封住缸口，存放两三个月依旧不坏，吃的时候不觉散口，也不需加热，极其方便。过去，徐家庄人出远门、上学都是带着自家摊的煎饼作主食，这种传统一直保留到 20 世纪 80 年代。

为了能够更省柴火、省力气，主妇们也是费尽心思。支鏊子费时费力，

也不是天天用，如果谁家支起鏊子来，关系好的或者一个家族的主妇就都来她家摊煎饼，这样既省火又省事，还能聊天。

现在，村民更习惯于买加工好的煎饼，鏊子也大多被束之高阁。

**糊(煮)猪食** 除了需要给家人做饭，主妇们还需要管着家里的家禽与家畜，拌猪食是其中比较重要的一项工作。

猪食主要是地瓜干制成的。主妇们先将地瓜干压成糁子，把地瓜秧晒干，磨成粉，和地瓜糁子掺起来，加水用锅煮开，晾凉。平时攒在小瓮里的刷锅水、洗碗水，可以用来拌猪食。猪食鸡、狗都可以吃。有的时候煮了包子，就着包子汤糊猪食，省劲又省火。据说用刷碗水喂的猪长得特别快。

猪还喜欢吃鱼盐。以前供销社里卖完了咸鱼，会把腌鱼的大盐粒也卖掉，叫“鱼盐”。鱼盐比一般的盐便宜很多，一般的盐 1.4 角买一斤，鱼盐只要几分钱一斤。鱼盐主要是喂猪、喂牛，有时供销社专门进鱼盐来卖。喂猪的时候抓一把鱼盐拌在猪食里，猪也很愿意吃。过去一听说供销社卖鱼盐，人们就赶紧去买，只有离供销社近的才能抢得着。

**做衣服** 缝制、拆洗衣物这些家务劳动是女孩子从小就要学习的必修课。家中的女性一代一代传承技艺，做好女红是女孩找个好婆家的资本之一，正所谓“手巧的闺女有人要”。冬天的大襟袄和缅裆裤，夏天的背心和小褂，都出自主妇之手。

中国北方的传统服装，不管是棉袄、长袍，还是褂子、背心，都没有过肩和袖窿，通常都是用一片布缝起来的，所以传统中式服装几乎不讲究裁剪和缝制技术。缅裆裤的制作更是这样，根本不需要量体裁衣，大致估算一下腿长就行，腰围、臀围也不用考虑。主妇们用粉块在粗布上画出裤子的轮廓，然后用针线把剪下来的四张裤片缝在一起，裤子主体就算完成了。然后再在腰部接上四五寸(13～16.5 厘米)宽的白布作为裤腰，一方面便于系裤腰带，另一方面利于腰部保暖。穿着时，把腰部多余的部分向中间折过来，用腰带扎紧；再用布条将裤口扎紧，防止风从裤管里灌进来。正是因为制作相对简单，没有合适不合适之分，所以主妇们都会做。20 世纪 70 年代有了缝纫机，服装的式样也开始现代化，讲究合体美观，而且裁剪缝制的工艺难度也大大加强，所以不会做衣服的人多了，找人加工服装的也就多了。村民回忆说，1976 年左右开始有了缝纫机，有人买了缝纫机后，还特意跑到高沙沟找裁缝交钱学裁剪。

现在成品衣物越来越丰富，会做女红的人越来越少，能拿针走线的年轻主妇也不多见了。

**纳鞋底、做鞋** 除了衣服，农家过去穿的鞋也都是自家做的。纳鞋底、做鞋是主妇们必须掌握的技艺。

通常，一个人一年之中最少要穿三双鞋——两双单的，一双棉的。除此之外，还有阴天穿的防雨鞋。过去那种专门在雨天穿的鞋叫"油子鞋"，主要是女性穿着，其实就是硬布做的布鞋，用桐油刷上几遍，就可以防水了。油子鞋比较肥大，可以直接套在鞋上，但普通人家买不起。20 世纪 60 年代开始有了黄胶鞋（军鞋，胶底），但也不是家家都有。下雨的时候，大部分人依然会脱掉鞋子，光脚走路，鞋还要用衣服包起来夹在腋下，生怕淋湿了，没有鞋替换。因而即便是小孩子，也知道爱惜自己的鞋。

家里人口多的主妇一年到头都在纳鞋底。青年媳妇不仅要给自己、丈夫和孩子做鞋，还要给未成家的小姑子、小叔子纳鞋底。纳鞋底很费事，鞋底很厚——四层硬衬，一层硬衬四层布，中间用糨糊粘起来，总共 16 层布，再加上糨糊和一层底布，穿透极其不易。一只鞋底如果整工整力，要 2 天才能做完，而且做的时间长了手会很疼。

有时为了调剂一下，主妇们纳一阵鞋底，就停下来搓搓麻线。搓麻线就是将买来的麻坯搓成麻线。搓的时候放在腿上，搓一阵后手都木了，腿也搓得通红。一根麻线近 2 米，主妇一般一次搓上若干根，挂在院子里。在家里，通常是女性老人负责搓麻线，年轻的媳妇纳鞋底。因为人老了没有手劲了，纳不动鞋底了。

庄里还流传着一个关于搓麻的笑话：一个老太太给女儿和儿媳搓麻线，为了公平，给女儿搓一根，就给儿媳搓一根。但是老人总归是偏心女儿，因此，给女儿搓的麻线格外长，给儿媳搓的麻线短很多。结果麻线太长了，反而不好用，女儿半天纳不上一针，偏心的老人还因此落了女儿一顿埋怨。

在徐家庄，年轻媳妇会在麦收后回娘家，主要工作就是在娘家纳鞋底、做鞋。因为在婆家事多又杂，根本没有整时间，回娘家可以有专门的时间。等到生了孩子以后，回娘家的机会少了，就只能在自己家抽空做，所以主妇们晚上也都闲不着，点灯熬油做鞋、做衣服。

年轻媳妇其实不太愿意帮别人纳鞋底，因为又累而且没钱，有时间的话，她们更愿意掐辫子，活儿轻快，还能挣些零花钱贴补家用。

现在，无论单鞋、棉鞋还是雨鞋都是买来的。庄里的媳妇们再也不需要费时费力地纳鞋底、做鞋子了。

**小脚与高跟鞋** 传统农村，之所以由女性承担几乎全部的家务劳动，是因为女性的脚被裹成“三寸金莲”，根本无法参与地里的劳动，所谓“小脚不上坡”。那时候，人们偏好“三寸金莲”。结婚娶媳妇那天，掀开轿帘先看新媳妇的脚。如果新媳妇没有裹好脚，会被人取笑“可以当刨果子（花生）的镢了”，意思是新媳妇的脚不够小，跟镢头一样大。

中华人民共和国成立后，妇女不再裹脚，生产队时期要求女性和男性一样出工干活，同时还得兼顾家庭的家务劳动，负担格外重。那时即便裹着小脚的老太太也要在地里干活。在地里排地瓜干时，小脚女人没办法蹲着干活，只能拿个麻袋片，坐在地下拾地瓜干。拾一阵儿，往前走几步，坐下，再拾一阵儿。

在 20 世纪 80 年代，村中兴起穿高跟鞋，爱美的大姑娘、小媳妇甚至会穿着高跟鞋去地里干活，细细的高跟在地里一踩一个坑。有一次，大家在地里晒地瓜干，各家占一块地方。一个大叔来得晚，干活的女人们已经走了，他看见地里被高跟鞋踩出来的小坑，气呼呼地说：“谁这么坏，刚摆完地瓜干，就来放羊！”

现在的生活方式与过去大不相同，女性的地位不论在社会上还是在家庭中都有了极大的提高。人们不再守着自己的土地耕作劳动，家家户户都靠打工挣钱养家糊口。男性自不必说，年轻媳妇也宁愿把孩子交给公婆带着，自己外出打工。这些传统的家务劳作慢慢被专门的从业者取代。

# 第四章 人生仪礼与生命感受

人的一生有诸多阶段，童年、少年、青年、壮年、老年……每一个人生阶段的分界点都有相应的仪式规程，帮助人完成从前一个阶段到后一个阶段的角色转换。这些仪式叫作“人生仪礼”，是指在人生重要环节上所经过的具有一定仪式的行为过程，主要包括诞生礼、成年礼、婚礼和葬礼。一年一次的过生日也有“进入下一个生命阶段”的意味，因此也被视为人生仪礼的内容。在这些重要的人生环节，个体在年龄和生理上有显著变化，也需要接受社会对其地位和角色的认可，因此，这时举行的特仪式正是将个体生命社会化的程序和标志。也正是因为有了这些仪式和规程，人们才能清晰地意识到自己生命历程的变化以及肩负的责任的变化。可以说，每个人对于生命的不同感受正是伴随着这些仪式逐渐完成的。

## 一、传统的婚丧嫁娶

### （一）谈婚论嫁——成家立业

婚姻是人生头等大事。在传统中国，一个人只有进入婚姻才算是一个成年人，一个有独立话语权的人，才可能肩负起成家立业的使命，为家族的

繁衍和传承作贡献。

**提亲与说亲** 在徐家庄，男孩、女孩到了十六七岁，家里就开始张罗着给男孩提亲，给女孩说亲。除了以做媒为生计的职业媒婆，也有不少是相熟的村民或亲戚相互帮忙。通常是孩子的父母向大家发出请求，孩子的奶奶辈，大娘、婶子，姐姐、嫂子等，就会在自己的娘家、亲戚所在的庄里打听合适的对象来介绍。这种情况下，庄里人往往亲连亲，关系套关系，经常是姐妹、姑侄甚至姑奶奶和侄孙女嫁在同一个庄里，有的甚至夫家还“岔着辈”(即辈分不对等)。于是，庄里有句老话叫“各亲各论”，以此来协调这一矛盾。

无论是提亲还是说亲，都先由媒人摆出两边的客观条件，如家庭人员状况、经济状况、孩子情况等，如果两家都觉得合适，才会进行下一步。这对媒人来说其实是一个考验，两边情况得掂量个差不多，如果差得太多了，难成不说，还会引起双方的不满。条件好的认为你看不起他，条件差的因为成不了也会埋怨。

**相亲** 双方客观条件基本相当，相互认同，下一步就是安排双方见面，即相亲。过去婚姻都是由父母包办，讲究“父母之命，媒妁之言”。只要双方老人同意，青年男女根本不需要见面，有时候婚后才发现对方有残疾，不满意也没办法。因此，到了新社会就有了“相亲”一说。

相亲的地点可以在媒人家，可以在亲戚家，甚至可以选在大路上。有村民回忆说，当年(20世纪70年代)自己就是趁着送嫂子走娘家，在大路边上见到早已经约好的男方，两个人相互看了看，也没说话，彼此都满意，就把婚事定下来了。

到20世纪80年代，人们越来越看重相亲，尤其是女方，希望更多地了解男方的家庭条件，于是开始到男方家里去相看。女方由介绍人或者婶子、嫂子陪着，与男方见面后，如果双方都还满意，女方就会留下吃饭。回来以后就可以下小定了，即男方给女方买身衣服，还有糖、点心之类，由介绍人将东西和信息送给女方，再将女方的生辰八字等信息带回，有时女方也有礼物回赠男方。

**下柬定亲** 小定之后就是大定，也叫“下柬”。两事之间一般会相隔比较长的一段时间，但大定之后很快就会结婚了。大定是指男方找人写定亲的柬子，内容是双方的年龄、姓氏及定亲时间。男女双方一家一份，装在红纸糊的信封里。其格式为：

> 某庄某人的第几个儿子某某与某村某之女某某定为婚姻关系，知见人：至亲某某[或族人某某]，代笔人某某。（女方拿的那份是女方名字在前）

男方家两个大客（男方比较重要的亲戚，一般是舅舅充当）带上定亲的东西和柬子到女方家去，女方接到聘礼后，热情招待媒人和客人，临走再给男方捎回相应的礼品。然后女方再找两个大客，一起到男方家去坐席，亲事就算定下了。这种方式民间叫“拐布鸽”。

聘礼根据各家的经济条件来定，包括首饰、布、衣裳、钱，里面还要放上艾蒿、盐、麦饼、香等，用红纸包起来，扎上红线。

老辈人结婚时男方会给女方送首饰，包括叉子枝、疙瘩针（一头饰有花、圆球之类的簪子）、大簪子和耳坠子、戒指、手镯等，所有的首饰都是银质的。20 世纪 50 年代，这样全套的首饰一共才 50 来块钱。一般人家只送头上饰品，只有条件好的人家才送全套的。

再过一段时间，男方定下结婚的日子，要给女方去送联门帖子，一般由介绍人捎过去。联门帖子也叫“联名帖子”，是两家相互订立的婚约，虽没有法律效力，但双方家庭都非常重视，其意义一点也不比领结婚证小。联名帖子上的内容包括迎娶、上头和开脸的时间，上轿、下轿和坐床的方向，忌讳的属相，等等。

联名帖子里忌讳的内容需要事先专门找人查，徐家庄就有专门给人查日子的人。根据双方的生辰八字算出来应该几月份结婚，结婚这一天忌什么属相的人，女方家里忌讳的人在新娘上轿的那个时段不能见新娘；如果是非见不可的人，像父亲或母亲，就在他们的衣服上系上红布条。男方忌讳的人，新娘在下轿入洞房之前不能见，入洞房后就没关系了。其他的时间、方向也都是事先查好的。

结婚的时候，联名帖子要随时拿着，主持人需要经常看以免遗漏。婚礼上还有不少忌讳，如新娘子“不能见大姑子姐的头辫子”，意思是结婚这一天没有出嫁的大姑子不能见新娘子，所以有的人家未出嫁的大姑子就在弟弟婚礼这天出去躲一天。

查日子的人以前也管着合八字，即查看男方、女方的生辰属相是否相

合。按照双方生辰八字相合程度可将亲事列为三等，即下等亲、上等亲和中等亲，不相合的亲事是做不成的。不过现在很多人家不再严格按照生辰八字来决定婚姻大事了。

**叫媳妇**　所谓“叫媳妇儿”，就是定亲后的一些重要节日，男方把未婚妻叫到家里过节。这种习俗大约兴起于 20 世纪 80 年代。

庄里以前不兴谈恋爱，男孩与女孩定亲之后很难有机会约会，但时代进步了，为了让两个人婚前增进了解、培养感情，就出现了“叫亲”习俗。农闲时节，比如农历七月十五、八月十五前后，把“新媳妇”叫上门来住几天。从“新媳妇”这个称谓可见，庄里人其实在定亲之后就视两人为夫妻了。“叫亲”期间，女孩一般与男孩的妹妹或堂妹睡一间屋，午饭和晚饭通常是男方家的大娘、婶子、嫂子家轮流请过去吃。虽说两个孩子之间仍然交流很少，但女孩在男方家吃住好几天，了解自然深入了，男方家人也对女孩有了一定的认识。第一年“叫亲”之后，如果双方都没有什么异议，这门亲事也就基本上定下来了。

婚礼举办之前，每年都要“叫亲”。每次“叫亲”送女孩回去时，男方家要准备相应的礼物。男孩每年过年前要到女方家拜年，农忙时还要到准丈母娘家去帮忙。几年下来，双方的了解和感情也就越来越深了，不至于像从前那样，嫁个好女婿是“摊”上的，娶个好媳妇是“碰”上的，“嫁个鸡，跟着飞；嫁个狗，跟着走”。

**陪嫁**　女方的陪嫁在不同年代不尽相同，而且也需要根据各家的经济条件而定。老人们回忆，20 世纪 70 年代，条件好的家庭会给女儿陪嫁一个 1 米多长的带柜架的楸木或梧桐木的大柜子，被子、棉衣都能放在里面；带抽屉的长桌子也比较常见，再配上 2 把

陪嫁的箱子

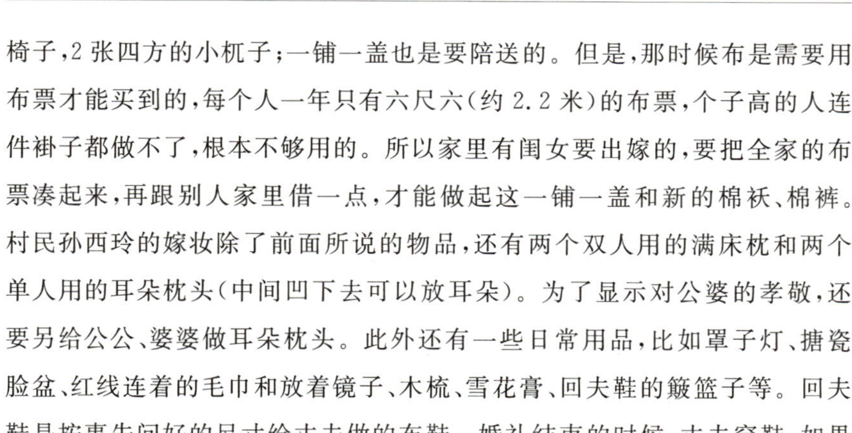



椅子,2张四方的小杌子;一铺一盖也是要陪送的。但是,那时候布是需要用布票才能买到的,每个人一年只有六尺六(约2.2米)的布票,个子高的人连件褂子都做不了,根本不够用的。所以家里有闺女要出嫁的,要把全家的布票凑起来,再跟别人家里借一点,才能做起这一铺一盖和新的棉袄、棉裤。村民孙西玲的嫁妆除了前面所说的物品,还有两个双人用的满床枕和两个单人用的耳朵枕头(中间凹下去可以放耳朵)。为了显示对公婆的孝敬,还要另给公公、婆婆做耳朵枕头。此外还有一些日常用品,比如罩子灯、搪瓷脸盆、红线连着的毛巾和放着镜子、木梳、雪花膏、回夫鞋的簸箩子等。回夫鞋是按事先问好的尺寸给丈夫做的布鞋。婚礼结束的时候,丈夫穿鞋,如果鞋做小了穿不上,别人会戏谑地说:新媳妇刚来就给新女婿穿小鞋。

随着生活越来越富裕,嫁妆也越来越丰厚。购买各种家用电器和成品家具成为主流,都是由商家直接送到新人家里。婚礼过程中,抬嫁妆、送嫁妆的仪式也逐渐简化了。

**婚礼** 婚礼头一天晚上男方铺新床。铺床的必须是堂兄和堂嫂。他们一边铺一边大声念叨:先铺干草,“干草两大筲,当年就将(繁殖、生产)羔;铺完了干草铺豆秸,养活了孩子做秀才,铺上芝麻秸,生了孩子做大官”。然后铺上席子,铺上褥子,把被窝铺成筒,压上扁担,最后说一句“扁担压床,儿女成行”。所有的话都得大声说,让所有人都听到。新媳妇过门三天不扫地。三天后,铺床的堂兄来扫地,还是要念叨:“一扫金,二扫银,三扫扫个聚宝盆。”讲究的人家还要象征性地背个背褡子,据说可以用来装金银财宝。

同时,女方的嫁妆也已装备停当,贴上红纸,拴上红布条,请本家的叔伯兄弟、侄子们抬嫁妆;再请一位本家婶子作为送亲的女客,一路照应着新媳妇。送嫁妆时,在村口所经过的树木、电线杆、大石头上等,都要系上一条红布或贴上一块红纸,以示吉祥。

这天晚上还要准备嫁妆里的食盒,盒子里放催生饭、小水饺、宽心面,水饺很小,面条宽且长,都放在传盘里,还有葱花、油、盐。从河里装两瓶水,盛在一种大口瓦罐里,红纸封口,用于下催生饭,这叫“长流水”。一个盒子两层,下面放饭、水,上面放脸盆等嫁妆,敞着盖儿露着嫁妆给人看。

婚礼当天一大早,新媳妇就得按算好的时辰开脸、梳头。给新娘开脸的是公婆、丈夫、子女俱全的所谓“全福人”。20世纪五六十年代,开脸时要在

现代婚礼场景(一)

发髻线周围抹上石灰,去掉短发、乱发,这样才能达到脸面光滑的效果。开完脸还要修眉,然后把头发梳成髻,额头和耳朵前后都要留下几绺刘海儿,而且还要用秫秸棒把刘海弄卷曲,抹上油,最后戴上各种饰品。

现代婚礼场景(二)

新媳妇临出门与家人作别时,是要掉眼泪的,意为“惜别”。常言道:“嫁出去的姑娘,泼出去的水。”新媳妇从此就成夫家的人了。

1949年前，新媳妇穿着凤冠霞帔、坐着轿出嫁，送女客骑着驴；1949年后，送亲改用推车，车子上扎上车棚子，盖上花线毯，一边是新媳妇蒙着蒙头红（即"红盖头"），披着红棉袄，一边是送女客。送女客也是四五十岁的"全福人"——儿女双全，远近不论，但需要能说会道。到"文化大革命"时期，送亲的和新娘子都是自己走着去了，新娘既不穿戴凤冠霞帔，也不蒙红盖头。20世纪80年代初，又恢复了用推车送新娘的习俗。到90年代末，逐渐出现了用小汽车送新娘的习俗。

送亲队伍到了男方家门口，先放鞭炮，再请新人下车进门。按规矩，新娘子的脚是不能着地的。用车推来的新娘下车时第一脚要踩到装满粮食、蒙着红布的升上，寓意"生孩子"。新媳妇由男方请来的"全福人"搀扶着，踩着席子走，两块席子轮流铺在地上供新娘踩（后来改成小伙子用椅子将新娘子抬进屋）。之所以有这种习俗，据说是新娘子的脚如果踩到地上的什么东西，这种东西就不旺像。比如，新娘子踩到了鸡屎，这家以后就喂不起鸡（即养不活）。所以新娘子婚礼这一天是不能出门的，要等到夜晚星星出来了才能出屋。大门口和屋门口两边各有一个火盆，一共四个。新娘从大门往洞房走的时候，还有两个小女孩负责往火盆里倒酒，大门口一次，屋门口一次。

进了洞房，新娘子就到床上落座，这叫"坐床富贵"，坐的朝向也是提前找专门的人算过的。坐一会儿后，新娘子可以把蒙头红掀了，把身上披的红袄也脱了，然后把这两样东西在婆婆怀里放一会儿，据说这样可以在未来的生活中婆媳和睦。这时候，屋里有两个老太太就开始填枕头，就是新娘嫁妆里的两个大枕头。用粪篓盛满麦秸，抬进洞房，老太太们一边填麦秸，一边念叨："你一把，我一把，过得也有骡子也有马。你一绺，我一绺，两口子活到九十九。"枕头里面还会放上枣、栗子、花生，但是枕头是留着口不缝合的，目的是让看热闹的孩子把枣、栗子、花生掏出来吃掉。一家子的婶子、嫂子就开始往人群里撒枣、栗子和花生。

絮好枕头，抬走粪篓，新郎、新娘就在洞房里喝喜酒（交杯酒），然后下催生饭。用新娘家带来的水下面条和素馅水饺，叫"催生饭"。下好后，盛到四个盅碗里，水饺和宽心面一块下，连汤带水饺和面。新娘、新郎一人一碗，剩下的就给小孩抢着吃了。水饺的数量是有讲究的，一岁一对，所以催生饭里的水饺很小。俗语说："你看你包的包子跟催生饭似的。"就是说包子小的意思。

现代婚礼中的男方父母

新郎家早上要安排酒席，专门招待送亲的人，由男方这边的“迎女客”（搀扶新娘子的“全福人”）以及男方的大娘、婶子作陪，新娘子也参加。送亲的吃完早饭就回去了。走的时候要问清楚是几天的公事，女方那边什么时间“叫”（新媳妇回门）。

早上的酒席结束后，由大伯哥用大车推着新媳妇，车子另一边坐上一个年纪不超过 10 岁的本家的小叔子或小侄子，到林上去祭祖。祭祖时压上红色的坟头纸，告诉先人自己家里又添人进口了，然后烧纸、磕头，告慰祖先。

祭告先人后，新人在天井院里拜堂行礼。先拜天地、父母，然后夫妻对拜，之后新媳妇给家里的大娘、婶子磕头，大娘、婶子依礼给磕头钱。磕头钱用红纸包着放在传盘里。一般由自己家的亲侄子端着给新媳妇，新媳妇也要给端盘子的孩子一份钱。

行礼过后，新娘子返回洞房。盛大婚宴就在这时开始了。这时的酒席是招待本家族的客人，新娘不参加，不过随着时代和风气的变化，现在的新娘也都参加了。庄里没有可供多桌共餐的大堂，喜宴一般分散在相邻的族人家里或者邻居家，距离不太远，但厨房、主席都设在男方的家里。喜宴要提前请好传菜人员，一般由本家族的青年男子担当，开席时他们便端着菜盘穿梭于各个庭院。席分男席、女席，前来陪客的也都经过细心挑选，谁陪哪一桌也是事先设计和搭配好的。坐席用餐的过程中,男方的父母,即喜公公、喜婆婆在专人引导下挨桌敬酒。新郎官也要挨桌敬酒,但只敬不喝。喜酒不串桌,同桌的喝得差不多了,坐首席的示意上饭,吃饭后即撤席回返。参加喜宴不能贪杯,否则会显得“没见过世面”“没出息”。所有来客都有喜糖带走。

晚宴其实是对同村帮忙人员的答谢宴。闹洞房要等晚宴之后。以新郎同辈或晚辈的年轻人为主,俗有“三日无大小”“越闹越喜”之说,不过拘于礼节,仍有“大小”之分,长辈们或年岁稍大些的亲朋一般说些体面的喜庆话就离开了。小孩子们最开心的是可以随便吃席面上的肉菜、糖果,还可以翻找新娘嫁妆里藏着的“小财宝”,一般是娘家藏在柜子、橱子边角里的毛票或硬币,供闹洞房的人乐和乐和。

**回门**　婚礼第二天,新娘的娘家会推着车来叫新媳妇回娘家,推车的是新娘家的叔伯兄弟,跟着的大客一般是新娘的大爷。新郎家中午会做一桌酒席款待新娘的家人,吃完饭后新娘的家人就把新媳妇接回家。

第三天,新娘的家人准备上两个筄子:一个装馒头,一个装着肉、鸡和酒。还是由新娘的兄弟推着新媳妇和筄子,新娘的大爷或者爷爷跟着,把新媳妇送回婆家。婆家中午出一个席。这两个席面都要按照娶媳妇的婚宴的规格来。这个过程中,新娘的父亲是不参与的。至新娘返回婆家,整个公事才算完成。

第四天,婆婆把事先裁好的裤子交给媳妇,由新媳妇亲自缝好,这叫“新媳妇缝条裤,日子过得越来越富”。

如果按时间比较长的“搬三还九”的公事(九天),第三天“叫”,第九天送回来才算结束。

到了 20 世纪 70 年代以后,人们的思想越来越开放,回门的时候新女婿送新媳妇回去逐渐流行。新女婿在丈人家吃过午饭回家,第三天新娘的家人再把新娘送回婆家。刚开始的时候,来回两方都带着筄子和礼物,后来干脆大家都不带东西了。

### (二)生儿育女——传承香火

传统中国社会,儿女结婚成家后,双方父母最为关心的不是夫妻的感

情，而是新媳妇的肚子。男方父母自不必说，当然是希望尽早抱上孙子；女方父母也盼着女儿早日怀孕，以稳固其在婆家的地位。可以说，生育是传统家庭生活中的头等大事。

**得喜**　“得喜”，是乡间妇女怀孕的别称。得喜的消息传出后，家中人会对孕妇采取保护措施。孕期有许多禁忌。例如：不让孕妇吃兔子肉，怕生下孩子是“兔唇”，即豁唇；不许孕妇吃葡萄，怕胎儿长成葡萄胎；不让孕妇参加婚礼、丧礼等。

为了尽早知道腹中胎儿是男是女，人们还根据以往的经验总结出很多预测胎儿性别的方法。比如“酸儿辣女”说：如果孕妇喜欢吃“酸”，可能要生男孩；如果孕妇喜欢吃辣的食物，就可能生女孩。也有“男左女右”说，即看孕妇进门时先迈哪只脚。还有通过肚子的形状分辨胎儿性别的：肚子都在下面，孕妇体态不臃肿，就有可能是男孩；如果肚子很大，孕妇体态臃肿，怀的就有可能是女孩。还有的人会诱导着不满3岁的小孩子说想要小弟弟还是小妹妹，认为孩子说要什么就是什么性别。这些预测并没有太多科学的依据，只是包含着人们对未来孩子性别的好奇，当然更多的是对男孩的期盼。

为了迎接小生命的到来，未来的奶奶和姥姥都要忙着为婴儿置备衣服。这时为婴儿做的衣服都是男孩式样，因为不知道性别，这其中也暗含着希望是男孩的意思。奶奶还要给婴儿准备大量的尿布。

怀孕的时候要提前为孕妇预约接生婆。过去医疗技术落后，孕妇生产时常常面临各种风险，就如同到“鬼门关走一遭”。现在，有些传统习俗虽说都还保留着，但人们更加相信科学，孕妇们都会定期去医院产检，各种辅助生育的技术也日渐成熟，分娩对女人们来说已经不是那么可怕的一件事了，生一个健健康康的宝宝始终是自古至今的普遍愿望。

对于生育这件事，不仅老人们着急，年轻夫妇自己也着急。不过为了安慰新媳妇及其家人，老话会说：“当年媳妇当年孩，当年不生等三年。”但是如果三年过后仍然不生育，就需要想各种办法了。有的人会到庙里抱娃娃，或者求“神妈妈”治病。也有的人会到娘娘庙里去，把里面泥巴小男孩的生殖器掐下来，拿回家碾碎了冲水喝，这是为了生男孩。

**坐月子**　孕妇快要分娩时，娘家派人去看望孕妇，送点鸡蛋、挂面，叫“催生”。

20 世纪 80 年代前，孕妇生产一般都在家中由接生婆负责。生孩子的过程中，男性、未婚女性是不能进去的。生孩子的时候，要把炕上的席撤掉，铺上干草（谷子秸），让婴儿生在干草上，谓之“落草”。落草的婴儿一般是用剪刀铰断脐带，也有的用秫秸篾子割，用香灰止血消毒。

收拾完后，胎衣要找个地方埋掉。男孩子的要在院子里，刨个坑埋起来，冲着梁，叫“扛大梁”。有的接生婆会把胎衣带走，这就需要还给产妇家一身小孩衣服，不过一般产妇家是不愿让其带走的。

婴儿降生，在民间被称作“添喜”或“添了”，老一辈庄里还有个说法叫“歪倒了”。一般听到信的人都会追问一句：“添了个么？”无论是男孩还是女孩，人们都会说些吉利话。

丈夫需要带着礼物马上到丈人家报喜，回来的时候丈人家给带上鸡蛋、红糖、挂面之类的礼物。婴儿出生三天，产妇的母亲要带着鸡蛋、挂面之类去看望产妇，都是送产妇坐月子需要的吃食。经济困难时期，婆家不富裕的家庭就等着娘家送东西来，而娘家即便再穷也会给女儿凑出坐月子的食物。

孩子生下来的头一个月是极其重要的，中国人俗称“坐月子”。据说坐月子如果不加注意，产妇会留下很多病根，难以治愈。产妇在坐月子期间讲究多，忌讳也多，尤其是在饮食方面。比如：这一个月产妇的主食就是放红糖的很稠的小米稀饭；产妇不能吃硬的食物，包括馒头、煎饼，说是怕咯坏了牙齿；不能多吃菜，也不能吃水果，怕产妇拉肚子；不能吃酸，怕产妇倒牙；不能吃姜；不能喝凉水……要是产妇实在想吃馒头、煎饼，就泡着吃。整个坐月子的过程中，产妇都是自己在屋里吃饭。坐月子的规矩很多，不一而足，但现在的产妇很少完全遵守这些规矩了，科学地坐月子成为青年人的追求。

其实，一直以来，能完全遵守月子禁忌的人很少，因为条件不允许。尤其是 20 世纪六七十年代，很多产妇还得承担家务和地里的劳动，怀着孕到地里干活是很常见的，还有很多人头天生完孩子第二天就起来摊煎饼。

孩子刚生下来，如果产妇没有奶水，就需要临时找个奶妈。庄里生了孩子还没断奶的女性都可以担当，不过要“差着来”。比如，生了男孩的得找个生女孩的妈妈去喂奶，反之亦然。这样喂一天，新妈妈的奶水也就下来了。

**送粥米**　孩子生下来七八天，一般不超过 10 天，产妇的娘家人就会来

送粥米。婴儿的姥姥、姑奶奶、舅妈、姨妈、姑姑，还有些比较远的亲戚都要来。20世纪80年代前，一般一家送1公斤挂面、1包红糖或者10～20个鸡蛋、5公斤小米。这些东西都放在篼子里，如果装不满，就在篼子外面包上包袱打上结，显得满当。产妇的娘家人多少要拿几个钱。送粥米的时候，男人有的推车，有的挑着篼子，大点的小孩在前面负责拉车，一辆车上可以坐两个女人。实际上，推车的男人、拉车的小孩都可以获得坐席的权利，吃上顿好的。

婆家需要摆席宴请来送粥米的娘家亲戚们。比较好的席面有10个大碗、4个碟，包括1碗肉蛋、1碗鸡、1碗肥肉、1碗蹄子肉、1碗炸鱼、1碗炸肉，炒2个时鲜的青菜，再上两个吃饭的菜（如炖的烂菜）。老人会把鱼、蛋和肥肉用小手绢包起来，带回来给孙子、孙女们吃。

酒宴结束，婆家会在每个篼子里压上些东西，一般是4绺挂面、2个红鸡蛋，让亲戚们带回去。

这一习俗的产生可能是因为家家都不富裕，而产妇又需要补充营养，于是就通过这种方式让大家凑一凑，一起解决产妇的营养问题。现在，送粥米逐渐演变为一种祝福形式，为孩子的出生增加一些喜庆气氛。礼物也变化了很多，有奶粉等专门的营养品，也有孩子的衣服，或者直接送红包。

**叫满月**　婴儿降生一个月，称为“满月”。满月之后，产妇结束了坐月子生活，可以正常活动；对婴儿的许多禁忌也被解除，他们可以被抱出去玩耍。产妇的娘家要把母子二人接回去住几天，称作“搬满月”“叫满月”。

叫满月的时候，姥姥家要给小孩做一身衣服穿上，即小棉袄或者小夹袄，称作“褪毛衫”，表示小孩已经褪去胎毛的意思。叫满月的时候一般是孩子的舅舅或年龄比较大的表哥来叫，用推车把产妇和婴儿推回娘家。舅舅同时还要为小孩主持铰头的仪式，在婴儿头上一边剪三剪子，据说舅舅剪了，孩子长大了头上不长癞疮。产妇和孩子在娘家住的时间可长可短。什么时候想回婆家了，就让娘家人送回去。这时产妇已经可以走着回去了。只是在娘家期间，产妇要给婆婆做双鞋（现在是都买一双鞋），以答谢婆婆伺候月子的辛苦。有时候，产妇会带着自己的大孩子一起回娘家。

**百日**　百日，即婴儿降生一百天，也称“百岁”，意为祝福小孩健康成长。这一天，姥姥家要来人送衣服，叫“百天衣”。百天衣的制作人比较有讲究，所谓“姑家的裤、姨家的袄,老娘家的‘连襟倒’”。

**过生日** 习俗上,孩子的舅舅要给孩子过三个生日。

前两个生日是1周岁和2周岁的时候。姥姥家送衣服和钱,姨家、姑家都要来人。除了坐席,还有穿生日裤的习俗,即在十字路口放把椅子,奶奶抱着孩子坐下。姥姥把从家里带来的新裤子的裤腿里放上馒头和钱,让孩子伸进腿去把这些东西蹬出来。围观的小孩捡走这些钱物,把馒头吃掉,据说这样对孩子有好处。

第三个生日则是在外甥的婚礼上,舅舅给买一身新衣服,让外甥当街穿上。

**取名字** 对于新生的婴儿,家人往往寄予厚望,因此,一个好名字是父母、祖父母给予孩子的一份重要的礼物。孩子的大名往往要根据族谱的行辈字来起。剩下的一个字则寄托了父辈、祖辈的希望。当然,孩子使用的字不能与家里比较亲近的长辈相同。乳名相对来说比较随意:有的以属相命名,如“小虎子”“牛牛”之类,但一般不叫“鼠”和“猴”;有的以时令命名,如“芒种”“六月”“迎春”之类;有的按家里的排行命名,如“小三”“小四”等。旧时孩子难养活,所以常常会起一些有寓意的名字。如“铁蛋”“石头”之类,希望孩子长得结实;“拴住”“留住”之类,希望孩子别夭折。有的生了男孩怕不好养活,故意起个卑贱、憨呆的名,如“狗剩”“二憨”“大蛋”“孬子”“黑子”等。当然更多的是起一些吉祥如意的乳名,如“富贵”“来喜”“来福”等。女孩的乳名一般用花草和珍宝之类,如“小兰”“小菊”“小玉”等。如果连生女孩,希望下胎是个男孩,则起名为“带弟”“招弟”。有的时候也会依照当时的社会环境和社会事件来起名。比如大雨天生的孩子就叫“来水”,续家谱时生的就叫“谱子”,成立高级社那年的就取名“高级”,等等。

为了保证孩子健康成长,在养育的过程中父母们真的是费尽心思。有认干亲、挂长命锁保佑孩子没病没灾的,有戴小桃核辟邪的(将小桃核磨光、穿眼,系上红绳戴到孩子的手脖上),也有帮助孩子长高的“法术”:家里有孩子长得慢,老人会告诉孩子,年三十的五更天,找棵老槐树,抱着槐树念叨:“槐树王,槐树王,你长粗来我长长,你长粗了解板使,我长长了穿衣裳。”

庄里还有给孩子穿百家衣的习俗。身体娇弱的孩子,或者父母年龄比较大才生的孩子,就需要穿百家衣。家人到处要布头,缝成衣服给孩子穿。

### (三)生养死葬——人生无憾

**祝寿** 庄里人称为老人祝寿为“做生日”。一般来说，父母(庄里人习惯称为“男老的”和“女老的”)在，不做寿。但大部分情况下，闺女出嫁后的第二年，男老的就开始做寿了。父母双方健在，通常只给是男老的过生日，女老的生日时只有儿女来家里吃顿饭。男老的去世以后才给女老的过生日。如果老人年龄超过了70岁，就属于高寿了，两个人可以都过生日。过生日讲究不能间隔，一旦开始就不能间断。

生日宴由儿子轮流主办，闺女负责拿东西。族人、朋友都可参加，男寿星的祝寿人一般为儿女、侄子、侄女、外甥、外甥女，兄弟姊妹也会趁机聚一聚。女寿星的祝寿人一般为儿女及娘家和婆家的侄子、侄女，上了年纪的兄弟姊妹也会借此机会见见面。平时祝寿都要吃长寿面，闺女要给父母送寿糕、寿桃。所谓的“寿桃”，就是用白面蒸出个鲜桃的样子，顶端染上一点红颜色。

父母66岁的生日，是寿俗中最为隆重的一次。俗话说：“六十六，娘吃闺女一块肉。”66岁生日那天，出嫁的闺女来给父母拜寿，寿礼必须多加一块猪肉。这块肉象征着女儿是父母身上的一块肉。女儿长大了，趁父母“六六顺”之时，买肉来报答父母的养育之恩。虽然是买的肉，也意味着是割自己身上的肉。为此，买这块肉的时候不能计较肉的多少，更不能和卖肉的讨价还价，必须是一刀割下来，有多少是多少，全部送给父母，以示闺女对父母的敬意。

73岁和84岁是老人的忌年，叫“循头年”。民间有“七十三，八十四，阎王不叫自己去”的说法，所以每当老人到了这个年龄，心情都非常紧张。当父母活到这个年龄的时候，做儿女的要帮助老人渡过难关。这一年过生日不能提真实年龄，或者说大一岁，或者说小一岁。

**丧礼** 中国传统社会中认为亡故的亲人其实是到阴间生活，所以为了他们能在那个世界得到幸福安宁，往往尽可能厚葬重殓，民间俗称“办白事”。白事讲求排场，礼仪繁多，每一个步骤都有很多规程。

停灵与守灵：老人咽气之后，穿好寿衣，抬到搭好的灵床上。灵床由两条长凳搭成，下铺秫秸箔，上铺被子，尸体安放在上面。尸体头朝门口，用烧纸把脸盖住，头的附近下面放一盏灯。灵堂的地面上铺上干草(谷子秸秆)，儿媳和女儿、侄女坐床上，儿子跪在地上守灵。之所以要在干草上，据说是为了报父母的养育之恩，因为女人生孩子的时候都是在干草上。屋门外设灵棚，放灵桌，灵桌上放牌位和供品，牌位上面写着“先考某某”或“先妣某某”，现在也有放照片的。孙子、侄子跪在桌子两边准备迎宾。供桌前铺上毡布，供外人磕头祭拜。

报丧：庄里人讳称人离世为“老了”“走了”“没(音‘木’)了”。一个人去世，本村的人几乎不用刻意通知，一传十，十传百，很快就能知道某人去世的消息。过去他们会拿上一刀火纸和5块钱去丧主家吊唁，现在可能20元或者50元，这种行为叫“帮丧”，这些村民就是“庄乡”。

对村外的亲戚，一般是分派本家的青壮年分头去通知，一般是女儿家、儿媳的娘家、孙女、侄女、岳父母以及所有原来走动的亲戚。报丧有大报丧和小报丧之分，小报丧就是主要通知血缘关系较近的亲戚，大报丧也给远亲报丧，也有的说大报丧是五服之内的亲戚，小报丧是三服之内的亲戚。报丧的人一定要打听好这些亲戚的村庄和姓名以及与死者的亲戚关系，不能有任何错误，如果报丧的人走错了门，认错了人，会遭到别人的唾骂。

女儿在报丧这个细节上比较特殊，当其知道父母去世后，需要自己先去探看，然后哭着回家，到丈夫这边的大娘、婶子家磕头，告知丧事，名曰“讨服”。不过在丧事上，只要沾亲带故的，一般都会参与，多少随上点心意，体现了对生命的敬畏，正所谓“人死为大”。“报丧”还有一个重要的目的是告知“出丧”的日子。

吊唁：治丧是白事，也是公事。徐家庄也有一句老话说：“死了老的，三天不出门。”这句话的意思是，家中有老人去世了，家人都痛苦得不能出门，要全心全意为老人守灵。所以他们将丧事的一切事务都交给红白理事会负责。红白理事会由大执、内柜、外柜等组成。

大执，后来叫“总理”，就是明白人的意思，负责全面指挥，丧礼中主人家需要听从大执的意见。内柜负责烟酒礼炮等物品的管理，外柜负责登记和管理死者亲友的礼金。引宾，专门引导宾客到灵堂行礼的；堂知，负责管理席口，安排客人坐席吃饭。后厨是负责制菜的。一切安排就绪，完成公事的前奏。

出丧那天，很早就在主家门口摆好了支事桌，专门负责收集和记录前来祭拜者的仪礼和姓名。雇来的吹鼓手们也早早到位，按照程序奏响哀乐。因为一天时间比较紧张，各路亲戚也都是尽早赶来，到村口后先停一会儿，安排人到庄里通报一声，等着迎接。迎接也有区分和讲究。

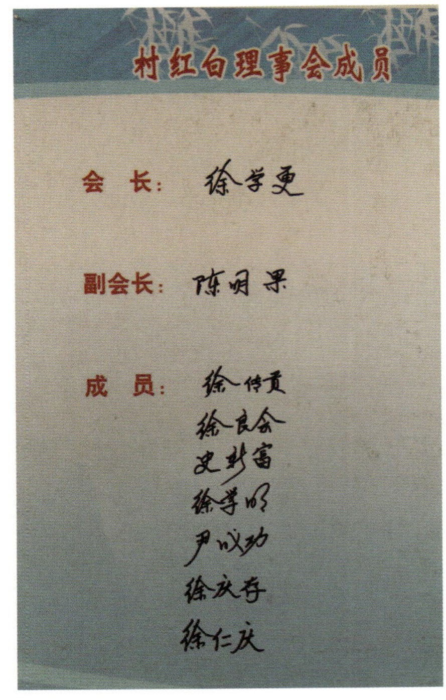

徐家庄现在的红白理事会成员

有些客人比较重要，叫“主客”，比如女儿家、侄女家、外甥女家、岳父家等，需要由礼宾带着孝子、兄弟或侄子到村外迎接，吹鼓手伴奏。因为主客带着盒子来，盒子里面装的是吃祭和看祭，所以迎接主客也称为“迎祭”。吃祭就是各种鸡、鱼、肉、肘，都是整个的；看祭以前是指用萝卜刻成的各种水果（现在可以直接买真的水果）。客人行礼的时候会把自己带来的盒子摆在灵桌上，以显示客人的大方。盒子也叫“神盒”，圆形，直径七八十厘米，上面一层不盖盖儿，露着让人看。最上面一层放最好看的，比较特别的有“五大座”“十大座”之分，都是造型不同的鸡。盒子论“架”，亲戚带来的盒子有一架的，也有两架的。

对孝子的姑家、舅家、姨家等长辈，要有一名孝子披麻戴孝，在吹鼓手们的陪同伴奏下，拄着哭丧棒（即缠着白纸条的柳树棍）出村跪迎，磕头仪式规定也很严格，称为“迎大客”。

亲戚到后，需要交吊礼，由外柜报账登记：“某某人，奠礼（钱）……铭旌一挂，神盒……架，白平（烧纸，一般一刀）……”女儿、侄女、孙女、外甥女是需要带铭旌的。铭旌为半米多宽、2 米长的不同颜色的布，死者女儿、侄女、外甥女送的铭旌是红色的，孙女辈的则是蓝色的。朋友则是送幛子（挽联）。

晚辈亲戚还要专门换装，即披麻戴孝，丧主会遵照五服制的原则进行

“破孝”。所谓“破孝”指的是当家中有人去世，主家买一批白布，死者亲属闻讯而来的时候，给他们发孝衣，即白大褂。孝衣很长，一般都拖在地上。来的客人，凡是平辈的但是年龄比死者小的(妹夫、妹妹、表弟)戴孝帽；小辈的(女儿、侄女、女婿、外甥媳妇等比较近的关系)需要穿孝衣。穿上孝衣后，客人就带着祭品来到灵帐下的供桌前，按仪式要求行礼、摆放祭品。在这个过程中，主事的会高喊一声“××庄子的客”，哀乐随之而起，屋内孝子、孝女、孝媳们便会同时哭叫。祭拜仪式结束后，近亲还要到灵堂里去，在死者面前静默一下，掀开盖在死者脸上的火纸看一看，算是最后的告别。这时孝子需要给客人磕头行礼。

行礼结束，亲戚由人引领着准备用餐。如果丧主自家天井比较宽大，就在自己家制菜坐席。如果空间不够，就借附近本家当户的院子。白公事吃的都是流水席，人们没有心思喝酒，吃得也快。吃饭时，孝子和其他家人由吹鼓手、引宾、礼宾带着到客人坐席的地方去磕头谢客。

泼汤：意为给死者送饭。徐家庄丧礼上泼汤仪式要举行三遍：第一遍是一大早，儿子、儿媳、女儿(女儿从讨服后就一直在娘家，夫家的吊唁由丈夫安排)带着水、火纸、香，端着传盘去泼汤。流程是烧纸、烧香、泼水(水里加了菜)。村民认为香纸是给土地爷的敬奉，也是给土地爷的通知。第二遍是在亲戚们更衣行礼后，所有穿孝衣、戴孝帽的人集合，由乐队引领到土地庙泼二遍汤。第三遍是吃完饭后，除了之前那些人，所有来吊唁的主客要一起去泼汤，这时还要举着所有的铭旌。

出殡：等到第三遍泼汤结束回到丧主家大门口，出殡的仪式就开始了。土葬的时候，棺材在使用前，要把它翻过来磕打磕打，女儿要给木工翻棺钱。棺材抬到堂屋门前，由女儿和儿媳铺棺，一般先铺新棉花，再铺褥子，有“谁铺得厚，谁家以后过得好”的说法。死者入棺后，由儿子或孙子给死者净面。也会放些专门的物品，意在护佑死者在阴间一路平安。如：放在袖子里的打狗饼(指甲盖大小的面饼，一个代表一岁)，放在手里的青丝(黑丝)、黑麻和钱。据说，饼和钱可以打发路上的小鬼和狗。

礼宾喊“盖棺”，木匠们给棺盖砸上钉子。出棺时，由八人将棺材抬到庄里一处比较宽阔的空场，亲人对逝者行下葬之前的最后一次祭拜，即行路祭礼。这块空场一般是前往祖坟必经的十字路口，棺材停放妥当之后，先在供

丧礼中的路祭

桌(香案)前摆上祭品和香纸等,在供桌前铺上草席,送葬的队伍跟供桌保持一定的距离,然后孝子、孝眷跪在地上,将要行礼的亲戚在草席两侧等候,而这些亲戚都是在报丧名单上的。亲戚们按照一定顺序向死者行礼。行礼结束后孝子谢客,由礼宾喊着:“谢某某庄某某先生的铭旌”“谢某某先生神盒一架”。孝子双手举哀杖过头,磕头,然后还要谢大知、内柜、外柜、助忙者(帮忙的人)等等。

路祭结束后,长子站在凳子上,喊三声“爹”或“娘”,面向西南,哀嚎着“给俺爷(娘)跳西南大路喽”,然后把凳子蹬翻,再到一个烧着火纸的泥盆前,磕头,把盆举过头顶,摔碎,这称为“摔老盆”。若长子不在,则由长孙来做。在村落中,人们普遍承认谁摔了老盆谁就有继承权。所以,如果侄子摔老盆,那么他就可以继承死者的房子。起棺后人们抬着棺材,举着铭旌去坟地,一路走来,庄里人也会跟随围观,陪着伤感的同时,也对死者的身后事评点一番。

人们去往坟地之后,儿媳就兜着团圆饼(和打狗饼一起做的,直径大约20厘米的面饼,去世的人有几个儿子就做几个)回家,放到麦子瓮里,三天以后烩成一锅吃掉,据说可以保佑家人安康。

圆坟:来到坟地之后,长子跳到坟坑里,拿着笤帚和簸箕,先把墓穴扫一圈,然后开始进棺。铭旌放在棺材盖上,把落款人名撕下,用石盖封墓,屯土成坟头。纸骨朵插在坟上,哀杖插在坟前,供品摆好,纸烧罢,开始圆坟。所谓"圆坟",就是由儿女、孙子等有血缘关系的亲属,围着坟逆时针转三圈,再顺时针转三圈,然后烧纸、磕头。这算完成第一遍圆坟。

丧礼第二天早上五六点钟,死者的儿子、女儿、儿媳、孙子、孙女等穿着孝衣上林去圆坟,一路走,一路哭。圆坟的时候,儿子们手里拿着香,转一圈在坟上插一支,然后磕头、烧纸、烧香。按照旧俗,死者下葬 7 天时,还要上七日坟,也叫"一七坟"。现在,这一步逐渐与第二天的圆坟合而为一。在第二天圆坟结束后,一家人象征性地走出少许路程,三五步皆可,然后返回坟前,摆上供品,上一七坟。之后,一家人回去吃过早饭,就可以将死者的女儿送回婆家去了,基本的丧礼仪式结束。

分账与答谢:丧礼的第二天,主事人会把丧礼的账目跟死者的儿子们交接清楚,不管是结余的,还是欠缺的,兄弟们都会平均分配。从第三天开始,兄弟们就要对帮助自家的人和前来祭拜的亲戚进行答谢了:通常是摆上酒席,请同村帮忙的人吃个饭;再带着礼品,到主要的亲戚家里走一走,同时告知亲戚上五七坟的时间。在这个过程中,孝子们见人都要下跪,所谓"老的死了矮三辈"。庄里都知道这个礼,一般一看到要下跪的姿势就赶紧上前扶住,嘴里说声"免了"。

丧礼结束之后最重要的日子应该数上五七坟了。俗话说"长五七,短百日",五七坟的日子并不固定。这一天,至近(三服或五服之内)的亲戚们都会来到主家,还要穿上孝衣到安葬的坟墓处寄托哀思。五七坟仪式中最重要的是为逝者送纸扎祭品,女儿家、儿子家都要扎扎彩。儿子家一般扎房子、童男童女、牛以及各种用具,女儿家常常扎聚宝盆、摇钱树、衣柜、箱子(里面要用烧纸装满)等。近年来时兴扎制小汽车、冰箱、小洋楼、手机、电脑等新鲜事物,凡是当今世间最流行的生活用品,也如数为逝者备齐。烧扎彩的同时也要烧掉死者穿过的衣服,这种仪式寓意断绝了死者与阳间的最后联系。

## 二、劳动与游戏中的成长快乐

即便在吃不饱、穿不好,物质极度匮乏的年代,人们回忆起童年的生活,

却总是快乐居多。孩童心思单纯，留在他们印象中的，更多的是那些令人兴趣盎然的游戏和无忧无虑的嬉戏时光。即便是童年的劳作，虽过早付出了体力，但因为是边干边玩，游戏其中，回味起来也是意趣多多。而且，一年四季，随时令不同、节气各异，各有各的玩乐方式。

(一)春天

春天，万物复苏。历经冬闲之后，人同样要舒展筋骨，开始劳作，小孩子也不例外，田间地头，大街小巷，都闪现着他们灵动的身影，或在劳动中玩乐，或纯粹地游戏，一派生气勃勃、永不疲惫的样子。

**挖荠菜、打草** 挖荠菜是初春特有的活动。孩子们从小就能识别这一特别的野菜，挖回家后，大人择洗干净，可以包包子、做渣腐，这是寒冬过后难得的美味，而且，残余部分还可以喂鸡鸭，一点都不会浪费。而打草，即用镰割草，是小孩子除了冬季一直不曾间断的劳动，主要是喂养家中的禽类、兔子和羊。每天下午放学之后，大孩子带着小孩子，约着一起挎着小筐、带着镰刀，“上坡打草”。一路打打闹闹、说说笑笑自不必说，在打草的过程中，小孩子们还会挖“毛根”——一种植物的白色根茎，掸去泥土后放入口中，嚼着吮吸其中的甜汁，这也是打草的一大诱惑。

**拉车子、倒粪** 春种之前，庄里人开始把家里积攒的土家肥用小推车推到地里去，半大孩子的工作就是在车子前拴根绳子往前拉车。在这个过程中，大人喜欢逗弄孩子，嘴里喊着“驾”“驾”，小孩子也乐得把自己想象成小牛犊子，屁股一撅一撅地用力。回来时，孩子的乐趣就是爬进车上的粪篓里，让大人推着走。土家肥倒进地里，散开后仍有些是一块一块的，小孩子的工作就是拿着短把的小镢子，一块一块地敲碎。工作虽然枯燥，但好玩的天性让孩子仍有乐趣可寻：地里的各种虫子，都成了他们的玩伴。

**踢毽子、跳房子** 踢毽子是女孩们冬闲时节传统的体育活动。冬天过后，人们不再穿着厚重的棉衣，但是脚上依然穿着棉鞋，踺子砸到厚厚的鞋帮上格外有弹力，能飞得很高。踢毽子与踢球运动有许多相似之处，讲究心到、眼到、脚到，精力集中；不但有单人踢，还有多人一起踢，除去通常的单足立地的踢法外，还有跳、跷、跪、踩等各种花样。毽子，垫以皮钱，衬以铜钱，束以丝线，古今大同小异。羽翎讲究用染过红绿等颜色的雕翎，蓬松柔软,绚丽斑斓。

白天空闲的时候,女孩子们也会一起跳房子。人数不拘,两个人也能玩。先找一块平地,用瓦片在地上画好一层一层的方格(所谓的“房”),再各自找一片平整的瓦片作为工具,就可以根据先后顺序开始了。瓦片扔进第一个方格,然后单腿起跳,跳进格内,用脚驱动瓦片,进入第二格,逐格推进,直至从另一边转出来,就算胜出。扔完第一格再扔第二格,直至把所有的格都扔过一遍,就算完全胜利。

(二)夏天

夏日炎炎似火烧。农家的工作场所都是露天的,所谓“面朝黄土背朝天”,就是农民最好的劳作写照。小孩子虽然不会如此劳累,但也要做些力所能及的事情,在大人“关照”不到时候,也会抓住机遇,做自己喜欢做的玩乐之事,而这些事通常与吃或水有关。

**拾麦穗、抱麦铺子** 农民惜粮如金,有道是“粒粒皆辛苦”。麦子收割后,地里会散落许多麦穗,拾麦穗便是小孩子力所能及的劳动。麦收时节,学校里会放两周的麦假。烈日之下,弯腰动手,虽不胜其烦,但小孩子仍会苦中作乐,那就是期盼大人在割麦子时突然大叫一声“有一窝亚蓝子(小鸟名)”,或者“有一窝小兔子(野兔幼崽)”。这样的叫声正如喜从天降,能让小孩子兴奋一个麦季。劳动过程中,发现一株泛青头的麦穗,小孩子会攥在手里搓揉一番,脱粒后放进嘴里吃掉,这也是一份让人快乐的美味。

除了拾麦穗之外,小孩子能干的活是抱麦铺子,也就是大人把收割后的麦子随手扎成一小捆一小捆的,让孩子抱到麦场里或车子跟前。这个活几乎没有乐趣可言,倒是有一些极偶然的“险情”,让人难以忘怀:麦地有蛇,有时会被捆进麦铺子里,有时会压在麦铺子底下,吓得小孩子吱哇乱叫。麦收时节,也是家家改善伙食的时间,回家后会吃到煎豆腐、煮咸鸡蛋、烙油饼什么的,这也是孩子们干活时重要的动力源泉。

**撒化肥** 给玉米的幼苗撒化肥是小孩子的难忘记忆。活儿机械枯燥不说,化肥气味熏人,还烧手(有腐蚀性),不小心踩倒了玉米苗,大人还会责骂一番,真是费力不讨好、难找乐。再难找乐也能找到乐。一般家里兄弟姊妹都不少,大人用镢头在两株小苗之间刨坑,孩子们便事先分工,一人几垄跟

进撒化肥;或者一个在前面用手抓着化肥撒,一个在后面用脚驱土埋住再踩实,到一定数量再交换工作。边分工边斗嘴,谁干多了谁干少了计较个没完。一家人说说闹闹,活干得也算有滋有味。

**弹杏核** 弹杏核这个游戏需要的道具多、程序严、技术高。其基本的流程是:每人拿出一颗杏核作为筹码,放入一个拳头大小的小土坑,然后大家轮流用一个圆形的小瓦片弹击坑中的杏核——谁弹出杏核,杏核归谁;谁击碎杏核,谁重新放入一颗。如此直至坑内的杏核全部弹出,一局结束。坑内杏核数量越多,弹出的机率越高,因此,弹击杏核的顺序至关重要。决定顺序的方式其实是另一种游戏:滴瓦片。孩子们在平地上摆一块砖,轮流用弹杏核的圆瓦片"滴"这块砖。小瓦片自手中垂直下落,落到砖头被弹出,谁的瓦片弹出得远谁赢。圆形的小瓦片只有正落在砖棱上才会滚出很远,所以孩子们都要尽力瞄准砖棱,以获得击杏核比赛的优先权。滴瓦片与弹击杏核都玩够了,杏核外壳被敲开,杏仁卖给药铺。这个游戏的技术含量还是很高的。因为输赢的筹码是有"经济价值"的杏核,所以孩子玩起来都很认真。

**泼鱼、诳鱼** 泼鱼与其说是游戏,不如说是以前孩子们自行改善生活的一种技能。从前村边的河沟特别多,而且常年都有水,有水就有鱼。在水量不大时,几个半大孩子相约拿着铁锨、盆子、笊篱(漏勺),来到一处水草多的水段,挖土成堰,挡住上方来水,再在下方也挖土成堰,防止鱼逃走。在下堰的一侧用泥土垒出一个扇形的坑,称为"蹬坑子",是用盆向外泼水的地方,为防止泼出鱼去,在扇形的土堰一面扒开一个豁口,用笊篱挡上。直到把水泼干,就可以涸泽而渔了。在此期间,大家轮流泼水,轮流护堰,防止塌堰进水;同时,还要乘机捉鱼,比如冲到笊篱上的鱼、受惊乱窜出了水面的鱼,等等。泼鱼是个体力活,虽然辛苦但也很有成就感,特别是分鱼的时候。根据鱼种、大小搭配,按人头分成几堆;然后找相应数量的几根长短不一的草棍,由一个人攥在手里,露在外面的都一样长,由其他人自由抽取,最终谁抽到的草棍长谁先挑,公平而又有趣。带鱼回家后,大人收拾利索,撒上盐腌一腌,晚上全家人打一顿牙祭,其乐融融。也有用坏了家里的工具,不但没有受到表扬,还要挨骂挨打的。

相对于泼鱼来说,诳鱼更加省力一些,但只会捉一些小鱼(如草绳子、沙里趴)和小虾。一般是找一个小笼子,或者找个小盆,用纱布封住盆口,只留条小缝，用绳子拴住，放进烤焦的羊骨头、煎饼什么的，抛进水里，等一段时间后拉上来，小鱼小虾就被“诳”在里面带出了水面。这种方式庄里人又称作“下焐盆子”。

**洗澡、洗衣服** 夏天天热水多，小孩子恨不能天天泡在河里。男孩子在河里边扑腾边嬉戏，还可以顺带捉鱼摸虾。女孩子找一块远离人群的河段，一边洗澡一边洗衣服，衣服就顺手晾在河滩上，等玩够了，衣服也干了。大人天天告诫男孩子不要到水深的地方戏水，但男孩天性使然，非要到深水区扎猛子才觉着过瘾，一个夏天下来，经常有男孩子因为这事挨打挨骂。

### （三）秋天

秋天是收获的季节。对于农民来说，麦收意味着“抢”，要抢在下雨之前，把麦子收回家；秋收意味着“多”，玉米、地瓜、花生等都是种得多、产量较大的作物，收获起来耗时耗力。与放麦假类同，秋收时学校里也要放假，时间也是两周。这当然也意味着孩子们要理所应当地参与收获的劳作中。秋天里的劳动本身就充满了收获的喜悦，可直接食用的东西特别多，纯粹的游戏少，多是些忙里偷闲的小玩乐。

**揽地瓜、揽花生** 与拾麦穗异曲同工，地瓜、花生收获之后，遗漏在地里的当然也不容忽视，这项工作就交到了小孩子的手里。他们挎着小筐，拿着小镢头，在收获后的地瓜地、花生地里刨来刨去，一上午或一下午过去，总会有些收获。而且，这种收获随手就可以塞进嘴里化为美食，当然令人开心。更为刺激的是，如果在地里发现一个老鼠洞，孩子们可就有事干了，顺着洞口挖开去，有时能挖出一个大坑来，挖的过程中，大老鼠窜出来，满坡的孩子都像炸了营，大呼小叫着追打，直到把老鼠砸成肉饼；如果挖出一窝没长毛的小老鼠来，大家就会分了拿在手里玩半天，最后各自拿回家去喂鸭子；再幸运些，还会挖出老鼠的“粮仓”，里面成堆的花生就成了最可观的“战利品”。

**晒地瓜干、拾瓜干子** 地瓜收获后，会当场用工具搓切成薄片，直接撒在地里晾晒，干透后才装袋运回家里。这个过程中，有一个烦琐的工作，就是要把鲜地瓜片一片一片地均匀摆开，以利晾晒；地瓜片干透后，再一片一片地拣起来装进袋子里。这个活需要的劳动力是多多益善，小孩子或蹲或跪在地里，干活的过程中，碰到红瓤的地瓜，大人会招呼孩子过来吃，因为这

种地瓜格外甜，也算是一种奖励。孩子在干活的过程中发现蚂蚱、蟋蟀什么的，顺手捉住，用草梗串起来，既是乐子，也是家中鸡鸭的美食。

**掰棒槌子** 掰棒槌子（收获玉米）是最辛苦的活，钻在一人高的玉米地里，闷热不说，还会被叶子划伤皮肤，浑身难受。碰上鲜嫩的玉米，小孩子会报复性地剥开了乱啃一通，甜丝丝的也确实好吃。还有就是玉米秆，砍倒后剥开外面的软、硬两层皮，嚼食一番，吮吸又甜又多的汁液，味比甘蔗，也算是一种劳动补偿。劳动结束，钻出玉米地，再跳到河里洗个澡，就更加爽快了。

**串树叶、杠杠子** 秋风扫落叶。其实，满地的树叶对于农家来说也是很好的生火材料。小孩子们会拿着一根穿了长线的大洋针（一种大个儿的缝衣针）到树林子里捡树叶，用针把树叶一片一片串起来，拖着回家摊在家门口，等晒干了生火用。

在串树叶的过程中，或者是在走路的时候，几个小伙伴一凑头，还会顺手玩一种"杠杠子"的小游戏。所谓"杠子"，就是孩童们各持一根杨树叶的柄，双手分别捏牢叶根的两端，两个叶柄十字交叉，相互拽拔，常胜的根被称为"老杠子"。制作杠子很简单，撸掉叶片，只留下叶柄就成了。选杠子很有讲究：不能选择那些叶片小而叶柄长的，因为那样的不坚韧；叶柄粗大且有些发红的那种是首选。这是一种随机随地的游戏，也是一种边走边寻的乐子。

（四）冬天

冬天是农村人的农闲时节，忙碌了大半年的农民们开始放松下来。相应的，小孩子们也无劳动可派，可以随心所欲地玩耍。整个冬天里，小孩子可以玩的游戏特别多，而且游戏规则相当复杂，使用的工具非常讲究，参与的人数也相当之多，不仅白天玩，晚上也不闲着。

**捉迷藏** 庄里人称"藏马守"，男孩、女孩皆可参加，只不过小男孩儿们更喜欢在晚间玩。一帮相熟的孩子，大街上一约合，就凑一块了。按照大小强弱搭配分成两伙，指定一棵树作为"老家"，通过猜拳决出胜负，胜者藏，负者找。找的人先自行捂上眼睛大声数数，一般是数到十，等藏的人藏好就分头去找。藏的人要在约定的范围内进行隐藏，不能出界，不能进家，通常可藏在街头的草垛里、黑暗的角落里或树后面。而且，趁找的人不注意，还要快速跑回“老家”，抱住那棵大树，就算赢了。而负责找的人必须离开“老家”，不能守在大树跟前不动弹，一旦抓住一个藏的孩子，也算赢了。据回忆者称，这种游戏虽说很刺激，但很多时候会虎头蛇尾：要么是藏得太隐蔽，又总不肯出来，耗的时间太长，大人等着关大门睡觉，直接都叫回家了；要么是找人的孩子不讲诚信，找着找着找烦了，自己索性回家了。这类孩子的下场就是：以后会被排挤，没人愿意带他们一起玩了。

**骑马** 骑马这种游戏有一定的危险性，而冬天的厚棉衣恰恰能够起到一定的保护作用。大点的男孩们尤其喜欢在夜间玩。玩之前要分为两帮，分帮时还要举行一个小仪式，即选出两个帮的头。他们两个悄悄商量一个暗语，即一帮是吃梨的，一帮是吃苹果的；然后两人举起手臂撑起一个架子，让其他小孩子排队从架子下钻过，边走边唱儿歌，架子随机落下扣住一人，问他吃苹果还是吃梨，按这样的方式把进行分帮。小孩子图新鲜，上一个吃梨，下一个就会吃苹果，所以一般两帮人数比较均匀。两个帮的头通过剪子、包袱、锤决出胜负，负的一方选一人当马头，双手抱拢一棵适宜的树，平俯下身子，其余的人逐一抱拢前面人的大腿，把头贴在前面人的腰部，形成一个长长的马身子，供另一方人逐一跑跳过来骑上去。大家都骑好后，两帮开始比谁坚持的时间长：如果骑马的人从马上掉下来就算输了；如果被骑的人因为撑不住，马塌了，也算输。输了的就是下一次被骑的人。

**弹溜溜球** 溜溜球为玻璃制品，庄里人也叫它“溜溜蛋”，有纯色的，也有嵌花的，很便宜，每个孩子都有好几个。弹溜溜球的时候要先在地上挖6个小坑：5个小坑是一组，分布在小正方形的四个角和中心位置；第6个小坑在10多米的远处。玩的时候，孩子们轮流出击。从第一个坑出发，先将溜溜球放在坑沿上，人跪地上，右手的中指压着拇指拢成一个圈，中指贴住溜溜球，悠着劲用拇指往前一弹，把溜溜球向前面的小坑推进。如果溜溜球进洞，就可以继续向前推进；如果没进就停下来让对方来弹。在双方交替弹行的过程中，最先到达第6个坑的人，有权返回来攻击对手的溜溜球，即可以通过瞄准动作，将对方的溜溜球驱离坑边，保护己方其他人也尽快到达第6坑。如果一方全部人员都将溜溜球弹进了第6坑，则这一方胜利。喜欢弹溜溜球的孩子一眼就能看出来：他们的棉裤的膝盖处要么露着棉花，要么打着补

丁;其次他们的手全是冻裂的口子,中指指甲也残缺不全。

**打家棍** 打家棍是一种危险性很高的游戏。玩具是一长一短两个相当于三根手指粗细的硬木棍,长棍有20多厘米,短棍约是长棍的1/3。玩时也是分为两帮,先在地上挖一个能容纳短棍的小槽。打的一帮站在小槽后面,另一帮站在几十米开外的远处,以不被棍子打到为宜。第一步是"撅":先把短棍横放在小槽中间,长棍插进小槽内,顶在短棍后面,使劲向前一撅,再由对方在短棍落地位置把短棍投掷回来,砸向长棍。如果击中,打棍者下台换人;没击中则打棍一方继续进行。第二步是"捎":打棍一方一手用中指、无名指和小拇指横握住长棍,同时用拇指和食指竖着捏住短棍,手一扬、一松,再快速用长棍抽向空中下落的短棍,将其打出去。对方则重复用小棍投掷长棍的动作。第三步是"敲":先把短棍大部分放入小槽内,留约1/3翘在小槽前上方;用长棍敲击短棍翘出的部分使小棍腾空,快速用长棍抽击,将短棍打向前方。短棍落地后对方继续重复用小棍投掷长棍的动作,如果仍没有击中,则打棍一方赢,继续打棍。这个游戏因没有相应的保护措施,就怕打偏了伤人,所以大人会禁止小孩子玩。

**打鸭子(扔沙包)** 缝制沙包几乎是小女孩学做女红的入门课。从大人那儿精心挑选一些花色各异的小布头,剪成方方正正六个同样大小的布片,然后穿针引线,煞有介事地围襟而坐,将布片边靠边、角对角地密密缝合,就可以形成一个立方体的小布包。在包的一角留出两个指头大小的小洞,探手进去将小布包里外翻个个儿,让严丝合缝的一面露在外面。通过小洞将豆粒、玉米粒什么的装进包里,也可以装沙粒,一般装大半包即可,最后将包缝合。一个五颜六色的沙包就诞生了。扔沙包最少需要三个人。选一段地势平坦的小巷,画两条平行线形成战场,通常两条线间隔五六米为宜。游戏开始后,一人站在两条线中间为"防方",另外两人分别站在两条线外为"攻方"。攻方轮番向防方投掷沙包,防方在两线划定的区域内奔跑跳跃,躲避攻击或接取沙包。如防方不慎被沙包击中,而且没有接住沙包,则视为丧命,按原先确定的顺序由攻方中的一个人替换进场,他则去充当攻方。沙包的玩法很多,还有踢包、砍包、夹包种种。

**滑冰车** 滑冰车完全是自产自用,多是在大人的帮助下完成的。原材料无非是木条、铁钉和粗铁条等,制作也比较简单。通常是选两块40厘米左右的硬质方木条，间隔 20 厘米左右并列排放，然后在上面均匀摆放三块木板，用铁钉钉牢，所谓滑冰车雏形即成。稍有技术含量的活就是为滑冰车安置“冰刀”，一般选取两根稍长于硬方木条的粗铁条，将其固定在木条正下方。固定的方法就是把粗铁条的两端向上弯起，用锤头砸几下，使其紧紧嵌扣在木条的上方。剩下的工作就是制作类似船桨的两根锥子了，锥子一般采用小拇指粗细的铁条，一头先放在火里烧，烧红后再用锤子锤尖。另一头做成把手型，方便双手灵活掌握。也有把铁条两头锤尖，一头插进木把里，手握起来就更加舒服了。以前的孩子根本没有护膝、头盔之类防护装备，仗着一身厚实的棉衣，特别是包头护耳的棉帽，倒也无所畏惧，个个奋力猛戳，在冰面上横冲直撞。现在庄里的池塘都干涸了，冬天也无冰可滑，孩子们也不愿再玩这种原始的玩具了。

# 第五章 人际往来与熟人社会

传统乡村是一个地缘封闭的社会，这个范围中人们以血缘为纽带，相互联系，遵循共同的习俗、观念和礼仪，形成长期稳定的交往模式。按照时间和对象的不同，人际往来可以分为日常和非日常。在这些社交活动中，仪式性的情感交流与物质互换维系了村民之间的各种社会关系，形成了村落中稳定的人际网络，有效地维系了村落的公共秩序和公共治理，影响着村民在经济上的往来、生产上的合作以及生活中的互助。在有迹可循的类型化交往中，人们更容易找到自己的坐标和行为依据。

伴随着中国乡村的现代化发展，村落人际交往出现了新的特点。首先，越来越多的年轻人走出村落，慢慢脱离原有的交往范围，并重新建立自己的交往圈子，形成新的模式。老一辈人在这样的情势下很难要求年轻人恪守传统，比如待客时女人、孩子不上桌的传统就已经被摒弃。其次，信息与交通的便利，让特定时间的交际变得更为普遍，像以往集中在过年期间的亲戚走动就不再受到局限，逐渐变为日常化的交往行为。再者，经济能力的增强也使得人们能够负担更为频繁的交往以及相应的物质支出，增加了交往的频率。

虽然今天人际往来在形式和内容上与传统农耕社会已经有巨大的差异，但是，传统交际中的核心理念对人们的影响仍根深蒂固，尤其是对于面子、亲疏、人情的感受更是难以完全改变。因此可以说，在今天，乡村人际往来的核心价值并没有发生本质的变化。

## 一、人际往来

传统村落，村民生于斯，长于斯。人们日出而作，日落而息，共饮一井水，同处一条街，彼此一致的节奏和相似的生活让他们在相互关注的目光中，共同经历生、老、病、死，体味人生百味。人们彼此之间的亲密程度在频繁的人际交往中逐渐增加。

### （一）日常的社交

**不关大门** 现实生活中，庄里人有一个约定俗成的习惯，那就是早上起来先敞开大门，直到晚上临睡觉前才关上，这在客观上也给邻里之间自由自在地往来提供了便利。乡村习俗认为：整天关门闭户的不是正常人家，会被认为是拒绝邻里之间来往的表现，自然也就人缘不好，俗称“关起门来朝天过”。庄里人串门既不会预约，也不用敲门，通常是边往院里走、边吆喝一声：“在家里么？”主人听见了也就自然迎出来打招呼了。其实，庄里这种“不关大门”的习俗，也有其存在的客观条件：村子相对独立和封闭，外来人很少，一旦有外来人员进村，四邻八社出出进进的人或在大街闲聊的人都看得到，自然起到了监督作用；此外，院子里都养着鸡鸭鹅、猪羊狗什么的，一听见动静就都吱哇乱叫起来，更何况鹅和狗还有天生的护家本领；再有就是，每家院子里的东西都是些杂物和家具什么的，没有值钱的；庄里人在屋里也待不住，出出进进很频繁。所有这些特定的生活习性，都为“不关大门”习俗的形成和坚守创造了条件。

**喝茶聊天** 日常生活中比较正式的交际往来，当属那些上了年纪的老人们。每天一吃过早饭，他们就会正儿八经地坐在某个老人堂屋的太师椅上，守着八仙桌上的茶水，说长道短，谈古论今，一聊就是大半天。对此，庄里人称为“喝大茶”。对那些经常找大茶喝的，人们戏称其为“老茶客”。

他们也不喝什么好茶叶，就是些大叶子茶。20 世纪 70 年代，大叶子茶半斤 5 毛钱，能喝一集的时间。喝水用的茶壶、茶碗也是从集上买的，10 块

钱一个的茶壶能用十几年。每逢赶集，主妇们卖了辫子，顺便就可以买点菜、水果和茶叶。有些人家条件稍好，能够招待得起，就会经常有人来喝茶聊天。聊天聊得时间长了，赶上饭点，主家略微一让，添上双筷子就坐下吃了，也不客气。还有那整天来喝茶的，和主人家已经熟不拘礼、百无禁忌了，即便人家家里来了客人也不怎么回避。主人家的年轻主妇该怎么待客就怎么待客，喝茶的老人就坐在一旁，既不参与，也不离开，还经常饶有兴致地观看着客人的举动，有时甚至令来客十分不自在。

有村民回忆说，生产队的时候，自己的婆婆就特别喜欢在家里待客，茶叶尽着喝，周围的老太太都喜欢来聊天喝茶。有一次，两个邻居闹了意见，相互不说话，但是都不肯放弃来喝茶的习惯。那一阵子经常看到两个人瞪着眼，来回拉茶壶，谁也不示弱。这种聊天方式已经是他们生活中必不可少的一部分。在固定的交际模式中，人们既可以获得信息的交流，又能够得到情感的慰藉。

**聚堆儿拉呱** 除了那种八仙桌前正儿八经地喝茶、聊天的方式，庄里人更喜欢的是聚堆儿。尤其是各个年龄段的妇女们，聚在哪家的大门底下、街头路口或树底下，坐在马扎(庄里人称“交叉子”)、蒲墩上，一边掐辫子、纳鞋底、做针线活，一边讲着各种各样故事和笑话，这也是她们相互交流女红技艺、增进生活趣味的重要方式。时间长了，地方和人员都会相对固定下来。走在村中的街巷里，那些经常有人聚堆儿的地方都留下了明显的印迹，一眼就能分辨出来，散发着浓浓的生活气息。

**分享的乐趣** 庄里人的日常交往是建立在一种熟悉的圈子上，这种圈子或者基于居所的接近，或者伴随着浓浓的血缘。但是维持这种圈子需要多方的努力，分享是其中重要的手段。谁家有了稀罕的食物，像野兔肉、鱼肉，甚至是狼肉，都会打发孩子端一碗给邻里亲朋送一送；一墙之隔的邻居，可能踩着凳子从墙头上就递一碗过去。家里有果树的或种甜瓜、黄瓜的，在瓜果下架、收秧时，也会或多或少地分一些给邻居、亲朋。

除了这种刻意为之的分享，还有偶尔碰上的馈赠。如在20世纪70年代末，馒头还是稀罕食物，有人拿着粮食到街上换馒头，回来的路上，碰上邻居家的孩子眼巴巴地盯着白面馒头看，也会主动掰下一块给孩子解解馋。

除了食物，人们也乐于和自己的亲朋分享其他的东西以获得精神满足。

收音机稀罕时，不少人到点就去有收音机的人家里听评书，如《杨家将》《岳飞传》什么的；电视机稀罕时，有电视机的人家就成了小的放映场，院子里都聚满了来看电视的人；报刊、书籍多的人家，则经常有人上门来借阅，不认字的干脆就等着识字的人给大家念小说。不过这些情境随着人们物质文化生活水平的不断提升，而消失不见了。

老式收音机

## （二）节日、吉日里的交往

**过年走亲戚** 在交通和通信不甚便捷的年代，人们的社交活动受到时空的多方限制，因此，人与人的沟通交际需要选择合适和便利的机会，各种年节假日就成为最好的时机。人们遵循着固定的时间、程序同一定的亲戚走动往来，既密切了联系，也加深了感情。

徐家庄人每年年初四就开始的走亲戚其实就是一种重要的社交活动。一般来说，经常走动的亲戚主要包括姥姥家、舅家、姑家、姨家、姐妹（出嫁后）家。而本家族内的人，比如叔祖父家、叔伯家等，若远离本村居住，彼此之间相互探望，就不属于走亲戚的范畴。所谓“内外有别”，这一点分得特别清楚。过去，信息、交通不便，每年亲戚相互走动的日子都是固定的，以便主人做好充分的准备，也反映了农耕时代人们生活的简单化和规律性。现在人们外出打工等社会活动多，再加上电话交流方便，交通也便捷，只要双方

约好，想什么时候走亲戚都可以灵活确定。变化较少的是一些走亲戚的习俗，比如分头走亲戚：共同的亲戚多了，成年的兄弟之间要分一分，各负其责，父辈身体条件允许的，也会承担最重要的一两家。又比如“礼尚往来”的习俗：走亲戚要带礼物，亲戚走时要返礼。还有陪客习俗以及妇女、孩子不上桌习俗等。后面这两条，随着人们生活节奏的加快、生活水平的提高以及观念的变化，已逐渐被打破，很多人家不再请陪客，一家老小聚在一桌，热热闹闹一块吃。此外，以前村户人家里来了重要的亲戚，要请专门会“制菜”的（即本村做菜做得好的）帮忙做；现在则要么自己做，要么干脆到饭店去吃，或者从饭店里叫菜（送菜上门）。

**陪客与待客**　民间流传有这样一种说法：“亲戚不走动，是亲也不亲。”亲戚走动要约定时间（通常要选双数的日子），主要是主家的意思，因为要事先做好充分的准备，这也足见人们对待客的重视。

准备工作通常体现在两个方面：一是准备饭菜。饭以水饺为首选，也可以是馒头，总之必须是细粮。最讲究的是菜，常言说“无鸡不成席”，席上总得有鸡，待客的鸡还一定得是公鸡。鸡需要提前炖好，作为第一道菜先上，取“万事吉当头”之意。鸡头不能分开或剁碎，要完好无缺地放在碗中央。开宴时，由最重要的客人将鸡头夹起后，其他人才可以动筷。还有一道不可或缺的菜就是鱼，取“余”的谐音，与鸡相应，合称“吉庆有余”。鱼要选用鲤鱼。其余的菜则荤素搭配，没有一定之规，但总体上菜的数量必须是双数，一般要在 8 个菜以上。遇有特殊的贵客，比如新女婿第一次上门，菜的准备更有讲究。

二是邀请陪客。一个重要的原则就是，针对不同的客人邀请不同的陪客，被人邀作陪客通常也是有身份、有地位的象征。陪客必须提前邀请，所谓“三天为请，两天为叫，一天为提”，就是说，提前几天通知才有“请”的意味；否则，被邀请的人会以为自己是被临时抓了来凑数的，不仅不领情，弄不好还会满肚子牢骚。

客人通常在傍晌午时进家，一般陪客们早就来了，寒暄着把客人迎进堂屋喝茶、聊天。客人带来的礼品多用篼子、提篮盛着，由主人接过去放到厢房里。生产队时期物资匮乏，客人带来的礼品除一把青菜主人全部留用外，其他的肉、酒、点心什么的，讲究主人留下一半，给客人压回一半，称为“压篼子底”。而对客人来说，这一半回去也要派上用场，可以招待一下平时欠了情分的乡亲，全家也趁机打一回牙祭，尤其是家中的小孩子，更是眼巴巴地等着“走亲戚”的大人回去呢，俗称“等路”。

酒桌摆好以后，在座次问题上大家总要谦让一番，最后通常由陪客中辈分高的人来指定：最重要的客人坐主位，陪客中辈分高的坐次位，依此类推，主人要坐末位，而女人与孩子是不能上酒桌的。酒宴开始后，最重要的事是喝酒，而且要保证客人喝足、喝好。为此，陪客们要按座次顺序“领酒”，也称“带酒”，就是带头喝的意思。一圈下来，陪客们还要单独与客人碰杯，碰杯后要一饮而尽，并有“先干为敬”一说。在徐家庄，辈分低的人是不能与客人碰杯的，要敬酒必须“端酒”，即另用一个新酒杯，倒上酒后双手端给客人喝，自己却不喝，端酒须连端两杯，第一次稍浅，第二次倒满，名曰“步步升高”。对这种“高规格”的敬酒，客人来不得半点推让。据说，这主要是因为旧时人家穷，买的酒少，怕不够喝，尤其怕客人喝不足，才想出这么个主意来。至于吃菜，除第一盘菜放在酒桌中央外，其余新上来的菜都要靠客人跟前摆放，因家庭中桌子没法旋转，再上新菜时就由主人及时替换到客人面前。“让菜”也是陪客一个很重要的职责，一般用筷子虚指着某一样菜，让客人夹食；虽说大家一再让着要多吃菜，但吃一口以后，人们还是要放一放筷子的，否则，总把筷子攥在手里，事后会被人取笑为“没出息”。

吃完饭后，一般主要的陪客会邀请客人和大家到他家里坐坐，喝喝茶，聊聊天，为的是腾出空来让主妇和孩子们吃些剩余的饭菜。常言说：“客不走，主不安。”午饭结束一个多小时以后，客人就该告辞了。但有的人喝多了酒话多，老是不肯辞行，这种人被称为“迂磨客”。客人走时，主人家年龄大的孩子或陪客中的年轻人要承担起送客的任务，挑担子也好，推车子也罢，总之要送客到村口才算结束。

以前走亲戚的人经常会在主人的殷勤劝酒下喝多了，回家时连路都走不稳，带回来压篼子的馒头能在马路上撒一地，甚至还有喝醉酒倒在马路旁的沟里睡觉的，场面十分滑稽。所以，年初三以后几天的傍晚，经常能看见有村民去村头迎接走亲戚的家人。

**回娘家** 按照徐家庄的传统，当年结婚的新媳妇一大半时间是回娘家住的。一方面是新媳妇作为家庭的新成员对婆家的环境还不是很适应，因

而愿意回娘家住；另一方面是因为这时候新媳妇在婆家还没有承担太多的劳作；还有就是经济条件困难时期，婆家为了节省粮食，也希望媳妇能常常走娘家。据说有的婆婆甚至会背地里抱怨媳妇，连个娘家也不走。当然，回娘家也需要看婆家的情况，婆家活儿多，指望新媳妇干活儿的，就不愿让她回娘家，须得娘家人来叫才让回去。也有不少这样的新媳妇眼巴巴地等着娘家来人。

一两年后，即便年轻媳妇有了孩子，也会经常带着孩子走娘家。媳妇回娘家一般是在夏天收了麦子以后，一般都是娘家的兄弟、侄子推着车子来叫，车子主要用来推孩子和媳妇们干活用的针头线脑。娘家离得比较远的年轻媳妇回娘家就不太方便了。回到娘家的年轻媳妇可以有比较多的时间做活儿，主要是纳鞋底，一个夏天可以纳10多双鞋底，包括自己的、丈夫的、孩子的、公婆的和没结婚的小叔子、小姑子的。

等到分了家以后，新媳妇成了一家之主，孩子多，活儿也多了，年轻媳妇成了重要的家务劳动承担者，回娘家的机会就少多了。即便回去，也不会在娘家长住了。

**走新亲** 头一年结婚的新女婿要在年后到老丈人家拜访认亲，因为是第一次去，所以叫“走新亲”。时间可以选在大年初四、初六、初八或初九，一般初六和初八为多。小两口一块儿，男方的弟弟或侄子挑着筦子，没有合适的兄弟或侄子的，要从家族里借一个。新女婿第一次上门，无论是女儿、女婿，还是岳父、岳母，都非常重视。女儿、女婿带来的筦子里礼物很厚重，包括一刀礼、一对鲤鱼、一对公鸡、两瓶酒，其他如点心、馒头等。一刀礼，即“一块肉”。平时走亲戚的一刀礼是一块4公斤左右的肉，但是走新亲用的一刀礼需要一块7～10公斤的肉，其实就是一块猪后腿肉。当然，这些礼物岳父家一般会对半给压回来。

丈人家在招待走新亲的女婿时特别讲究，一定要摆最隆重的酒席。一般年前就找好最尊贵的陪客，筹划招待。酒席的规格也是最高的“八顶八”带大件。坐席的时候，新女婿必须坐在最尊贵的位置上，也就是俗称的“一把儿”的位置，这是女婿在岳父岳母家唯一一次能坐“一把儿”的场合。

**送新亲** 送新亲是指丈人第一次送闺女回婆家。一般来说，新媳妇会在过麦以后回娘家小住，然后由自己的父亲亲自送回婆家(没有父亲的由哥哥、弟弟或者大爷代替),顺便让老丈人来认认女婿的家门。徐家庄的村民回忆说,20 世纪 70 年代的时候,一切都很俭约,送新亲也不用推车,父女俩走着,兄弟挑着担子,里面搁着带给婆家的礼物。因为老丈人是第一次去女婿家,所以礼物里一定要有肉。那时候肉不好买,专门找了熟人,跑到很远的地方才买着一刀礼(4 公斤左右肉),其他的还有酒、水果、蔬菜什么的,事先需要给婆家说一声,以便准备。由于送新亲一般都是在夏天过麦后,因此习俗上老丈人的礼物里一定会有蒲扇和凉席,现在都改成电风扇了。亲家第一次上门,婆家要摆酒款待,一般是十个碗带四个碟的规格。不过这个席主要是男方自己家人参与,不用外人作陪。

除了走新亲与送新亲,女婿和丈人家的走动后来就固定在两个特定的时间。女婿走丈人家一般选在老丈人过生日的时候。此外过年前女婿也要给丈人送些东西去,像杀猪后的猪肉酒,再有就是给舅子家的孩子买点炮仗什么的。只不过这些走动都不算正式的亲戚走动,比较随意。丈人走女婿家一般选择在过麦后,一年一次。亲戚走动是要花费钱财的,每次走闺女家带一个篼子的礼物都花费不小,多了实在置办不起。有些人家闺女多,干脆就不去了。

### (三)经济上的往来

农耕社会虽说最大的特点是自给自足,但少量的经济往来也是有的,而且这种经济往来富有明显的区域特色,并久衍成俗。

**赊账** 20 世纪 80 年代以前,庄里人需要赊账的地方并不多,因为大部分交易可以以物换物。如:馒头可以用麦子换,豆腐可以用黄豆换,酒可以用干地瓜换,油可以用花生磨或者换……而这些农产品家家户户都会种一些。酱、醋、盐之类的用量有限,也比较便宜。真正需要赊账的,如看病拿药,一般在本村的药(音“悦”)铺,通常是随时记账,一段时间统一去结账,乡里乡亲相互信任,也没有对账一说。想来,看病赊账倒也不全是因为手头紧,很大一部分原因是头疼脑热、肚子难受什么的花费也不多,集中一段时间算账比较省事。再如,买小鸡和小鸭、小鹅什么的,外乡人一般春天进村来卖,挑的时候是要分公母的,由卖家负责区分,买家带走后记账。到秋天时,小家伙们都长大了,然后再根据实际的公母数量以及成活率等付钱。因

为公母家禽的价钱是不一样的。如果成活率普遍太低，付钱时也是要打折扣的。买小猪、小羊、小牛赊账的不多，因为这些都是专业化饲养和繁殖的，需要到集市上去买，卖家不到村子里来。

**借钱**　在庄里人看来，借钱是件难为情的事，有道是“借钱容易张嘴难”，但“一分钱难倒英雄汉”，有时手头紧张又有急用，就不得不张嘴借钱。最常见的借钱事由不外乎盖房子、娶媳妇和治病。庄里人不兴打借条，一般是找个中间人串通一下，做个保人，两家各自记个账，还账的时间也不好约，通常是有了就还，能先还一点是一点。在庄里人的心目中，信用和面子比什么都重要。而且，人死账不赖，借钱人去世后，账一般由他的后代来还，这都是要专门交代的。也有老人在世时，直接把欠的账，特别是盖房子、娶媳妇欠的账，直接分给自己的儿子，叫作“分账”，一般与分家同步。分家、分账时，要请孩子的舅舅来主持。在民间社会，舅舅被尊称为“老皇舅”，既公道，又有权威。

**房屋、土地的买卖**　在 1956 年之前，徐家庄的土地一直是允许自由买卖的。勤劳肯干的人家遇上几个好年景，攒上几年钱，买房子、置地就成了最大的心愿。不过庄稼人通常把土地看得比命还重要，若非遇到特殊情况，一般不会出卖自己的土地，一般家里有债务或有病人急需一大笔钱才会卖地。目前能见到的一份 1949 年前的土地买卖契约中，卖方是没有后嗣的孤老太太，其实就从侧面说明了这一问题。

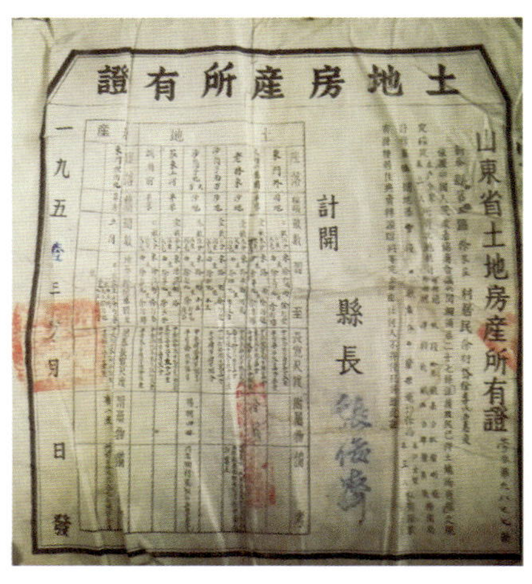

土地房産所有證

山東省土地房産所有證

計開

縣長

一九五〇年三月　日發

土地、房产所有证

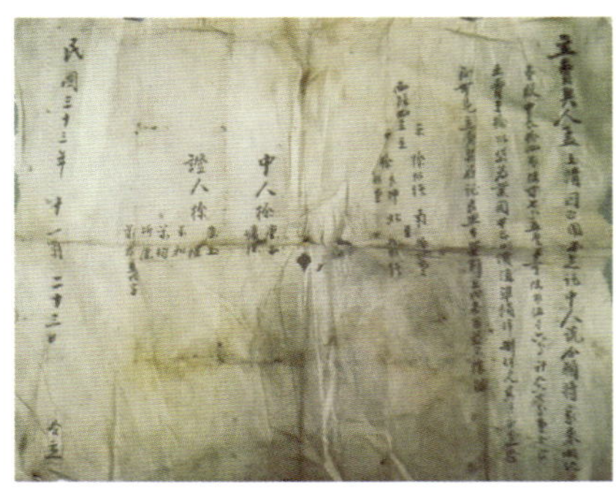

民國三十三年十一月二十三日

土地买卖契约(一)

1949 年后，徐家庄进行土地改革时，大量的地主土地分给农民却无人敢要，因为惧怕还乡团的反攻倒算。那时候村干部为了起带头作用，每家都分得了大量土地。到 20 世纪 50 年代初期，政治形势日渐安定，土改时土地较少的农民才又开始购置土地。到 1956 年人民公社时期，土地重新归集体所有，土地买卖就消失不见了。

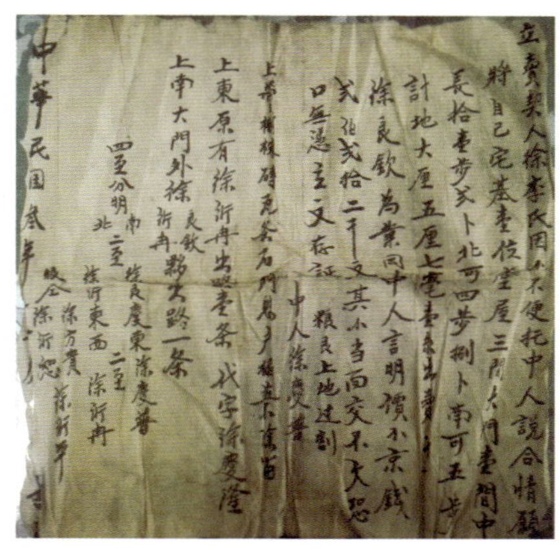
立賣契人徐李氏因不便托中人說合情願
將自己宅基壹位[illegible]屋三間大門壹間中
長拾壹步[illegible]北可四步[illegible]南可五步
計地大厘五厘七毫[illegible]
徐良欽為業同中人言明價京錢
貳拾二千文其當面交不欠恐
口無憑立文存証 糧良上地過割
中人徐慶普
上東原有徐沂舟出路壹条 代字徐慶瀅
上南大門外徐良欽沂舟出路一条
[illegible]
中華民國[illegible]

土地买卖契约(二)

房子买卖在村子里也不太常见，除非举家搬迁，离开村子不再回来居住了才会考虑；否则，房子是要世世代代继承下去的。即使没有儿子的人家，也会过继一个儿子或者为一个女儿招赘养老女婿，来继承自己的家产。卖房子之前，卖家要首先征求本家兄弟们的意见，在他们表示不想买的前提下，再找中间人去问询其他人。如果兄弟中有人明确想买，就只能同他这一家商量价格了。其他人想买也不再掺和，卖家也不能再找其他人来竞价。这些都是约定俗成的潜规则，一般不会有人打破的。价钱基本谈拢后，卖家最终还是要象征性地让一些价，以示乡亲情分。

买卖成功后，把旧的房契或地契给买方。卖方负责请酒席，把土地房屋的四邻都叫来喝酒，同时也要请办事人，如中人、族长(后来是村干部)、代笔人。

**攒钱** 庄里的碾是家家户户离不了的器具。压糊涂面、猪食(豆饼、果子饼)、豆面子(炒渣腐)、麦子面等都需要碾，分布在村落各处的碾几乎就没有停歇的时候。石质的碾砣和碾盘使用寿命比较长，但是像碾脐、碾框、碾轴这些零件[1]都属于易耗品，尤其是压石灰、压麻糁之类，都很费碾。所以一

---

① 碾砣要固定在碾框上。碾框是用硬木打成的架子，四边形。为了防止松散，两面可用麻绳、草绳或铁丝摽紧。碾轱辘的两头中央有两个向里凹的小圆坑，里面固定着一个小铁碗儿，叫“碾脐”。碾框上的适当位置固定着两个圆形铁棒，与碾脐相对，凹凸相合，既不脱落，又能自由转动。碾砣固定在碾框上之后，要在碾框一边的适当位置掏出一圆孔，调好间隙，把它安在碾轴上。碾轴是固定在碾盘正中央的圆柱，铁制和木制的都有。如果用木头做，碾轴上和碾框的圆孔上都要砸进一些铁穿，起到类轴承的作用，经久耐磨。在条件困难的年代，铁器难得，因而各种零件基本全用木头来做，费力且易坏。条件好了以后，碾框、碾轴就全部是铁制的了。

盘碾隔三差五地就需要修补，可以说一年一小修，三年一大修。过去修碾主要找木匠，因为大部分零件都是木制的。碾是村民共用的东西，最初制碾是大家攒钱，修理费用也由大家均摊。

石碾

徐家庄有很多碾。1949 年前后，基本上是一个家族支一个，后来就是一个生产队一个。需要修理的时候，家族中的热心人就会出面筹钱，按照“谁使用，谁攒钱”的原则，攒钱的对象是住在碾附近的人家。但有的时候也找稍微远点的人家攒钱，但是会比近处的人家交得少。比如近处的收 5 块钱，远处的就收 2 块钱。一般先把木匠请来算清材料钱和工钱，需要多少钱就攒多少。家远的也愿意交，毕竟有时自家附近的碾比较忙，也会到别的家族的碾上去碾东西。[①] 如果此时不攒钱，以后就不好意思再来用了。

**喜钱和礼钱** 结婚随礼叫“喜钱”，仅限于本家近支或有特别关系的人出。钱数通常是大家一起商量，按照时下的普遍规则来给，同类人员不允许出现不一致的情况，否则就显得“不好看”。

丧葬吊唁的钱叫“礼钱”，同村人只要关系近些的都可出，没有限制。但礼钱的数量也有一定之规，因不同类别的人而有差别：庄乡只送“一刀纸”（祭典用的火纸）也可以，亲戚就必须按照亲疏远近统一规格。有的时候，吊

① 压了石灰的碾需要清洗，然后压些猪食，才能用来压人吃的粮食。村民还喜欢在碾上压韭花酱、辣椒酱。一压一盆，放上姜、盐，当菜吃。但是韭花味冲，压了韭花酱后的碾也不太好直接用来压粮食。这时候就需要到别的地方的碾上去压粮食。

唁客因为和丧主家关系比较亲近想多出礼钱，但是外柜会因其破坏了规矩而不给登记。

(四)合作与互助

自给自足的乡村社会体系同样离不开合作。比如榨油，每家每户可以自己种花生、收花生，但谁也没有能力自己榨油。这时候就需要亲族间的合作。榨油的工具是以家族为单位攒钱置办的。冬天，找个房屋比较宽敞的人家，先把花生压成糁子，上锅炒，然后用一种油草包住，放到直径30来厘米的油榨里(一种厚的铁圈)，用铁盖压住，硬木顶住，上面用四五米长的粗木来压，完全靠人力把花生里的油榨出来。长长的粗木需要五六个棒小伙子一起使劲。一般十来个小伙子分成两波轮流上阵，干得热火朝天。这种方式并不承接对外加工的任务，只局限在家族内部。榨好的油也主要用于过年。20世纪70年代以后，庄里开办了集体性质的油坊、磨坊，逐渐开始使用机器加工，人工榨油也就渐渐退出了历史舞台。

**农耕互助** 一直以来，小型的农耕生产离不开庄户人家的相互合作，像前面提到的“犋”(几家凑起来一起养牛的情况)就是非常典型的生产合作。

20世纪80年代实行家庭联产承包的时候，为了均衡每家的土地质量和数量，地块往往被分割得很零散。由于大块土地分属各家，不成规模，所以机械化的耕地、浇水、收割、脱粒等必须由土地相邻的几户人家共同商量、统一协作，尤其是小麦收获时节，需要有比较大的场地来脱粒、扬场以及晾晒麦粒。这时候，土地相邻的几家人就会联合起来，用石骨碌把地压平压硬，成为麦场，这项工作叫“压场沿”。麦场由这些人家合作共建、共同使用，充分体现了农业生产的互助与合作。

**商业搭伙** 农业耕作为主的村落中，商业活动相对较少，即便有也往往是以户为单位，较少有合作搭伙的举动。自古以来，民间就流传着“买卖好做，伙计难搁”的说法。不过总还是有一些小范围的合作。比如经营小买卖的货郎，有时需要临时结成群体，形成一定的进货量，享受价格优惠，才有利可图。再如赶马车跑运输的，其实所谓“马车”主要使用的是驴和骡子，车就是地排车。这项工作通常需要形成几辆车的车队，才好对外承接业务，因此

车主往往也选择几个人搭伙接活儿。到 20 世纪 80 年代以后，徐家庄人开始外出从事机械维修，商业搭伙行为逐渐多了起来。由于个人的力量是有限的，每个人具备的能力也不同，因此在维修机械这件事上，人们需要相互协助，在资金、技术、社交能力等多方面共同合作才能开辟事业。在徐家庄，最初从事机械维修的以及后来扩大规模办厂的，都是从搭伙跑业务开始的。在这些商业搭伙行为中，"亲兄弟，明算账"一类的商业信条可谓至理名言，至今仍然适用。

**建筑合作**　20 世纪 80 年代前，农村建房持续时间往往比较长，从积攒各种建房所需的材料，到打地基、垒墙，花上两三年时间都属正常。这个漫长的过程中经常需要左邻右舍和亲戚朋友的帮助。因此，建房的过程最能体现村民之间的合作与互助。有时是请人帮着拉一车石头，有时是请人帮忙抬几根木料。这都得事先打好招呼，趁人家有空的时候才能喊过来帮忙，事后还要还人情。等到建房的材料越攒越多，尤其是各种木料堆满工地的时候，为了防止被窃，还要请人来帮忙照看。比如，盖五间房需要用木头搭架子，仅屋架子就需要 100 多根木头，比盖房用得还多。还有扎架子用的短绳子、捆绑绳子时配的小木头等。而且这些东西大部分是从各家借来的，当然需要小心照看。不过，所有这些帮忙往往都是相互的，谁家都有盖房的时候，也都有用到别人的地方，所以在这件事上，相熟的邻居、相好的亲戚都会不吝力气和时间。而真正开始建筑房屋，即当地人所谓的"上帽"，是要找专门的泥瓦匠和木匠的，那就需要按天记工付钱了。

现在，庄里人，特别是年轻人，对房屋的需求日趋多元化，房屋的功能、样式也不再一致，因此，房屋一般都由有资质的专业建筑队来承建。

**互通有无**　在村落中生活，各种合作随处可见，不仅房屋、场院、物件可以相互出借使用，时间、技能、气力都可以互通有无。在这种亲密的互动中，一方能够获得实质性的帮助，一方可以得到心理上的满足。

借地方：村民借用别人家的地方有几种情况。一是借来存放东西，比如存放盖房用的秫秸。秫秸怕雨淋，所以一般会放在自家的空闲屋子或棚子里的，或者放在栏里、担在梁上。但是盖房需要的秫秸量很大，这时就需要借用别人的空闲屋子。干透的秫秸十分易燃，一旦不小心引燃，很容易连整间屋都烧毁了。另一方面，盖房需要攒很长时间的材料，一旦出借，时间也会比较长。所以,只有关系比较好的才愿意出借空闲屋子来放秫秸。

二是借地方解决住的问题。20世纪80年代以前,村民居住条件有限,常常一家人挤在一个炕上。有些人家里人口多,孩子大了实在住不开,家中大点的女孩就去邻居家借住。大小伙子在家里没地方住时,几家的小伙子就凑一起,共同借住在别人的空闲院子里。

最常见的借地方就是有红白公事的时候,自家的院子通常摆不开那么多的席面,需要借邻居的地方、桌椅板凳甚至是锅碗瓢盆。不过,喜事可以借普通邻居的地方,而丧事就只能借本家当户的院子。

借物件:日常生活中相互借个物件是再普通不过的了。有的时候"借"是图方便。比如,离碾近的人家,经常会被借用推碾的棍子(庄里人称"把棍子")。一般来说,压碾时用的把棍子都由自己带着,但常常有忘带的,就到附近相熟的人家里去借。这家被借得多了,也习惯了,干脆就把"把棍子"放到门后,谁来用就自己拿,用完了放回去就行。压碾需要的笤帚、簸箕也经常被借出去。如果谁家在碾上压了石灰,需要清洗,还要到附近的人家来压水冲碾,连水桶都从人家家里拿。

碾边人家

住在村头大路边上的人家,则经常被临时缺农具而又懒得回家的人借用各种农具。农具中最难借的是车子,一方面是因为车子贵重。据说,在20世纪七八十年代,一辆像样的车子就得100块钱。这对普通人家可不是小数目。另一方面是因为车子对农户来说相当重要。俗话说:"车子能顶半个

儿。”农活离不开不说，推着自家车子给生产队干一天活就能多挣5分的工分（一个劳力一天的工分最多是10分）。在这种情况下，借车子其实是很有讲究的。首先是要到有亲戚关系或有交情的人家借，其次要挑人家农活比较少的时段去借，还有就是好借好还，爱惜人家的车子。

有的时候，借是因为自己家里没有。比如走亲戚、送粥米都需要用的箢子，是一种比较精致的器具，价格不菲，20世纪70年代就要十来块钱一个。所以很多家里没有箢子的需要用时就到处去借。

还有的物件比较稀罕，但使用起来又很方便，也容易成为借的对象。比如铝盆。20世纪70年代，大部分家庭使用的盆都是瓦盆或者铁盆，又重又容易磕碰。铝盆轻巧耐用，用来和面、盛菜都很方便，因而常被亲戚、邻居借来借去，尤其是有公事的时候。

在物质匮乏的年代，借东西是村民生活的一种常态。庄里人常说：“过去什么都借，家里来了客人有借茶叶的。走亲戚时，不光借箢子，连衣服都借着穿。”据说有人走亲戚时借了别人的制服裤子，因为从没穿过，穿反了也不知道，还在亲戚家闹了笑话。

最有意思的是，20世纪70年代末，小伙子相亲时还会借钢笔。钢笔插在上衣兜里，在那个时代是有文化的象征。据说有个小伙子以为钢笔越多越好，借了三支钢笔全都插在上衣兜里，人们都取笑他“不是有文化的，是‘扎掴（修）钢笔’的”。

（五）换工与帮忙

有的时候互通有无的是时间和气力。有村民回忆说，自己家的老太太看孙子的时候，因为裹了小脚，跟不上孩子，就和别人换工。夏天的时候，邻居老太太每天要给闺女家扒麻、搓麻线，以备冬天纳鞋底之用。自己家的老太太就帮别人家扒麻，邻居老太太就带着孩子“擓地里”（到处）去玩。这里看看小鸡、小鸭，那里转悠转悠，小孩子也高兴。两个老人一个喜动，一个喜静，各得其所。一开始，儿媳妇不知道，回家一看：怎么婆婆在家里扒麻，孩子却没了？着实吓了一跳。

当然也有向一些拥有特殊技能的人寻求帮助的。在庄里，很多家庭主妇都会用麦秸、高粱秸编制一些日常用具，比如用秫秸做凹（音“洼”）篦子

（当地一种用来盛水饺、馒头的器具），钉盖垫子，做小筐子等。那些不会做的就备下材料，求相熟的人帮忙做。一个瓦篦子不过花上 2 个小时的时间，帮忙是情分，并不借此谋利。

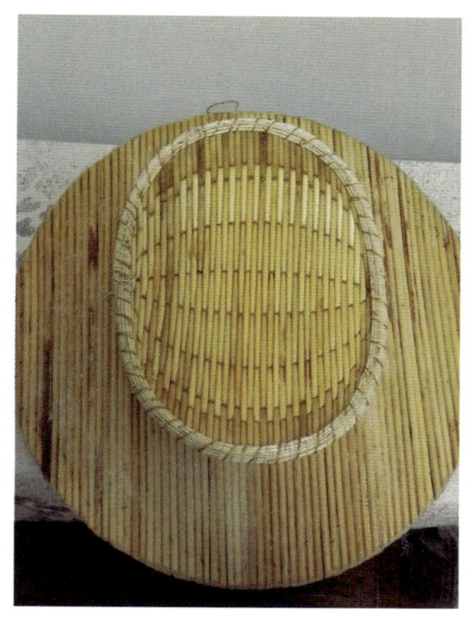

凹篦子和盖垫

其他像剪衣服样子、铰鞋样子、剪窗花、写对联、写牌位什么的，也经常需要向他人求助。这些人情往来，受助的人都会记在心里，不论以什么方式，总要在适当的时候尽自己所能予以报答。

也有的时候是义务的帮忙。20 世纪 80 年代，村落里的娱乐活动比较少，和庄集上好不容易放一次电影，庄里人都会赶着去看。有的人家里孩子多，又比较小，带不出去，就托邻居照看。有时候，一个老太太看好几个孩子。

碾道是一个义务帮忙的重要场所。有时家里人手紧，活又忙，有的小脚老太太会自己端着粮食来压碾，一边推一边扫确实很吃力。这时候，如果有人（特别是年轻的晚辈）路过，一般会过去帮把手。

## 二、熟人社会的印记

按照费孝通先生提出的“熟人社会”概念，村落中生活的人们处于共同的生活环境中，其生活经验，如生活习惯、行为方式、文化习俗、宗教信仰等也具有一定的相似性和共同性。并且，村民们彼此熟悉，甚至还掌握彼此的家庭关系、亲戚朋友的情况，这便形成了所谓的“熟人社会”。熟人社会的形成受到传统农业社会固定的农业生产流程和特定的人际交往时空范围的限制，又反作用于传统农村的人际往来。

村落中，所有的人际往来，无论是节日时的亲戚走动，还是邻里间的合作互助，或者是朋友间的经济往来，都遵循着一定的规则。但是，所有这些

往来交际中，无不透露着中国传统乡土社会的民风与习惯，这中间的每一个郑重其事的仪式，每一种心照不宣的规矩，都深深地打上了熟人社会的印记。

(一)重视关系

村落里的人际往来看似随意，抬脚就进院，坐下就喝茶，进门自己拿农具，其实这背后有村民自己的逻辑，那就是得看交往的人关系到哪一层。在村落里，有很多表示彼此间关系的习惯用语，像“一家子”“一发子”“一个院子”“一个老爷爷”……只有被纳入这个用语圈子里的人才能够熟不拘礼。在徐家庄，一个生产队就是一个比较典型的熟人圈子。

村民实际上十分乐于维持这种比较稳定的交际圈子。替头闺女习俗就是这样的一种表现。所谓“替头闺女”指的是男人的第一个媳妇去世后，又续娶他人。在第一个媳妇父母的丧礼上，第二个媳妇可以代替死去的那个当闺女，并且完全按照亲生闺女的礼数来，不仅要去吊丧，还要参与一七、五七坟的各种仪式。在传统农村，建立关系、维持关系可以扩大人们的交往范围，为各种可能出现的需求作好铺垫。

进入现代社会，庄里人因为受困于各种现实条件，对诸如看病、升学、找工作等方面的社会关系，更是异常重视。这里所说的社会关系，一般是指远在省城、泰安等城市，近在县城、镇里工作的同村人，甚至是同村人的亲戚。而这些所谓的社会关系是庄里人共有的资源：只要有需求，感觉关系知己的(比如有亲缘关系、同学关系、发小关系)直接就找去了；感觉关系远些的，就托上述知己关系带着去。在这方面，庄里人是不会客气的，也不会说客气话，一般还会理直气壮地说：“谁叫恁(您)混得这么好嘞，俺不指望恁指望谁啊！”源远流长的乡村社会互助习俗，由此可见一斑。当然，庄里人嘴上虽然不说，心里还是很感恩的，懂得知恩图报。报答方式有很多：一是不空手，每次都会带着礼物，无论是自家磨的花生油、面粉还是现代带包装的礼品。二是回庄里后会到助人者的父母、兄弟家里坐一坐，表达知恩、感恩的心意。三是待其回乡省亲时，邀其到自家并置办酒席隆重招待。在庄里，无论是助人的还是被助的，这些做法都会传为美谈，被称为“会做人”“有面子”。

（二）亲疏有别

既然村落人际交往是基于关系之上，那么，关系的亲疏远近必然会在各种交往中有不一样的呈现。

即便是在有血缘关系的亲戚往来中也存在着明显的远近之分。比如给亲戚上坟，民间习惯给舅舅、姑姑、姐姐等连上三年，而对于其他亲戚就没有严格的要求了。再比如，民间普遍认同“亲戚之中舅为大”的原则。因为在人们的男性长辈亲戚中，只有舅舅与自己是有血缘关系的，姑父、姨夫都没有血缘关系。所以，村落中很多仪式中都很重视突出舅舅的地位。比如：丧礼中，舅舅家送来的盒子必须由孝子亲自来接；婚礼上，舅舅的位置比姑父高，一般要坐在主位上。有村民回忆说，自己儿子的婚礼上，媒人和新郎的舅舅被安排在一桌上，为了让媒人坐主位，主家还特意隐瞒了舅舅的身份，但是后来聊天时媒人发现了舅舅的身份，坚持不坐主位，生怕坏了规矩。所以才有了老话：“姑舅亲，辈辈亲；姨娘亲，不算亲，死了姨娘断了根。”

不过亲疏关系决定行为模式最为明显的当属丧礼上的各种规矩。这在前文的丧葬礼仪上已有介绍，此处不再赘述。

（三）面子至上

“脸面”“面子”是中国人重要的心理特征之一，也一直是社会学、心理学研究者们非常感兴趣的课题之一。早在19世纪，美国传教士亚瑟·史密斯写的《中国人的气质》中就把“面子”作为中国人的显著性格特征放到了第一章。有学者将“脸面”定义为个体为了迎合某一社会圈子认同的形象，经过印象整饰后表现出来的认同性的心理和行为，具有规范控制、心理满足与平衡、象征符号、社会交换等社会功能，是中国人交际心理中一个最基本、最微妙的准则。在传统中国社会，面子涉及的范围极为广泛，只有充分理解了这一准则，才能更好地理解人情、人伦等中国社会的各种关系。

在徐家庄，人们重视面子的突出表现当属对各种交际场合中的规模与仪程的推崇。

由于村落是由熟人组成的社会，个人的生活都在其他人的关注之下，因此每个重要的场合，尤其是公开的婚丧嫁娶，都成为大家品评、比较的机会，

这就给村落人际交往带来了一种难以避免的趋势——讲排场、重面子。如丧礼上的盒子、婚礼上的嫁妆，都需要敞开盖子，摆出来给人们看。这其实就是最典型的好面子心理的外在表现。至于各种宴席上的排场更是这种要面子心理的绝佳展现时机。在徐家庄乃至整个新泰，都盛行着三起三坐的待客礼仪。

所谓“三起三坐”，指的是整个酒席过程中客人要出去溜达两次，然后再回来坐下，当地人也称为“三起三落”。这种习俗自古流传，现在又有恢复的趋势。客人刚到家时要稍微休息一会儿，因而八仙桌上要摆一些点心。陪客会张罗着客人坐下，吃点糕点等，也叫“点心点心”。这是第一坐。一会儿，陪客会引导着客人出去逛一下，聊聊天。这是第一起。趁着这个时间，主家会把桌上的碟盏撤下，然后再做一些类似小馄饨的食品，每个碗里盛上十来个，再摆在桌上。摆罢不久，陪客会引导客人回来。重新坐下，再吃一会儿。这是第二坐。吃完之后，再次起身离桌。这叫第二起。主家会再次把桌面收拾干净，然后齐齐全全摆放好碗筷等。等到陪客和客人再回到桌上，这就是第三坐了。这时酒宴才正式开始。陪客会热情地招待客人喝酒、吃菜，等到酒足饭饱之后起身离席。这是第三起。这样的“三起三坐”，使得宴席时间格外长。

除了“三起三坐”，招待客人的菜品也有讲究。级别比较高的是所谓的“八顶八”带大件。有的席面是4个果碟、4个炒碟、4个大碗、4个大盘，外加2个“大件”，即一盘整鸡、一盘整鱼。也有的是8个小碟(糕点或果品)、8个盅碗、8个大碗，再加上4个“大件”(整鸡、整鱼、肘子、八宝饭)。现在还有了“十顶十”的席面。菜品的讲究都是为了满足人际交往中讲排场、重面子的心理要求。

### (四)道德约束

熟人社会中制约人们行为模式的力量不在于法律，而在于道德。人们的一举一动都被村落中各种约定俗成的规矩限制着，而这些规矩背后是人们公认的传统道德。一个人打破既定规则的后果是在熟人社会里受到其他人的排斥，而这种排斥对于习惯了村落生活的乡民们来说，甚至比法律的惩处更加难以忍受。

比如在处理村民间的矛盾纠纷时，人们更习惯于借助熟人的面子、长辈的威严、亲戚的情分，而非法律的威慑。

村落生活中，村民在耕地、宅基地的界限划分上经常出现矛盾。如某家种地越过了界线，也可能是谁家的庄稼被谁家的牲口糟蹋了，等等。再有就是谁家的鸡鸭丢了，怀疑被邻居家的狗“祸害”了等。这样的事都可能发生口角，严重的还会引起肢体冲突。在处理这种矛盾时，过去的族长、后来的村委会都能起到比较重要的作用。但是处理的时候采用的是人们公认的乡规民约来平息双方的怒火，原则往往是各退一步，大事化小，小事化了，而绝不是搜集证据打官司。

至于那些发生在亲属之间的人情世故的矛盾，往往由于牵扯到面子问题，一般就由家族中有威望的长辈出面协调。长辈的口气通常是这样的：“你们两家别再老记着过去了，过去就过去了，各有各的理，各有各的不是，但再怎么说，咱们还是一个大家庭里的。再这么闹下去，不是给外人看笑话嘛。你看看你们两家的小孩都不小了，咱不看大人的面子，也得看在孩子的份上，以后都长远着呢！”各打五十大板，以和为贵，只要双方不再打闹，冲突就算完事。村民之间其实也没有什么刻骨的仇恨，如果矛盾双方心里实在不舒服，相互不搭腔也就算了。过一阵子心结打开了，过年的时候相互拜个年，在对方的家堂前磕个头就没事了，以后就能正常交往了。

舆论传言是村落中道德约束的一种重要方式。传言在熟人社会中的传播速度非常之快，而其形成的舆论压力也是惊人的。如，人们常说的某某人、某某家“名声好或名声不好”“人性好或是不好”“是好人家或不怎么样”，都能直接左右这家人的姻亲状况和发展状况。乡土观念强、流动性弱的农村人，对面子、口碑看得非常重，因此非常关注别人对自己的评价与议论。所以很多老人在教育后代时都会说：“一定好好的，可别让人家说出咱的不是来。”“想得周全些，别让人家挑理。”“凡事往好里处，得让人家高看咱一眼，最起码不能让人看轻喽。”

# 第六章 传说故事与方言习惯

传说故事是一种口头传承的民俗事项，以民众传统生活为背景，包含了大量民间的习俗、心理，是传奇化的历史、艺术化的现实生活、故事化的文化制度。民间的传说故事固然不是信史，但它是心史，严格地说，是民众心态史的信史。透过传说故事，我们可以管窥那些没有载入文献的民众生活史与心态史的演变历程。

在徐家庄人耳熟能详的传说故事里，有的记录了徐家庄人引以为傲的古迹和风物，世代口耳相传的方式强化了人们对某些标志性文化符号的印象和传颂，涉及牌坊和徐琛墓的故事即属此类。有的描绘了徐氏历史名人的传奇经历，这些经历中虽然包含了大量的虚构与夸张的内容，却也充分体现了徐氏族人对自己祖先的敬仰与尊崇，比如抬碾和斗智的徐氏族人故事。还有的是对村落历史的真实反映，让后人在故事中深刻记忆史实，比如闹土匪的故事。如果不是在人们的口耳相传中得以留存下来，这些曾经发生的历史早就被人们遗忘了。传说故事一方面可以让讲述者重温远去的生活，另一方面也是对听众的一种潜移默化的教育。所有这些故事，至今还活在老人们谈古论今的闲话之中。

# 一、传说故事

作为口头民俗重要组成部分的传说故事，往往与地方的民俗习惯、风物人情有着密切的关联。在徐家庄，人们最爱讲的是庄里人、庄里的风物传说与故事。

**牌坊的传说** 据说，羊流戏楼和徐家庄的徐凤梅牌坊出自以李鲁班为首的一群工匠之手，都是古代羊流的建筑精华。后来这群工匠又在沂水修造了一座富丽堂皇的大庄园。尤令人称奇的是，庄园的地面全部用水晶石铺设，而水晶石下还放养着很多珍贵的鱼种，人站在水晶地面上，如同站在海洋中，胆小的人还不敢在上面走。庄主十分满意，在庆功宴上，得意地对工匠们说："世上还有什么建筑能与我的庄园比美呢？"李鲁班回答："羊流店的戏楼、徐家庄的牌坊，可与您的庄园齐驱。""那你们还能造出更美的庄园吗？""只要肯花钱，又有何难？"说者无意，听者有心。庄主唯恐这些工匠给别人造的花园超过自己的庄园，便生歹意，在酒里下了毒，一批能工巧匠就这样被毒死了。从此以后，世上再也没有比羊流的戏楼、徐家庄的牌坊更精美的建筑了。①

**文化人的故事** 徐家庄历史悠久，文化底蕴深厚，与文化相关的传说故事在庄里广为流传。以前庄里有位文化人，名叫徐良策（音 chèi）。有一天，他带着一只烧鸡到邻村和庄一位名叫和渭的朋友家做客。老友相会，肯定得喝酒，酒肴（烧鸡）又是现成的。因为烧鸡是提前做好的，凉了。在拆（音 chèi）烧鸡装盘子之前，文人天性使然，和渭有心打趣老友："良策哥，你说这鸡咱是凉拆还是热拆？"在当地，"良策"与"凉拆"发音相同，徐良策一下就听出了老友借谐音调侃之意。他也是文化人，自然不肯示弱，当下就作出了机智的反应："甭管凉的还是热的，人家放足了茴香和花椒，肯定都合胃（和渭）啊。"徐家庄的人都认为徐良策才高一筹，回应得好，并引以为荣，所以这个故事一直为庄里人津津乐道。

**争风水的故事** 古时候，人们都笃信风水。哪个村里或者哪户人家有

① 参见李光星：《羊流风华》，远方出版社 2004 年版，第 109 页。

了什么好事，人们往往会说“这个村（这户人家）风水好”。人们相信，风水要是被别的地方或人压住，自己的风水就变得不好了；还有就是风水能够被破坏，一旦坏了风水，生活可能就不顺遂。在徐家庄，就有这么一个关于争风水的故事：传说徐家庄和附近一个村子都是人才辈出的地方，但比来比去人们发现，那个村子里“坐轿子的”多，而徐家庄“骑马的”多。在农村人的心目中，“坐轿子的”都是当官的，比“骑马的”还要强。于是，徐家庄的村民想当然地认为自己村的风水被那个村给压住了，解决的办法就是破坏人家的风水。于是，趁邻村不备，徐家庄的人就在那个村的风水宝地上挖了一个大水塘——阎王崖（音“爷”）。那个村的人当然不乐意了，报复性地在徐家庄村北掘了一条大沟，叫“轱辘沟”，也算是破坏了徐家庄的风水。如今，这个沟虽说不太明显，但这个地名还一直这么叫着。其实，这只不过是传说罢了，当然不可能真有其事。而所谓的沟、塘，一般是村民为了盖房、造肥等，集中在一个地方挖土、取土而形成的。后人为了增强传说的可信度，硬是把传说故事和现实生活附会在了一起。

**土匪烧村的故事** 据说，徐家庄曾经被土匪烧过，时间在1944年或1945年。战乱年间，兵荒马乱，土匪横行。那时候，徐家庄还有村寨子，寨墙子（当地人喜欢在一些名词后面缀上“子”字）用泥土堆砌而成，厚达三四米，相当厚实。据现在六七十岁的人讲，他们小时候还经常到残留的寨墙子上玩耍，只不过后来人们都来这里取土另作他用，寨墙子也就逐渐消失了。土匪烧庄都是在半夜骑着马来的，举着火把一家一家地点，因为当时绝大多数房子的屋顶都是草顶子，所以火烧得特别快、特别旺。整个村庄瞬间就变成一片火海。徐家庄的人现在说起这段往事还都心有余悸，感觉瘆得慌，但也不忘显示一下荣耀感：因为咱这个村当时就比较富，庄里有大油坊，各家油罐子里的油也多，烧村以后，满大街都淌油啊。万幸的是，这次烧村没烧着人。据说，土匪烧村的那天，天还没黑时，老林里没膝的荒草丛中，野物们（黄鼠狼子、野狸、刺猬、老鼠等）四散奔逃，动静很大，全村人都惊觉了，预感到大难临头。所以，人们携家带口，拿上值钱的物什儿，都躲到沙岭子地里去了。凡事总有例外。有位名叫徐良钦的老人，家住村东头，有三个儿子，都成家了，他让家人们随庄里人躲出去，自己坚持守在家里，说反正这么大年纪了，什么也不怕了，得守住自己和儿子们的这几个宅院子。结果，土匪们从村西头攻进来，一路烧到村东头，土匪们的马饿了，也渴了，因为村子里没见到人，天又黑，土匪不熟悉地形，找不着饮马的水，更找不着喂马的草。看到徐良钦后，土匪头子就喊他："老头，给咱饮饮马，喂喂草。"徐良钦还真是看淡生死心不慌，沉着应答："行啊！草也有，水也有。可恁（相当于"您"，敬词）也得行行好，别烧俺家的宅子了。俺这么大年纪了，就是被恁打死了也不当么。"土匪还真答应了，留下徐良钦家这片宅子后，呼啸而去。

**地主和长工的故事** 徐家庄还流传着一个地主和长工之间的故事。据说这位地主每天吃一大碗肥肉，人长得很胖；长工呢，人很瘦，吃的是粗茶淡饭，干的又是体力活，肯定是胖不起来。村子里的人就拿这两个人的身材说笑，取笑那个长工捞不着好的吃，还整天给东家这么卖力地干活。一个村子里的人说话也没什么避讳的，这些话地主和长工都听到过。一天，地主把长工叫到跟前，说："你也甭觉着是受了屈（委屈），吃什么也是个命，没那个命也吃不了那个东西。"长工当然不服气，嘟囔说："好东西谁不会吃，有什么吃得了吃不了的，就是恁'搁不稍地'（舍不得）给俺吃就是了。"地主还真当回事了，立马吩咐伙房：从今天开始，每天也给长工做一大碗肥肉，但约定长工必须吃完。头一天，长工吃得很香，也很得意，谁知连吃三天就受不了了。长工的肚子搅得难受，下面拉稀，上面嗝酸气，头昏脑涨，难受得要命，再看见肥肉就痧心，别说吃了，想都不敢想了。这下长工算是服气了，不但跟东家告了饶，而且见谁都跟谁说："咱没那个命，可享不了那个福，咱就是个吃糠咽菜的命啊！"

**两个木匠吃包子（水饺）的故事** 故事说的是徐家庄有两个木匠，一个年长些，是长辈，一个年轻些，是晚辈。两个人是没出五服的爷俩儿，搭伙给人家做木工活。有一次，两人到外村一户人家做活，那家人给包了顿包子供他两个人吃，下好了端上桌一看，是俩凹篦子（高粱秆编的一种容器），一个是黑面的，一个是白面的。农村有句老话说"有白面的不吃黑面的"，是笑话有的人嘴馋净挑好的，当然也是说白面的食物比黑面的好吃。晚辈很自觉，主动吃黑面的，做长辈的也没客气，就吃白面的。等年长的吃得也差不多了，就故作姿态地对年轻的说："你也尝尝白面的。"年轻人一边尝一边也说："叔，恁也尝尝黑面的，俺吃着忒好吃咧。"年长的半信半疑，也叨（指用筷子夹）了一个放嘴里。原来黑面的是肉馅的！而且还是农村最稀罕的牛肉馅

的！而那白面的不过是最常见的素馅。从那以后，徐家庄的人再说起“有白面的不吃黑面的”的俗语来，就多了一分调侃的意味。

**富得喝油的故事** 徐家庄有个调侃冒失鬼的故事。有一天，这个人在坡里（农田里）干活，又累又渴，一回到家里，看见大桌子（八仙桌）上有一碗黄色的液体，以为是茶水，就端起来咕咚咕咚喝了个精光，喝完了才觉出不对劲来。原来那是碗油。自己糟践了好东西不说，还难受得不行，确实是够冒失的。后来人们就用这个故事形容人家富有的程度。

**刺柏的传说** 徐家庄南面的小林（一个大家族独有的林地，比老林面积小）里，原来种有一片刺柏，长了多少年也没人说得清。据说是从徐家庄出去的一位县令徐有尚种的，而且这个树种也不是本地的。徐有尚当年在广东花县当县令，有一年衣锦还乡探亲，当然少不了带些银子、财宝回来。考虑到路途遥远，担心路上碰到抢劫的，他就想了个打掩护的办法，置办了十多个大花盆子，盛上土，每个盆里栽上几棵小刺柏，银子就埋在花盆的土里了。果然，一路平安无事。到家后，这些立了大功的刺柏也受到了优待，被精心种在了小林里。多少年以后，刺柏居然也都长大成材了，虽然长得慢，但木质还是不错的。1970年左右，庄里建小学，没有桌椅，学校请示了大队里（村委会），就把这些刺柏杀（砍伐）了，做成了桌椅板凳，供孩子们上学使用。

**壮汉抬碾的传说** 过去，碾是庄里人非常重要的生活工具，人们用它来压碎粮食，包括粗粒的食盐等。碾盘与碾滚子都是由整块巨石做成的，重量都得在千斤以上。庄里人没人说得清碾是什么时候运进庄里来的，但很多人都知道这样一个传说：当年，徐家庄有个大力士，名叫徐元明，据说高两米四，他穿的靴子足有半米高。徐家庄的碾盘就是他和另外一个人用枣木杠子从山上抬回来的。那个碾滚子，就由两个人轮流夹在胳肢窝下，硬是运回了村。为了增加传说的可信度，人们还绘声绘色地说：“这两个壮汉饭量都特别大！吃饭得吃一浆盆。是那种能盛25公斤面的浆盆。”这时，说者往往会用两个手比量一下，到底吃了多少，谁也没有亲眼看见，反正是饭量大得吓人，力气大得惊人。对于徐元明，人们还有一个关于他力大无比的佐证：说是有位邻居惹着了他，他一着急一上火，两手掐住那位邻居的腰身，使劲一扔，那人“嗖”地一下就飞出去了，落在了隔壁院子里，幸好那位邻居也没受什么伤。可以想见，徐元明不仅力气大，武功也很了得。

**野狸的故事** 徐家庄地处平原，平时除了坡兔子(野兔)外，几乎没见过其他再大点的野生动物。但有一个野狸进村偷鸡、与人搏斗的传说，一直流传至今。野狸比猫花子(猫)大，模样差不多，窝在哪也没人知道，有人说在荒废的老宅子里藏着，也有人说在老林里，还有说在远处的山里，反正没人逮住过。有一天深夜，庄里有家人的鸡窝里乱翻了天，男主人光着膀子起来一看，是一只大野狸在偷鸡。他摸起铁锨冲了过去，谁知那野狸根本不怕人，顺着铁锨柄就冲上了男主人的头顶，在他后背上狠狠地抓扯了几道血痕，逃窜而去。这野狸上屋跳墙不在话下，绝技就是抓扯人后背。听了这故事的人，都不由地后背发凉。

**狼的故事** 徐家庄的老林以前荒草丛生，林深树密，是庄里一个主要的坟场。过去，老林与村子有一块空地，它的整个地势也比村子矮一截。白天还好说，到晚上那个地方绝对是小孩子的禁区。村里有关于狼的传说。说是庄里有个胆大的人，白天在老林坟场里闲逛时，发现一座老坟的草堆里有个洞，他拨开草，用棍子捅了捅，里面“哼哼呜呜”地有动静。他拿来锨挖大了洞口，发现里面有一窝小狼，就大着胆子抱走了一只。谁知这惹下了大祸。当天晚上，整个村子里的人都被群狼的嚎叫声惊醒了，瘆得一晚上睡不着觉。第二天天亮后，知道原因的人们赶紧到那偷狼崽的人家里，让他把小狼崽送回了狼窝。后来，庄里人发现，那窝狼不知什么时候搬家了，老坟上的洞也让大家用土给填住了。

**“舍地”的故事** 徐家庄东边有块三角地，人称“舍地”，大体是舍了没人要的意思。这块地其实离村子很近，却有着神秘的传说。据说村民们特别是小孩子，走到这个地方容易掉魂，就是突然忘了自己是谁，自己要干什么去，迷迷瞪瞪地傻站在那里好半天。还有更吓人的说法，就是天黑时经过这个地方，要是觉着身后有动静，千万别回头，只管加快步子往前走，一回头魂就掉了。据说庄里有个人在这里掉了魂，是他家里的老人牵着他的手，抚着他的头，帮他把魂叫回来的。到底是谁掉的魂没人说得清，但这块地确实有些不同寻常：特别容易起雾，种庄稼也不旺。其实这块地面积不大，地势又低，两面环水，雾气多也是正常的；由于常年有水渗透，土地偏涝，庄稼长不旺也在情理之中。

**新女婿认门的故事** 按当地风俗，大年初六新女婿认门，一般是中午一

桌席，下午则自己家里人一起吃顿饭，新女婿就回家了。传说过去一个地主家的孩子到丈人家认门，住了三天还不回去，大娘、婶子家都请了一个遍了还不回家。丈人一看，想了个办法，跟女婿说："听说你们庄里的牌坊挺不错，你带我去看看吧。"翁婿两人就去看徐家庄的牌坊。牌坊就在女婿家的大门旁边，看完了牌坊，丈人以为女婿就该说："看完了，我也就回家了。"结果，女婿跟丈人说："看完了，咱回去吧。"又跟着回了丈人家。丈人又想了个主意，跟女婿说："咱玩个游戏，上碾上压麻雀。在碾上撒上粮食，引麻雀来吃，看谁能压着麻雀。"女婿说："哪能压着，它不飞吗？"丈人说："能，它恋吃，不走呀！"女婿听出了丈人的意思，觉得没脸了，才起身回家。

**认错女婿的故事** 以前有个腊月里结婚的新媳妇，因为害羞没看清丈夫的长相。过年后新媳妇走娘家，村里正好唱戏，新媳妇在戏台前看见一个男的像是自己的丈夫，回家就跟娘说新女婿来听戏了，丈母娘就赶紧派儿子去把姐夫请家里来。那男人被拉到家里吃饭，晚上还留他在家住。那男人其实并不是这家的新女婿，到了晚上睡觉，就害怕了，想趁着女人睡着了，穿上衣服就往家跑，结果黑灯瞎火的，错穿了新媳妇的花裤子就回家了。到家后媳妇一看就不干了，拉着男人去见官，那家人也被叫到公堂，两下对质，事情说明白了才算完。

龟驮碑

**龟驮碑的故事** 徐家庄的茂公林里，有一个年代久远的龟驮碑，但是驮碑的乌龟却没有头。庄里人传说，因为当年驮碑的乌龟跑到庄里一户人家偷东西吃，被主妇发现，拿刀一下子把脑袋砍了下来。现在龟驮碑已经重新接上了脑袋，而且还给它专门建了个亭子。

## 二、方言土语

方言，俗称“地方话”，指的是只通行于一定地域的语言体系，往往具有独立的语音结构系统、词汇结构系统和语法结构系统。但是对于徐家庄及周边的村民来说，所谓的“方言土语”就是一些带有明显地方色彩的词语和造词方法。生活中，一使用起这些词，人们就能了解彼此来自哪里，有一种区分地域边界的作用。

### （一）习俗禁忌的词语

吊疙巴：旧社会很多儿童死于天花。亲戚去探望那些得了天花又幸免于难的，称作“吊疙巴”。

送粥米：音“送猪妹”。妇女生孩子后，习惯吃小米粥增加营养，亲戚带小米等礼物去探望产妇，称作“送粥米”。

对生老病死、饮食男女、动物交配等，避讳直接说出来，经常会使用避忌语，如：口口，指妇女的乳房；欢羔，指羊交配；压圈，指猪交配；富群儿，指鸟禽交配。

### （二）表示地点的词语

河、洼、坡常以方位命名，如“南河”“南洼”“北坡”等。另外，发洪水称“发山水”；坟地称为“林”，如“老林”。

“呵门儿”“捻儿的”“窝（音“沃”）儿”“呼啦”都可以指地方。如“你把椅子放这呵门儿”“集上卖菜的一呼啦，买肉的一呼啦”。

### （三）表示时间的词语

儿门（今天）、欠儿设（前天）、也来设（昨天）、念市设（去年）、夜来（昨天）、洪上（晚上）、一沙沙（一会儿）、将么么（刚才）、乃盘子设（刚才）、打先设（刚才）、到好（快要）。

庄里有个关于时间方言的传说。一个学生回家，乡邻问他什么时间回来的，学了点官话的学生回答说：“昨儿晚回来的。”乡邻打趣道：“坐着碗回

来？你还坐着碟子回来呢！”

(四)程度副词

贸不直的(突然、不知原因)、清自不(经常不)、秋儿秋儿(稍微)、些(特别)、厢(很)、占(稍微)。如“菜占咸了”。

(五)特殊搭配

齁——齁咸、齁得慌；乔——乔苦、乔味、乔热、乔冷；溜——溜酸；崩——崩脆；焦——焦黄、焦面；湛——湛青、湛绿；锃——锃白、锃明；黢——黢黑；刚——刚浑、刚稠；希——希香、希甜；忒——忒好。

(六)其他常用词举例

格磨声的(安静)、截声的(停止说话)、老么实的(老实)、格不少的(不舍得)、蔫油不晒的(打蔫，无精打采的)、反事儿(一会儿这样，一会儿那样，反复无常)、恶烂人(无理取闹的人)、影人(令人讨厌)、瞎包(不着调)、论堆儿(堕落，不思进取)、丝孬(变质)、潦桥(危险的地方)、搂实(装模作样)、疵毛(差劲)、发娇(发脾气)、谝(炫耀)、断(追)、固涌(动弹)、模量(大致计算，估算)、骨蹲(蹲着)、撒么(到处看)、对活(寻找东西)、露候(偷偷地看)、小贼羔子(奶奶辈的骂孙子辈的话，多用于闹着玩的场合)、熊行行(音“航”)子(一种带有昵称意味的责备)、交叉子(马扎)、蛇虫栗子(蜥蜴)、蝎虎子(壁虎)、吱呱子(喜欢说话，说话说话声音大，说得多，惹人烦)、骂人匠子(好骂人)、搅屎棍子(好挑拨离间的人)、贱嘴头子(经常说别人坏话的人)、挣命鬼子(不顾及身体而拼命干活的人)、大麻疯(来源于人们对于麻风病的恐惧，要远离麻风病人，引申为惹不起)、皮笊篱(吝啬)、哈哈仙(喜欢笑的人)、哧溜穿(蚯蚓)、芋头(比喻愚笨的人)、黏窝窝(做事不干脆的人)、急炮仗(性格急躁的人)。

# 第七章 历史传承与家族文化

在历史演进中，徐家庄的家族文化不断变化，其中的大部分内容已经脱离了传统社会的原型特质，向现代社会的基质转变。徐氏家族文化呈现出双向的发展轨迹。一方面是在历史规律的推动下逐步走向消解。今天的年轻人出于个体意识的加强，对于长幼、辈分、近支这些具有代表性的家族文化符号不再像老人们那样重视，对于历史上的祖先故事也仅略知一二。很多原先对于家族文化具有深刻意义和影响的行为，比如祭祀、过继等，正在逐渐消失。但另一方面，社会发展中的某些因素又在加强着村落家族文化中的特定方面。人们越来越深刻地意识到家族历史与文化在村落经济发展中的重要作用以及能够带来的利益，所以对续谱、修祠、建园林表现出极大的热情。另外，某些传统家族文化中强调的观念，例如父母子女间的责任与义务等，即便在日益被现代文明洇染的村落中也依然显示出顽强的生命力和影响力。这种大势所趋的双重运动轨迹，必然给村落家族文化的发展带来深刻的改变。

## 一、家族历史

中华民族早在公元前7000年就已经进入农耕时代，农业直接取资于土

地，所以“直接靠农业来谋生的人是黏着在土地上的”，其生活状态亦是世代沿袭。这种黏着与沿袭必然导致民众对传统的无上尊崇。其中，最为强烈的当属祖先和故土意识。“侍候庄稼的老农像是半身插入了土里”，“以农为生的人，世代定居是常态，迁移是变态”。[①] 一种传统的寻根意识成为全民族的共同心理。“我自何而来”的问题常常萦绕在村民头脑中，迁移的历史往往也是祖先记忆中最深刻的一幕。每一个家族，都有关于自己来历的故事，祖先的历史通过口耳相传和家族谱系代代留存。

徐家庄建村时代久远，其历史可以追溯到宋代。徐家庄人引以为傲的元代光禄大夫徐琛是他们公认的始祖。不过徐琛并不是最早定居此地的徐姓人。据乾隆《新泰县志·人物》载，徐氏本是唐代徐茂公的后人，乱世中子孙流离，约于宋绍兴初年，即公元1131年前后在新泰县之和庄村东北落户，繁衍生息，因姓命村，曰“徐家庄”。

之所以将徐琛视为始祖，是因为其“自幼有大志，是以历仕数任于元中统间复归本土。以自初徙于此，始能创大而有功德，尊为始祖，固不同鼻祖之说，亦非以始迁之谓也”[②]。也就是说，徐家庄徐氏后人将徐琛视为始祖，不是从徐氏鼻祖的意义上计算，也不是从始迁之祖的意义上计算，主要是因为他的事迹光耀了徐氏门楣。

### （一）先祖事迹

徐氏家谱中记载有明万历四十七年（1619年）明经进士徐有尚所写的《元太守中宁大夫后赠光禄大夫徐公状记》，其中比较清楚地记载了徐氏祖先徐琛的生平与亲族血缘：“公生于宋理宗绍定三年，卒于元成宗大德七年，享年七十三岁。是年归葬于和庄东北，至治三年，其四子彬立封公碑入乡贤祠，世居羊流寨东和庄先茔西南。以其姓曰徐家庄。”[③]

关于徐琛的为人，《徐公状记》记载说：“公赋性醇雅，处事谨慎，读书不为章句，凡学必穷源流；仪观魁杰，有古杰士风。为平阳高唐氏、羊氏之亚人

① 费孝通：《乡土中国·乡土本色》，北京大学出版社1998年版，第7页。
② 《平阳徐氏族谱》卷一，2002年修订，第24页。
③ 《平阳徐氏族谱》卷一，第18页。

物。"[①]将徐琛同一文一武二位古代新泰大贤列比，除却溢美之词，足可窥见徐琛之出类与不凡。

其为官主要履历如下："元太祖时，首署尚书行军万户府令史；至元三年，转沂郯万户府经历，升承直郎广德路总管府判；三十一年，朝京师拜奉直大夫，任归德府亳州知州；未几拜中宁大夫，升归德府总管太守。时脱脱元帅荐以为南征，曰：'如徐公者，年高德劭可辅我以南征矣。'于是同挂三面元帅印。"[②]

后来徐琛解甲归田，乐为乡里父老做事，兴修义学，修路建桥，主持修复乡里名刹古寺。他还曾倡议兴修汉武帝庙，保存名胜古迹，为民祈福。只可惜庙宇尚未完工，徐琛便因年高辞世。后由其四子徐彬继承父志，于皇庆二年(1313 年)克难举成。

## (二)祖茔与家庙

**墓地规制**　元成宗大德七年(1303 年)，徐琛卒，享年 73 岁，葬在徐家庄的祖林之中。"上念之，敕封光禄大夫，赐御葬。"[③]

新修的牌坊与大门

① 按：所谓"高唐氏"，即指汉初博士高堂生，以言礼闻名于当世，司马迁《史记》称："言《礼》自鲁高堂生。""羊氏"则指魏晋重臣羊祜，其三辞封侯而不受，镇守襄阳十年，为平吴建晋立下殊功。

② 《平阳徐氏族谱》卷一，第 18 页。

③ 《平阳徐氏族谱》卷一，第 18 页。

徐家庄村东南方有一片古朴的树林，原先古树参茂，林地幽远，这就是徐氏家族的祖林。其北部东西宽 200 米，南部东西宽 150 米，南北长度 197 米，面积 50 余亩(约 3.33 公顷)。徐琛的墓地就坐落其间。

新修的墓道

徐琛墓

徐氏宗亲远祖祭坛

元至治三年(1323年)七月,徐琛御赐神道修成。徐琛御赐神道由北向南依次立有:石人二,石坊一,石羊二,石虎二,石柱二。石坊两柱夹一石额,造型简朴。上阴刻楷书:"徐公祖茔之门,至治三年七月十七日。"石柱(华表)今存二块方形石基,其上石柱早毁,不知其形。徐琛墓左前方有一通高1.8米、宽1米的龟趺墓碑,碑额为双龙深浮雕,篆刻"太守徐公神道之碑"。此为元至治三年徐琛四子徐彬所立封公神道碑,碑文则由时任新泰县尹卫融所撰,语义中肯。碑刻历经近700年风雨,字迹大多已磨灭难识。

墓前左侧有徐氏宗谱碑一通,清康熙七年(1668年)立。

2007年秋,徐氏族人重新修复徐琛墓,新建园墙700米,大门一座,牌坊一座,九龙壁一处;恢复华表一对,碑亭两座等。现徐氏祖林面积为64亩(约4.3公顷)。

如今,徐琛已不仅仅是新泰徐氏的荣耀。1994年,泰安市政府将徐琛墓确定为"首批市级重点文物保护单位"。2001年,泰安市文物局批准修复徐琛墓(《泰文物[2001]13号文》)。2007年,泰安市政府对徐琛墓的保护范围和建设控制地带进行了界定,徐琛墓地文物已被纳入了泰山历史文化遗产重点保护之列。

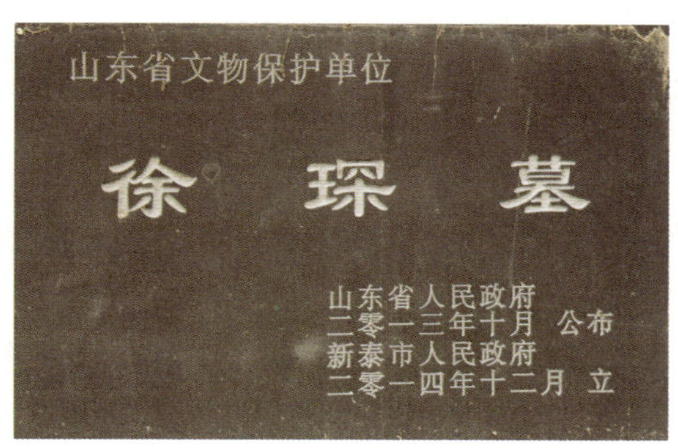


山东省文物保护单位标志

**被盗事件** 2003年5月13日夜,徐琛墓前石羊、石虎共4件元代珍贵文物被盗。后来盗墓团伙的7名盗贼在山东鄄城落网,其供述将所盗文物卖给了江苏徐州师范大学。当时村民为了追回文物,与徐州师范大学进行了多次交涉,庄里还有人专门为此事集资。直到2006年,文物才被追回,安放在原处。

被保护起来的石虎、石羊

2004 年，徐琛墓又一次被盗。案件至今尚未侦破。

新修的翁仲

此后，文物保护部门和庄里都开始加强对徐琛墓的保护，在徐家园林中设置了多处摄像头，以免再生意外。翁仲被盗后，有的村民出资仿照原来的形制，重新打造了一对石像，放置在原来的位置。

徐公祖茔之门

徐家庄老林

**家庙规制** 徐氏家谱中《重修族谱序》中记载,“大明正德四年九月十世祖讳肫始建立祠堂”。历经500多年风雨,“光绪二十八年壬寅荷月二十二世讳兰田等同阖族重修祠堂大殿,并立石谱”。至1944年“甲申四月阖族共同修祠堂大门大殿,前面焕然一新”①。据徐氏家谱记载,徐氏祠堂原来南北长60米,东西宽48米,占地面积约为0.3公顷。

原来的家祠很规整,也很气派。在1951年改作小学的时候,家庙还有三

① 《平阳徐氏族谱》卷一,第35页。

间正厅，两边分别有两间两层的小楼；东、西各有三间廊房，三间正厅前面有一块院子，用砖铺成；中间有一个门厅，门厅两侧是两个拱门，门厅再往前由一条小路通往大门；大门里面东侧还有两间房子，西南角是厕所；院里院外的柏树加起来一共有21棵。

家庙正殿

1949年前，家庙是徐家人祭祀祖先的重要场所。每年大年初一，各家都要派人到家庙来磕头，然后才到自己一家子的家里去拜年。这一年娶来的新媳妇，在初一这一天必须由家里的女性长辈带着来家庙磕头认祖，获得老祖宗的认可。

家庙房梁上精美的雕刻

家庙有专人看守，作为家族的公事，看守人会得到一定的土地耕种权，其责任就是在有人到家庙祭祀的时候打开平时锁着的大门。因为徐家庄的家庙是附近徐姓族人共同的家族祠堂，不少外村的，甚至外县的人也来此祭拜祖先，时间不定，所以需要有专人看守，负责开门、锁门。

现在的徐氏家祠已经破败荒芜，仅存正厅一间；院内古柏一株。正厅后背脊已经坍塌，房梁上还能看到“光绪十一年”的字样，记录着重修时的木工姓名。徐氏家祠曾经做过庄里的小学校舍，现在房内西墙之上还有一块黑板，屋门的门框上还挂着旧时学校“图书仪器室”的牌子。

杂草丛生的家庙正殿

2002 年续修家谱时，在此举行过活动。但一般村民并不经常来此，仅仅在每年元宵节，有些徐氏村民会来此上灯，将萝卜灯放在殿前檐下，祭祀先祖。

正月十五在家庙前祭祀的灯火

(三)续谱与修祠

想要清晰地解释自己家族的由来和发展，修家谱和建家祠是最有效的

手段，这种行为也是典型的家族观念的体现。

据《平阳徐氏族谱》记载，自元治至三年(1323 年)首立封公神道碑至今近 700 年间，新泰徐氏曾大规模修缮祠堂六次，重修族谱九次，并多次延请文人名士撰写徐琛行状事迹，载入族谱，以昭后世。徐氏家谱中《重修族谱序》对这几次续谱有详细的记载。

从多方记载来看，徐氏家谱主要有两种形式：一种是镌刻在石碑上的石谱，一种是纸谱。纸谱经过久远的年代容易散失，而石谱却能够长期保留。石谱的存在正是徐氏族谱得以较完整保留的重要原因。

徐氏族人一直以来都很重视家族谱系的传承，这在元代元贞二年(1295 年)莱芜教谕李锐撰写的《徐公孝思之记》中可以清楚地看出。

《徐公孝思之记》记录的是徐曾的故事，徐曾是徐琛的叔祖父，后来迁居苏庄。他对于徐氏家族的传承起到了重要的作用。

> 公讳曾，姓徐氏，本土人。祖宗以来，积有年矣。其先居于羊流寨东，因其姓目之曰徐家庄。此右徂徕左敖峰，前临汶水之青，后倚宫山之翠，东北祖茔塚墓累兴，昭穆相序，巨木荫森，不知几十世矣。东北又一祖茔，实公出祖之茔也。亦不知几十世矣。值天兵南下，徐氏宗亲或灭身殒命，或逃难解散，俱不知其所往。稍定，祖林宗祖徐庭徐江在，出祖之林仅存公。公之伯父一子早逝，公之父四子，三子殁于兵，独存公。庭、江皆公之侄。同居于故庄数年，伉俪辑睦，庭无间言。各皆生子。咸喜曰："天不绝徐氏矣，使各得一子。"及长，公兴心迁居于本林之东北，置买田土，因而家焉。公娶石氏，生四子，曰钦、曰斌、曰成、曰就。斌为人纯实，于官干敏。至元初，签充军伍，为众推服，保充行军百户，管领军匠打造战舰百余艘。功成欲重赏，迁职拟议间，斌思父命所嘱，迁奉大事未毕，安敢外求，不就，辞之以"父祖兵革中死者，槁殡浮土虽不暴露，终心不安"。军司皆以孝行称，故辍其事，以致遂归。经营棺椁灵寝砖石所废之物，葬不葬者十余丧，欲立石。昆仲析居，各务庄农，不果。由是乡党称弟，宗族称孝，以达于县。县令司给付，身充本村社长。以待人以礼，接人以贡，所议者皆以德行称。又闻于州，州司又给劄付，迁充本乡都社长，一乡事务皆听其法。暇日，家庭无事，集昆仲于堂中，谓曰："吾自孩童时，父尝嘱大事有二：家祖父兄辈兵革死者俱未茔葬，

一也;先祖所业而人莫知之也,将何以遗后子孙乎?二也。尔当勉力而为之。及长,又嘱喋喋如是。盖父孝思之意切,传永久之志深。吾是以铭骨铭心之不敢忘。今死者已葬,立石一节未遂吾心。招汝曹议,欲为之。汝等允否?以尽其说。”昆仲默然,相谓‘素合其心’。众皆悦而从之。命工采石。石就而求文于余。乃子世贤,县学生徒以余为师,辞不获免,以诺其命。虽然,岂敢浮伪佞誉于人,亦不敢以鄙略掩人之善。故择其实以记之。嗟乎!徐公四子而孝思之事托于斌,真所谓知子莫若父矣。斌承父命而不忘孝思之念以成其事,岂不谓孝思成父之美。故诗曰:“永言孝思,孝思维则。”徐氏父子之谓乎?①

徐家庄村民一直没有忘记家族的这段历史。他们秉承先人的孝思之情,分别于1962年和2002年进行了两次大规模的修谱续谱的活动。

2002年第九次续谱的族谱

在这两次修谱中,村民徐传功都是积极的组织者和参与者。说起1962年的那次修谱,徐传功回忆说:“以前老林的树很多,也很粗。1955年,国家修铁路,需要枕木,就砍了老林的一部分树卖给国家,总共得了600块钱。但是这笔钱拖了很长时间也没给,中间好几个人去找过都没有结果。后来听

① 《平阳徐氏族谱》卷一,第28页。

说可以去领这笔钱了，我就去了镇上，都是熟人，结果就把存折给了我了。回来以后，大队里从中拿了50块买了柏树苗，把树种上了。剩下的钱就用来修谱了。”徐家庄对这个事上心的人很多，包括当时的那些地主。所以那次修谱过程中，很多主笔的都是成分为地主的村民。这些人文化程度相对较高，家里往往保留着原来的支谱。

1962年是徐氏家族的第八次修谱，规模比较大，为了找到徐家祖先散落各地的支脉，修谱的参与者们四处联系访查。辗转知道哪里有姓徐的，就发函联络，近处的有莱芜、南马，远处的有沂源、徐州。十几个人四处联络，远的坐着火车到徐州。徐传功去了沂源南马镇徐道沟村。他说：“那时候条件差，连个自行车都没有，去沂源全靠步行，100多里路走着来回。”

此次修谱历经3个月，除了完成续谱的任务，还议定了从三十三世到七十二世的行辈字。后在济南印刷局印制了120部，分别留存各县各支以备参考。到2002年第九次续修徐氏家谱的时候，情况就好多了。参与的人多，还有村委会的支持，通信和交通都便捷了许多。各地的徐氏族人知道消息后纷纷捐款，山东很多地方的徐氏族人都派人前来，沂源、博山、章丘及南边几个县都有人来。从2月到6月，修谱完成。在这一次修谱过程中，新泰徐氏的始祖定为汉灵帝时的徐子盛。这样徐氏行辈就增加了三十五世。举例来说，原来的族谱中传字辈是二十五世，在新的族谱中就成了第六十世。

2002年第九次续修家谱，开启了徐家庄人对祖先历史的再认识。人们开始意识到，先祖的事迹与遗迹，无论从物质上还是精神上都是无比宝贵的财富。因此，2007年，徐家庄人借保护泰安市重点文物保护单位——徐琛墓的机会，开始重新规划修建徐氏祖茔园林，启动徐氏历史文化的传承。是年4月，徐氏族人召开动员大会，启动

简　报

（第六期）

新泰徐氏祖茔文物保护办公室主办　　2012年4月3日

致徐氏族员的一封信

几度春秋，又值清明，在这春暖花开、祭祖怀古的时日里，由我们新泰徐氏祖茔文物保护办公室主办的第六期简报又将付梓了，这是一个令人难舍更令人激动与振奋的时刻，缘由是依靠各级各界的关怀与厚爱，特别是在我们徐氏族员的同心聚力下，泰安市级重点文物保护单位徐琛墓修复暨徐家林园的创修就要圆圆满满告一段落了。

时光倒流至2007年4月5日，那天，暖阳之下，徐家庄南，我们新泰部分徐氏族员代表，齐聚祖茔，虔诚怀祖，畅述族谊，并自此拉开了徐琛墓修复暨徐家林园创修的帷幕。兼程奔波五年间，我们本着“借琛祖英名聚祖力，慷囊中之财分国忧”的原则，抱定“保护国家文物、传承历史文化、凝聚族人亲情”的心态，心往一处想，力往一处发，有钱的出钱，有物的捐物，有谋的献智，借着族力，凭着团结，洒着心血，抱着热情，我们先后募集资金达80余万元，争取各级政府拨款20万元。累计重修神道40米；追回望天吼、甪端各一对；仿雕翁仲两尊、升天柱两例；整修御碑、谱碑、墓碑各一通，石门一

1

新泰徐氏祖茔园林维护修复工作第六期简报

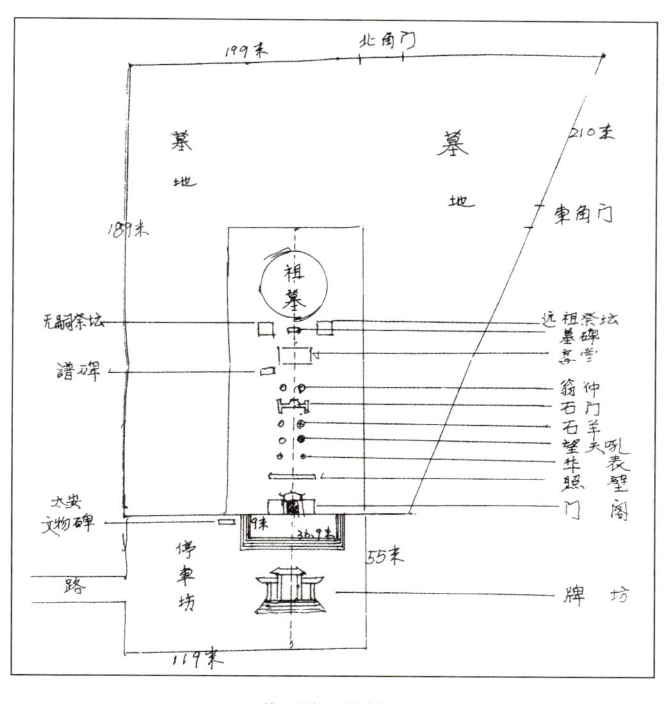


徐琛墓区规划图

新泰徐氏祖茔园林维护修复工作。5月成立新泰徐氏祖茔文物保护办公室，负责其中联络事宜。此次修复维护祖茔工作先后募集资金80余万元，争取各级政府支持资金20余万元。重修了神道，追回了被盗文物，仿雕了翁仲、升天柱，整修了御碑、墓碑和谱碑，增建了石门、门阁、院墙、碑亭、祭坛等，园林最终于2007年11月10日（农历十月初一）落成，并举行了盛大的祭祖仪式。这次修复祖茔的举动虽然由徐氏族人主导，但却不仅仅局限在民间层面，羊流镇政府、新泰市政府以及各级文物保护单位都参与其中，

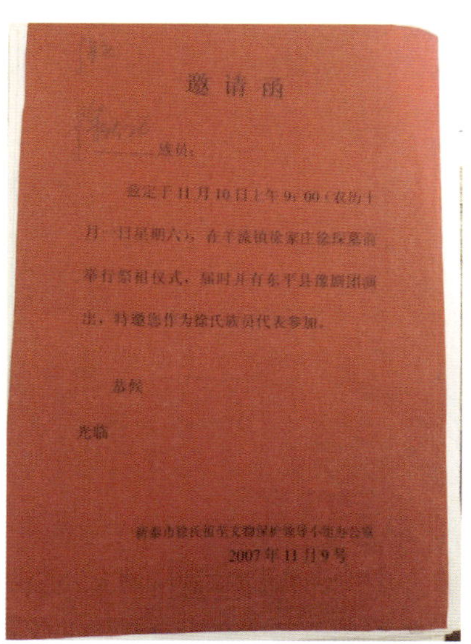

邀请函

______族员：

兹定于11月10日上午9:00（农历十月一日星期六），在羊流镇徐家庄徐琛墓前举行祭祖仪式，届时并有东平县豫剧团演出，特邀您作为徐氏族员代表参加。

恭候

光临

新泰市徐氏祖茔文物保护领导小组办公室

2007年11月9号

祭祖邀请函

声势浩大，成果斐然。其间，为了汇报修复工作的阶段性成果，还分批次出了六期简报，以便族人和政府监督。

修复徐家园林的计划其实还包括后期的工程，即推广徐氏家族文化、修复家族祠堂，这也是徐家庄村民一直以来的心愿。可惜的是，自从徐家园林工程结束后，后期的计划就搁置了。

2016 年 12 月，村民徐传文在徐家庄的微信群中将自己重修家祠的想法公布后，得到了不少人的支持。有些人当场就给他发来微信红包，表示愿为重修家祠贡献一份力量；也有在外创业的年轻人表示，只要重修的工程一动工，他立马就捐献 3 万元现金。重修家祠的举动虽然有不少人支持，但是阻力同样也大。谁来主持，怎样集资，如何协调邻里关系……这些问题都困扰着这次重修，因此，能否重修家祠还需拭目以待。

### （四）家规与族长

徐氏家谱中的第一卷的最后是徐家的谱训，其中的内容不知道具体成于哪一次修谱，文字颇有不通者，应该是誊写时的错误，可见其形成的时间比较久远。谱训主要是劝诫族人做事做人要忠诚敦厚、小心谨慎，凡事不要太过张扬。试举其中的几条可知：

> 朽株顽魂世人不珍，露才扬己后为世嗔。在世间人作有用人，处世间别作无用人。
>
> 狂歌放意内隐祸机，履冰取巧终踏坦夷。指意事直须安舒，快意事更当防检。
>
> 危崖之后先倾，棹枝之世先落，万物惟平可长久见。人恭敬者自敬也，见人傲慢者自贱也。
>
> 为人如楼屋，先须坚固，始可承载。忠诚敦厚，人之根基也。古今多少人成大事肩大任者皆从此植立。
>
> 喜极勿多言，怒极勿多言，醉极勿多言……

而在徐家庄人的口述中，徐家的家规也是很严格的。1949 年前，徐家庄有一条规矩，就是子孙后代有从事下九流职业的，死后不准葬于老林。所谓“下九流”，包括修脚、唱戏、吹鼓手、理发等职业。还有就是犯法的也不能进老林。徐氏家规以这种严格的方式约束自己的子孙不许为恶，激励其为人向上。

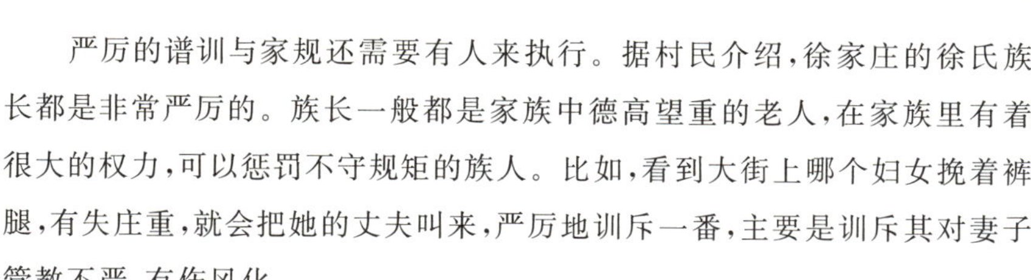



严厉的谱训与家规还需要有人来执行。据村民介绍，徐家庄的徐氏族长都是非常严厉的。族长一般都是家族中德高望重的老人，在家族里有着很大的权力，可以惩罚不守规矩的族人。比如，看到大街上哪个妇女挽着裤腿，有失庄重，就会把她的丈夫叫来，严厉地训斥一番，主要是训斥其对妻子管教不严，有伤风化。

对内族长要约束族人，对外则要保护族人利益。能够成为族长的人，不仅德高望重，还要有能力和胆量，用庄里人的话说就是“能担事儿”。传说，清朝末年，徐家庄有个族长叫徐得辉，会武艺，有个能当武器的铜烟袋。有一次，一个外庄人在徐家庄想办什么事没办成，就专门摆下宴席请他，其实就是挑衅。在酒席上，外庄人拿了把刀子插了块肉递给徐得辉。那意思是看你敢不敢张嘴，你不敢就输了。结果，徐得辉一口就咬住了，而且还把刀尖咬断了。随即“噗”的一声使劲一吐，就把那刀尖剁到桌子上了，一边还说：“哪里来的这么大一个肉刺，再来一块！”外庄人一看，再也不敢挑衅了。

(五)家族名人

**孝子牌坊**　孝子牌坊是光绪皇帝嘉奖徐家庄孝子徐凤梅而建，牌坊上雕刻有八仙图、二十四孝图，图案精美，雕工生动。可惜在“四清”时被毁了，拆下来的石头拿去修了河沿和小桥，后来被水冲走了一些。1969 年，徐家庄小学要建房作教室和办公室，剩下的石头又从河道里推回来，用作了房屋的地基。

徐凤梅孝子牌坊

村民说徐家庄的牌坊刚刚被拉倒，镇政府就派人下来进行保护，但为时已晚，村民每每说起来也禁不住扼腕叹息。

徐凤梅是徐家庄的大孝子，

一直奉养母亲，直到其94岁去世。为了讨老母亲的欢心，徐凤梅仿效老莱子戏彩娱亲，头上戴上小花帽，手里拿着拨浪鼓，装扮成小孩逗老母亲一笑。他于光绪十一年(1852年)被朝廷旌表为孝子，立孝子牌坊于徐家庄中心位置(徐家庄南北路与东西路交叉口)。

徐凤梅有三个儿子，长子徐兰田，是武生；次子徐兰坡，是附贡生；三子徐兰芳，是武举。他的后代大部分都是地主。

孝子牌坊残碑

**徐家庄烈士** 考新泰县志，徐家庄有记载的革命烈士有：

徐庆章，1920年出生，1946年参加革命，牺牲时所在部队为华野八纵，1947年牺牲于孟良崮战役中。

徐衍敦，1920年出生，1946年参加革命，牺牲时所在部队为华野八纵，1947年牺牲于菏泽。

徐衍林，1925年出生，1948年参加革命，牺牲时所在部队为志愿军，牺牲于朝鲜。

徐公庆，1935年出生，1956年参加革命，中共党员，牺牲时所在部队为海军汕头部队，1958年牺牲于厦门。

## 二、家族事务

传统中国是一个宗法社会，家族不仅在人们的观念中根深蒂固，还是村落社区的重要组成部分。根据儒家观念，家族是按父系血缘传承原则组成的团体，是指同一个男性祖先的子孙，虽已分居、异财、各爨，但还世代聚居在一起的群体。家族有一定组织和领导系统，可以按一定准则规范族人间的关系，进行家族活动，处理族中公共事务。无论是在单一姓氏的同姓村落中，还是由于战争、移民、逃荒、联姻等原因，由部分个体家庭移居共处形成的多姓杂居村落中，家族都对生活于其内部的个人与小家庭有直接的掌控，进而对整个村落的秩序与权力分配产生影响。

### （一）继嗣制度

**过继** 过继在中国农村是一件关乎后嗣延续与家产继承的大事。过继一般发生在家族内部，很多规矩条目直接体现了人们的传统家族观念。以男性血缘为继嗣依据的规则就是其中之一。

过继亦称“过房”。指自己没有儿子，收养同宗之子为后嗣，是传统宗族观念中的一种收养行为，大多数是为了延续男性继承人而为之。通常结婚多年没有孩子，或者孩子夭折的夫妻就会考虑收养一个孩子，不过在传统家族观念影响下，被收养孩子的身份是有限制的，一般是从宗族或其他亲属中收养一位男性继承人以维持祭祀香火。有时，即使一名男性无子身亡，家族仍可为其选择一位嗣子，形成亲子关系。

收养谁家的孩子要按照亲疏远近来确定，最主要的收养对象是丈夫兄弟的子嗣。有时候，妻子可能更希望从自己的娘家过继一个孩子，但是这种心愿在男性家族占统治地位的时代往往很难达成，除非丈夫的兄弟里面没有合适的过继对象。

如果一个家族里兄弟们比较多，适合过继的孩子有几个，那么也要按照一定的原则进行选择，而不是仅仅凭个人喜好。主要选择原则有四：一是年龄合适。过继的孩子如果年龄太大，不易与养父母建立感情。二是亲生父母同意。三是如果弟弟过继哥哥家的孩子，一般不过继长子；而如果哥哥过

继弟弟的孩子,则需要过房其长子。这条原则主要是考虑过继的子女与过继父母的年龄差距。四是挨阶为近。过继的时候需要过继排行挨着的兄弟的孩子。比如老三要过继兄弟的孩子,要首先考虑先过老二的。如果老二家没有合适的过继对象,则考虑再过老四的,如果这两家都不合适,再过继隔着排行的兄弟的孩子。

过继出去的孩子继承养父母的财产,对养父母有赡养义务;对其亲生父母,既不继承财产,也没有赡养义务。但是由于都生活在一个村子里,有时就是比邻而居,所以即便过继出去,也难以隔断与亲生父母的情分,因此在亲生父母的养老事务上还是或多或少地会去帮忙。

除了过继继承,在兄弟子侄间还有一种继承方式,叫"情受"。所谓"情受",就是指某个兄弟去世,但没有男性继承人继承财产,这种情况下,其他兄弟的子嗣就获得了继承权。情受继承的原则也是挨阶为近。举例来说,兄弟中老六死了,没有后代,应该由老五家的一个儿子继承。但是老五家不需要继承这份财产,于是就让老四家的儿子继承。在家谱上,老四家这个继承了自己叔叔财产的儿子记为出嗣,成为老六的后人,一般而言,他就不再继承自己父亲的财产了。如果两个家庭就只有这一个男性继承人,那么他可以继承两边的财产,这叫"兼祧",也要记录在家谱上。

**分家** 长期以来,即便是在传统村落中,核心家庭[①]才是中国主流的家庭形式,大约能占到所有家庭数的一半。这就意味着,当成年子女结婚后,很快就会从自己原来的家庭中分离出去,形成自己的小家庭,即所谓的"分家"。在这个过程中,财产的分割、未来赡养父母的责任都成为必须厘清的重要内容,这些在民间都有约定俗成的规矩。

按照传统的家族观念,父母往往不愿意成年子女成家后马上分出去单过,这样的家庭一般是老头领着儿子们在外干活,老太太带领着儿媳妇和未出嫁的女儿,管着家里的事务。但是这样的家庭模式容易产生纷争,所以,一般比较开通的父母常常及早分家,省却了许多麻烦。

分家有两种形式:一种是分灶,一种是大分。

分灶是先把成家的儿子分出去单过,家产不完全分割。这种情况出现

① 核心家庭:指两代人组成的家庭,成员是夫妻两人及其未婚孩子。

在兄弟们年龄悬殊或者婆婆还年轻，还有可能再生孩子的家庭。也有这样的情况，即大儿子快成亲的时候，婆婆又生了小儿子。这时女方家会不愿意，因为原本属于女儿女婿的家产，要分割给小叔子一部分。这时候分家的话就需要给大儿子多分一些东西。因为此时父母尚年轻，可以再给小儿子挣一份家产。

大分则是完全分家。1949年左右没有实行土地集体化的时候，分家的家产中还包括土地，而集体化后分家就不包括土地了。

分家时家长是主事人，主持分家的是孩子的舅舅和族长，或者家族中德高望重的人。

分家前，先把家产，包括土地、房屋、农具、现有的粮食、柴草、牲畜按照儿子的个数平均搭配好，细到锅、碗、瓢、盆，也都要一一搭配好，公布于众。土地分割时要单独给老大多分一点地，这叫“长子地”。长子地的多少依据每个家庭实际的条件而定。之所以有长子地的存在，一是因为长子年龄大，对家庭的贡献大；二是为了让他带头孝顺父母，承担更多的责任。

分好以后，如没有大的异议，由专门的人写好阄儿，每个阄儿的编号对应一份具体的家产，儿子们就可以抓阄儿了。由最小的儿子先抓，老大最后。抓好之后瞭阄儿，由分家主持人记录下来，然后对照先前分好的家产，给每一个分家的儿子写一份分单。分单每人一张，内容不同。小件的东西可以不写，但是房产、土地、耕地的农具、车子等，都要写得清楚明白，以防纷争。写好后的分单可以作为家产的永久证明，是具有民间的法律效力的。分完后大家一起喝酒，算是结束。

传统意义上，一般只有儿子有分家获得父母财产的权利，闺女则是在出嫁的时候获得父母的陪送嫁妆，没有分家产的权利。

分家的时候要遵循一个原则，即父母所有的东西都要分干净，以防未来产生纷争。财产中最主要的就是房产。但是老人健在的情况下，还需要有居住的地方，因此，对于老人的居养都要在分单中写清楚。比如写明老人要一直住在老宅子里直到去世，谁分到老宅子父母就住在谁家；或者父母住在老宅子的某一间屋里直到去世，老人去世以后房子才能完全属于这个儿子。所有这些都需要事先约好。在个人拥有土地的时候，分家时老人会给自己留一点土地，死后再分给儿子。如果一点不留，就需要约定好每个儿子每年

给父母多少粮食。分单里还要写清楚当父母没有劳动能力时，儿子们如何赡养父母。

土地合作化以后，土地、大型农具都交给了生产队，个人分家就只剩下房产。小型农具、粮食、柴草等，具体分家程序与土地合作社以前相同。但是分家的主持人不再请舅舅，而是请大队干部、生产队长和会计。到了20世纪80年代土地承包以后，又恢复了原来的分家方法。

一般来说，分家是在儿子成年结婚后进行的。有的是同父母生活一两年再分，有的是娶了儿媳妇马上就分，也有的是娶一个儿媳妇临时分一次家，还有几个儿子都结婚后再分的，情况不一。有的人家分家比较急，会被戏称为"借菜汤"，即借着儿子结婚的菜汤办分家酒。

分家以后，父母与成年的子女即便住在一个院子里，也是两个独立的家庭，各干各的活，各做各的饭。当然，有需要的时候也会相互帮忙。比如儿子帮老的干活，老的帮儿子看孩子，村民称之为"换工"。不过现在老人照顾孙辈几乎成了约定俗成的义务。

看孩子的老人

(二)家庭责任

在家庭生活中，父母与子女各有自己的权利和义务。但在传统中国社会中，父母对于子女的责任明显具有持续时间长、涵盖范围广的特点。即便是现在，中国父母对于子女所负有的责任也远远超过其他的很多现代国家。

1. 父母的责任

**养育和教育** 生活条件艰苦的年代，父母对孩子的养育只能是尽心力而已。就像徐衍耐的家属说的，20世纪50年代，家里有11口人，吃饭都挨不上槽（靠不到小桌子边上），饭食也简陋不堪。一年到头不外乎白菜、萝卜和土豆，挨饿的经历更是家家都有。在这样的情况下，能够尽力地教育子女的父母就十分难得了。

这里的教育一方面包括对子女道德的建立和行为的约束，另一方面包括对子女技能与文化知识的培养。如果说前者是在生活中潜移默化地完成的，后者则需要为人父母者躬身亲为，既需要拿出金钱，也需要付出精力。

据说20世纪60年代，徐家庄曾经有两个学生，上着上着学就不愿意上了，觉得太辛苦。两个人就商量说："咱俩不上学了，买个羊羔子去放羊吧。"其中一个回家跟父母一说，家里老的就同意了："行，赶明儿我给买个羊羔子，你就去放羊吧。"另一个回家一说，他家老的抡起鞋来就抽了三下子，一边抽一边恨恨地说："我让你放羊。"结果孩子又乖乖回去读书了。后来他考上了师范，当了公办老师，成了吃国库粮的，而且因为是国家正式职工，还娶了个很不错的媳妇。另一个回家的就只能在家种地。从那以后，人们每每说起来这件事，无不羡慕地说："你看人家谁谁的老的，三鞋底抽出个国家干部。"

男孩尚且如此，女孩的教育就更加不被重视。据徐家庄的女性村民说，20世纪60年代，孩子上学都是自己随意，老的一般不管。愿意上就上，不愿上就不上。尤其是女孩子，往往上三四年就不上了，回家掐辫子，给自己挣零花，比起上学自在多了。

所以"文化大革命"前徐家庄的孩子能上到初中的寥寥无几。以1962年为例，那一年徐家庄的小学毕业生大约有40个，但是考上初中的只有5个，而且这一年是徐家庄前后几年里考上初中的学生最多的一年。

当然，也有些家族比较重视孩子的教育，所以家族的子孙里爱学习的会多一些。

1949年后，徐家庄第一位老师徐衍岱就得益于此。他的母亲虽然没有

上过学，但是在娘家的时候受留过洋的哥哥的教导，能识文断字，因此也比较重视子女的教育。徐衍岱很小的时候母亲就打定主意让他上学。而这家的孙子辈里也出了不少靠学习成绩走出村落的人。烈士徐公庆就是其中之一。徐公庆从小学到高中一直勤奋学习，年年都是第一名。后来考上新泰一中，那是新泰最好的高中，而且当时整个年级只招一个班。除了文化课成绩优异，徐公庆的体育、音乐、画画都很好。不过因为家庭条件限制，他没能上完高中。当时家里母亲早逝，弟妹众多，为了能尽快就业，自己辍学跑去当了兵，参加了海军汕头部队，1958 年牺牲，被葬在了厦门。

**盖房、娶亲和嫁女**　在中国农村，无论过去还是现在，给儿子盖房子、娶媳妇是父母必须要承担的责任。有儿子的人家，早在儿子十几岁就开始积攒物料和钱准备盖房。

村民徐衍耐说，自己的大儿子才十二三岁就已经给他盖好了娶亲用的房子，而且起脊翻檐的，质量很好。20 世纪 80 年代末的时候，一般人盖房都是五间，他给二儿子盖的是七间屋的宅子。当时庄里人在房子跟前走，都称赞房子盖得好。庄里干建筑的徐庆乐也说：“1980 年刚分了地，老百姓光顾着种粮食，要不不够吃的。过了两年，粮食够吃的了，也攒了两三年的钱了，就开始盖房子了，主要是给孩子结婚盖的。有了屋，媒人就开始上门了。”

徐家庄一直有早定亲的传统。十五六岁就有定亲的，大部分在十七八岁的时候。定亲两三年后结婚，定亲早的可能要等个五六年。通常来说，男方家庭条件好或是家里父母会过日子的人家，是媒人争相说媒的对象。而这样大家公认的“好人家”，定亲的对象总是会有些或直接或拐弯抹角的亲戚关系。这种早定亲的习惯大约在 20 世纪 90 年代初慢慢改变。一是由于那时开始有年轻人考上大学离开村子，就不想要原先家里给定下的农村媳妇。但是毁亲往往会闹得鸡犬不宁，女方家人会来哭闹，而那些带有亲戚关系的亲家更是连亲戚情分都没有了。还有就是 80 年代末 90 年代初，新泰出台了“农转非”的户籍政策，交纳一部分费用就可以改变户籍身份。“农转非”后，就可以参加县城里的招工。虽然“农转非”容易办，但是招工还是需要靠一定关系的。那时候新泰有些厂子非常红火，比如毛纺厂、电缆厂、陶瓷厂、煤矿等，工人需求量也比较大。所以，经济条件好的家庭纷纷给自己家的孩子办理了“农转非”。这样的情况也导致毁亲多发。慢慢地，徐家庄的父母们就不再那么着急给孩子定亲了。

除了早定亲，徐家庄还有养团圆媳妇的习俗。有的人家唯恐怕自己的儿子以后娶不上媳妇，所以有合适的小姑娘就干脆养在家里，等长大以后再圆房。团圆媳妇小的时候和婆家的大姑子或小姑子同吃同住同劳动，够了年龄就圆房。不需要回家出嫁，就在婆家合房就可以，也不用正经办婚礼。团圆媳妇一般是娘家没有了老人的，否则也不会十二三岁就寄养在别人家里。徐家庄曾经有个团圆媳妇，爹娘去世得早，哥哥当了民兵，后来被还乡团杀害，家里什么人都没有了。所以，已经出嫁的姐姐就帮着她找了个主，给人家当团圆媳妇，其实就是有个能吃饭的地方。不过这种现象1949年后就渐渐消失了。

1949年后，有一种传统的婚姻缔结方式在一段时期依然比较兴盛，那就是换亲。所谓“换亲”就是两家的女儿相互交换，解决儿子的婚姻问题，一般都是妹妹给哥哥换亲。两家互换就出现了“有姑没有妗子，有舅没有姑父”的情况，因为孩子的姑姑嫁给了舅舅。

除了两家换亲的，还有三家转着换的，即甲家的女儿嫁到乙家，乙家的女儿嫁到丙家，丙家的女儿嫁到甲家，也叫“转亲”。换亲和转亲的参与者不能毁亲。一旦一家毁亲，另外几家换亲关系也必须毁，即便其中有关系比较好的夫妻也不行。

参与换亲的都是子女多、条件困难的家庭。六七十年代换亲还发生在家庭成分不好的家庭，比如地主、富农等，往往没有人愿意嫁到他们家。因此，类似情况的家庭往往用换亲的方式解决儿子的婚姻大事。

如果家里没有适合换亲的女孩，那么条件困难的男孩子为了解决婚姻大事，也会娶身体有残疾的女性或寡妇做媳妇，也有倒插门给人家当上门女婿的。

有女儿的家庭要在合适的年龄给女儿找好人家嫁出去。俗话说：“女大不中留，留来留去留成仇。”有时候家里的闺女大了，没有媒人主动来说亲，老的也不着急张罗，女儿就会生气地对母亲说：“你把我拴在鏊子腿上吧。”意在埋怨父母整天让自己摊煎饼做饭，却不顾自己的终身大事。据说还有更激烈的。传说有个想出嫁的闺女生她娘的气，把家里的小鸡一个一个都拴到老母鸡的腿上。家人问她这是干什么，她说：“把小鸡拴到母鸡腿上，让

它们跟它娘过一辈子。”

做媒一般靠亲戚、邻居，或者媒人。有种说法叫“亲引亲”。意思是一个女孩嫁到徐家庄，看着这边各方面都不错，就会把自己的姐妹也介绍过来。通常，家庭条件比较好的人家用种方式联姻的比较多。

庄里也有专门做媒的，以女性居多。如果男方托媒人找媳妇，需要给媒人买东西，怎么也得买上两瓶酒。就像庄里人说的：“成不成，酒两瓶。”有时候为了让媒人更加尽心，还得有其他的礼物，如饼干、点心之类。然后媒人会四处打听，看哪里有合适的对象。如果介绍成功，要请酒谢媒人；还要给钱，这叫“买鞋钱”，意为媒人为自己家子女的婚事跑路费鞋。庄里也有些热心人，不是媒人，但是愿意给亲戚、邻居张罗这些事，而且还能说成好多对。

2. 子女的义务

**长子** 长子在家里往往要帮助父母承担大量的工作和责任，分家时，“长子地”正是基于此的一种补偿，俗话说的“长兄如父”也正是这个道理。村民徐衍耐回忆自己外出搞维修的经历时说过：“家里人口多，兄弟姊妹八个，我是老大。我走了，谁管这个家？俺爷推不能推，担不能担。俺娘也不能干了。”所以，即便在外跑维修挣钱多，他依然选择了回村照顾家人。的确，很多情况下，老大比起弟弟、妹妹要考虑得更多，同时也付出得更多。与长子一同分担责任的还有长嫂。过去人均寿命短，尤其是女性，经历生育、疾病和长年累月的操劳，经常年纪轻轻就去世了。有些长媳嫁过去的时候就已经没有了婆婆，底下却还有未成年的小叔子。这种情况下，长嫂一般要照顾年幼的小叔子长大成人，所谓“长嫂如母”就是这个道理。

**女儿** 除了长子，其实有些家庭中女儿的作用也非常重要。人口较多的家庭，女孩们十来岁就需要帮厨，照看弟妹，参加田里的劳作。村民徐衍耐 30 年前赶集贩菜，就是和大女儿一起推着车到各个集上去卖。而那些母亲早逝的家庭，更加离不了女孩的操持，她们早早地承担起家庭中女主人的角色，除了家务劳作，连送粥米、走亲戚这样的活动也要按礼数参加。有的女儿会因为弟妹年幼不得不延迟出嫁，甚至有为了照顾弟妹而退掉定好的亲事的情况。

**养老** 徐家庄人养老以居家养老为主，除了孤寡老人，一般很少有送到养老院的。

养老由儿子负责，其中最重要的莫过于吃与住。吃的问题相对来说容易解决些，如分家时规定好儿子们每年给老人多少粮食。生产队的时候，儿子们要拨工分给老人，补足老人不够的粮食。其他如柴草、油也都明确记录在分单里，所以一般不会出太大的纷争。但是住的问题就比较复杂了。最初分家时老人会分到一间屋来居住，但这间屋其实已经是某个儿子的财产，只不过老人在有生之年可以使用。但是在住房紧张、经济困难的年代，不是每个家庭都有能力改善居住条件。这就出现了一个问题，当孙子辈长大成人要结婚的时候，爷爷、奶奶还健在，就有可能出现两代人争房屋的情况，结果往往是爷爷、奶奶无处安身。

发现了老年人的这种困境后，徐家庄人的解决办法是盖老年房，即由生产队划拨土地，统一出具证明，公社盖章，将其作为盖老年房的宅基地。老年房一般占地面积较小而且非常简易，能做到上不漏、下不塌就行了。当然，庄里也有人为了让父母住得舒服一点，把老年房盖得很漂亮。

老年房由全家共同出力修建，具体由父母安排，盖完之后才能分家。如果分家前没有能力盖老年房，那么在分家的时候要单独留出这部分钱和物料。

庄里的老人勤勉惯了，只要还能动弹就闲不住，多少都要做一些力所能及的活儿。实在干不了重活，男的割草、喂羊，女的掐辫子、喂鸡，能干点什么就干点什么。等到老人失去劳动能力的时候，儿子们会协商如何分担照顾老人的责任。一般他们会采取轮养的方式。具体来说，轮养也有两种方式：一种是老人按顺序到儿子们的家里去生活；一种是儿子们轮流到父母住的地方伺候，包括送饭、洗衣、收拾房间等。很多老人宁愿选择第二种而不愿去儿子家：一是怕儿子、媳妇嫌弃；二是出嫁的女儿会不时来送东西，帮着老人打理一下个人起居卫生，跟老人说说知己话，这种情况下住在儿子家里就不太方便。

老人生病后的医疗费用主要由儿子们共同分担，但是往往不太及时。很多生了大病的村民就只能熬着，不去治，因为怕连累子女。现在徐家庄的老人有了国家补助的基础养老金，70岁以后待遇更好。而“新农合”则保证了村民住院治疗大病的需求，老年人的养老状况明显改善。

当然，也有特别孝顺父母的，村民徐衍岱就是这样的典范。他有两位哥

哥，身体都很好，他却自小体弱多病，因为母亲怀他的时候生了一场大病。那时候，所有人都劝她别要这个孩子了，但母亲还是执意生下了他。后来，徐衍岱的母亲坚持供他上学，他成了公办教师。徐衍岱非常感激自己母亲的养育之恩，因此分家的时候他主动要求赡养母亲，不需要哥哥们分担。母亲偏瘫以后，徐衍岱还亲自给她洗澡、换衣，精心照料。

徐家庄村民一直重视孝道教育。从前，家庙里就有对不孝之子进行惩处的泥塑和壁画。山东梆子《墙头记》，唱的就是两个不孝子的故事，一直也被村民用来教育下一代。在庄里，谁要是不孝顺，名声就不好，会影响下一代人的婚姻和事业。所有这些都对子女的不孝行为起到了一定的约束作用。

## 三、家族观念

徐氏家族在这个小村落里繁衍生息了近千年，他们的子孙在这里出生，在这里长大，虽然后来有的植根故土，有的远离家乡，但长久以来潜移默化的家族观念却在每一个徐家庄人心里根深蒂固，难以磨灭。其实，家族观念是一种内心的执念，很多时候表面上是看不到的，但是当某些重要事件发生的时刻与节点，它就会清晰地表现出来，并影响人们的行为。

### （一）称谓规矩

在家族内，父亲的称谓是“爷”；母亲的称谓是“娘”；祖父的称谓是“老爷”，意指“老子”的“爷”。有时为了区别祖父和外祖父，一般会这样介绍：“这是俺家里俺老爷”（指祖父），“这是俺姥娘家俺姥爷”（指外祖父）。

儿子的称谓是“儿”，儿媳的称谓为“儿媳妇子”。家里儿子、儿媳多的要在称谓前加上排序。如：“老大儿”“老大儿媳妇子”，“小儿”“小儿媳妇子”。

称呼外族的长辈时，一般按他们家中的排序加辈分称谓，再对照自家相应长辈的年龄大小进行称呼。

在徐家庄，亲家之间序齿以后以表亲称呼，如年长的一方为表哥、表嫂子，年纪小的一方为表弟（或表兄弟）、表弟妹（或表兄弟媳妇）。而对一些年龄大的晚辈或年纪比自己小但也上了年纪的平辈，年长的一般会以其与自家孩子的关系来称呼，如“某某（孩子名）他娘”“某某（孩子名）他姑”，以示尊重。

徐家庄以徐姓为多，其他姓氏如王、张、陈、尹、泥、李、史、杜等通过姻亲关系，差不多都能与徐姓人家联上关系。由于徐氏家族辈分严明，这些姓氏的亲戚也会同徐姓人论辈分。因此，在整个徐家庄，村民之间需要严格按照辈分来称呼，不过辈分的排论以男方为主。比如，姨表姊妹分别嫁给徐家庄的叔侄两人，除了表姊妹间保持原来称谓，其他人包括孩子，相互间只按男方的辈分来称呼。

（二）家族照顾

改革开放以后，徐家庄有几个能人开始四处揽活搞机械维修。1982～1992年，徐家庄有四五支维修队。这些维修队从一开始的四五人，发展到后来的十来口人。除了有技术的，队里基本都是同族亲戚，也会带些十六七岁的孩子，让他们做饭、洗衣，打打下手。

（三）强调近支

徐家庄现有的徐姓村民都是徐姓四十五世徐良的后代。徐良有9个儿子，徐家庄的村民是其第五个儿子和第七个儿子的后代。一般来说，人们头脑中并没有“支”的概念，村民一般习惯于将五服以内的族人称为“一个院子的”。

为了显示自家人丁兴旺，他们也会将血缘关系比较近的几个院子按照某种关系联结起来，比如会按照高祖及其兄弟住的位置分成东院的和西院的（因为其高祖兄弟分别住在一东一西）。

徐家庄还有所谓的“八大院子”，传说是由8个兄弟分成的8个院子，以此显示人丁兴旺，势力强大。

为了表现家族支系间的远近亲疏，过年拜年的时候，一般只拜近支的人家。除非私人关系非常亲密，又或者是欠了情分需要表达谢意的，才会去其他家里拜年磕头。

（四）打断骨头连着筋

关于家族的观念还可以从一些极端事件中看出来。1947年，徐家庄开

始了第一次土地改革。但1947年底还乡团就杀了个回马枪，活埋了两个民兵，当场枪毙一个妇救会会长，还抓了六七人个到徐州，以至于1948年底第二次土改分地时，徐家庄的村民都不敢要地，怕被报复。当时分地需要村干部带头，那时候每个村干部大约能分十几亩土地（大亩）。

在这个事件中，牺牲的民兵都是外姓人，而妇救会会长也不是徐家的媳妇。徐姓的民兵虽被抓，但没有杀，留下了性命，1949年后就都被放出来了。

这一历史事件背后不能不说隐藏着家族的意识。因为徐家庄所有的地主都姓徐。即便徐姓地主和普通的徐姓民众有立场的对立，看在一个家族的份上，也没有把事情做绝。

还有些老人说，其实，在徐家庄，无论是民兵还是还乡团，参与者大都姓徐，本乡本土的，都是同姓族人。根深蒂固的家族观念也许就在这打断骨头连着筋的血脉中传承。

# 第八章 神灵庙宇与信仰世界

传统农业社会中，低下的生产效率和艰难的生活使人们在不得已的时候求助于神灵，解决社区以及自身生活中的种种问题。天气变化无常，人们为了乞求风调雨顺、庄稼丰收，只好求助于神灵。人有旦夕祸福，一旦生病而无法医治，也要求助于神灵。家庭与社区要想生存下去，必须维持自身的繁衍，因而生育也要得到神灵的佑护。神灵强大的威力给予人们巨大的安全感，人们总是希望通过与神恭敬而谨慎的交流，得到令人满意的结果。因而信仰和禁忌充斥在日常生活的方方面面。人们一方面极力讨好神灵以得到神的保佑，一方面遵守禁忌以防止神灵动怒降下灾祸。

这些神灵或者与村民朝夕相处，时时得享供养；或者在特定的时点被村民集中祭拜。人们还会为一些重要神灵修庙立会，定期供奉祭祀。庙宇及定期的庙会作为传统乡村社会的重要公共空间，联结着民众的精神信仰与日常生活，一方面能够满足村民祈福避祸的愿望，另一方面也提供了必要的商品流通渠道和交际娱乐场所。现在这些庙宇和庙会大部分不复原来的繁荣兴盛，但依然或多或少影响着村民的行为和思维模式。

当然，在神与人的交流中，中介也不可或缺，村落中的“神妈妈”就是连接普通村民和众神的重要桥梁。

## 一、曾经的庙宇

在徐家庄，村民们对于神灵及其所寄居的庙宇的态度呈现两极分化的态度。一方面，许多人并不太相信神灵的力量；另一方面，基于传统的习惯他们又不愿完全舍弃对神灵的敬畏，还保留着不少祭祀仪式和活动。现在的徐家庄一座庙宇也没有。人们甚至连曾经存在的庙宇的位置都说不清楚。但是，其中一些庙宇在人们的生活中依然保留着重要的影响，与村民的生活息息相关。

**土地庙**　传统中国，每个村落都有自己的土地庙。在当地人眼中，土地是掌管一村人生死的小神，职责和功能都不太大，也没什么其他用处。

徐家庄的土地庙原来在村西，规模极小，用庄里人的话说，就像个吃饭桌子。但土地庙由砖瓦砌成，而且还起脊翻檐的，很是精致。20 世纪 60 年代，土地庙被当作“四旧”拆除了。现在，很多村民对它已经没有了任何印象，有些人甚至连它原来的位置也说不清楚。在其他的村落，土地庙虽已不复存在，但是人们丧礼上的报庙、泼汤仪式依然会在土地庙的原址上进行。但是徐家庄的土地庙拆除之后，那片土地就划成了宅基地，建起了民宅，再去人家大门口泼汤就不太方便了，于是就改为去后来的大队部门前举行仪式。

如今也有人希望重修土地庙，方便给去世的人举行泼汤仪式，但是没有合适的地方。过去，当地人盖房一般是不能靠近土地庙或者家庙的。直到现在，还是有很多人忌讳把土地庙建在自己家附近。

**关帝庙**　关帝庙现在也不存在了。它原来的位置大约在徐家庄十字路口的西北角，里面供奉关公（当地人称“关二爷”）和周仓。关公坐着读书，周仓站立一旁，拿着大刀。关帝庙在 1964 年被拆除了。没拆之前，庙里平时都有人上供。谁家有点小灾小难的，就会去关帝庙求关二爷保佑。

**大庙**　现在徐家庄村民委员会的办公地点，也就是村民说的“大队部”，原先也是一个庙。

现在大队部后面那几间屋依然是当时的样貌。据徐家庄的老人讲，这个地方曾经是一个家族的家祠，后来该家族外迁，家祠遂被遗弃。附近几个村的村民就联合起来将其修成了一个大庙，村民习惯上称其为“北殿”。庙里有四个神殿，正殿供奉十殿阎罗，西偏殿是各种地狱场景塑像，东偏殿供奉刘师傅，南边还有个娃娃殿。

神殿里的神灵各有职司。西偏殿的塑像描绘的是有罪之人接受惩罚的景象：小鬼推磨塑像，就是一个妇女被架在磨盘上，她的小脚被插在磨眼里，下面有小鬼在推磨；锯人下油锅塑像，连锅里的油都做成了开锅沸腾的样子，栩栩如生。很多现在六七十岁的老人回忆起来都说，小的时候不敢来这里，因为太瘆人。想来塑这些像的根本目的就是让人不敢作恶。

据说这庙里的阎王是很灵验的。在徐家庄流传着一个广为人知的故事。果庄有一个卖盐的，正月十九庙会的时候来这里卖盐。买盐的说：“你得给俺够秤。”他赌咒发誓：“要是缺斤短两我就跳油锅。”等他卖完盐，会也散了，就见他把挑子放殿外面，自己就趴到油锅上了。过了好久才有个徐家庄人路过，看见他趴在油锅上面一动不动，很奇怪，就把他从油锅上拉出殿外。可是不一会儿，他又回去趴着，来来回回折腾了好几次。原来，是神在惩罚他不诚信的行为，因为他真的给别人少了秤。明白了之后，徐家庄人替他磕了个头，求神明说：“您别惩罚他了，以后叫他来还愿。”说了这话以后，果然就没事了。后来卖盐的两口子来还了愿，说是从那往后，再也不坑人了。

刘师傅，山东人，据说是一位妙手回春的医生，尤其在治疗疮病上独有金方，造福一方百姓。他去世后，村民为其塑身筑庙以为纪念。徐家庄的大夫徐学启说，过去人不讲卫生，条件也不好，所以长疮的人特别多。刘师傅擅长治疮，因此名扬百里，人们普遍信奉。到现在，人们已经不大长疮了，但还是希望刘师傅能给自己和家人治疗疾病，解除痛苦。因此还是有很多人信。正月十九徐家庄的庙会上，大部分人来烧纸就是烧给刘师傅的。

至于娃娃殿(一说该殿供奉的是送子观音)，顾名思义就是人们求子的地方。村民说，原先娃娃殿里面有好多小泥巴娃娃。那些不生育的，或者想要男孩的，就来这里来抱个小泥娃娃回家。至于泥娃娃是哪里来的，已经说不太清楚了。不过有村民记得有些人家会往庙里送泥娃娃。一般是家里生了几个孩子都没有养活的，好容易又生一个，为了保佑孩子长命百岁，就送个替身到庙里来。有的泥娃娃手里还夹着一毛两毛的钱，应该是来烧香许

愿的人放上去的。过去有胆大的小孩也会来娃娃殿里抱一个泥娃娃回去当玩具。一般来说，老人们都不愿意孩子来庙里。现在，那些比较娇的小孩（指体质比较弱的或者家里的独苗），家里还是不让他们来。

现在大庙已经不复存在了，每年正月十九庙会时，人们主要在大队部门口烧香、烧纸。周边村子里的人都来。因为人多，还引来了专门卖香纸的。那些平日里比较虔诚的、家里有事的或者许过什么愿的人会烧得多些。普通人就是意思意思，心到神知就可以了。负责这项仪式的主要是女人，男人一般不来。有时主妇外出不在家，男人们也会来烧烧纸，否则老觉得心里不安。

大庙兴盛的时候还有专门的看庙人。看庙算是一种工作，谁看庙，就给谁一定数量的土地耕种。最后一个看庙人叫徐庆连。关于他还有不少有意思的典故。一个是“徐庆连看庙不问神”。当时看庙的是徐庆连老两口，谁来庙里烧纸，看庙的就应该负责告诉神灵是谁来敬奉香纸。但是徐庆连自己不管，只叫他家里的（妻子）来做，久而久之，就流传下了“徐庆连看庙不问神”的俗语。

还有一个是“早撞钟，早上刑罚”。每天晚上，看庙的还有一项重要的职责就是撞钟、点灯。庙里原来有个钟楼子，里面是口大钟。每天天黑了以后由看庙人点上灯，撞了钟，这一天就算结束了，看庙人就可以回家了。这些事按理说应该是太阳下山后再做，但是徐庆连偏偏太阳还老高的时候就撞钟、点灯，然后回家。人家问他为什么这么早，他回答说：“早撞钟，早上刑罚。”意思是让那些犯了罪的人早受惩罚。

## 二、现今的庙会

庙会是围绕庙宇，结合宗教信仰或民间信仰的某些特定日期形成的集体祭祀活动，是民间信仰集中展演的最佳时空。人们在这一时期到庙里进香祭拜，求福祈祥。农耕时代的传统乡村，村民们可以买卖交易货物的场所屈指可数。因此，为满足周边居民的物质需求和交流需要，庙会在保持祭祀活动的同时，逐渐发展出集市交易活动。这时的庙会又名为“庙市”。庙市也是中国传统社会中的一种特殊形式的市集。为了增加庙会的娱乐性功能，不少庙会都有唱戏、杂耍和说书等民间文艺表演。徐家庄村民经常参加的庙会活动，就是集祭祀、交易、娱乐等诸功能于一体。

20世纪60年代以后，大部分村落中的庙宇被拆除，少有被重新修复的。庙虽然没有了，作为庙宇衍生物的庙会依然在徐家庄以及周边村民的生活中发挥着作用，既传承了遗留的民间信仰，还兼具娱乐交际功用。除了参加自己村落里的庙会活动，徐家庄的村民还习惯于到周边的村落赶会看戏、购物探亲。

**正月十九会** 对于徐家庄村民来说，最为重要的庙会当属每年正月十九的庙会，当地人称之为“十九会”。有庙的时候，这个庙会是围绕大庙开展的，也有人说这个庙会主要是祭祀刘师傅的。每逢庙会的时候，十里八乡的村民都会前来赶庙会，去庙里烧香磕头，请愿祈福。有许愿的，也有还愿的，多是求财、祛病的。庙会上，会有神妈妈替人烧纸，烧纸上供的人把自己带来的香纸交给神妈妈，然后报上自家的姓名，神妈妈就一边烧，一边还念叨着“这是谁谁谁供奉给刘师傅的”之类的话。上供的人最后要给神妈妈一两块钱以示酬谢。会上的神妈妈有徐家庄的，也有外庄的，但这两年都是外村来的。现在虽然没有庙了，但在习惯的驱使下，每到正月十九，大家依然来磕头、烧纸，包括周围各个村庄的村民。大队部门外，不到天明就聚集了很多烧香磕头的，从凌晨三四点钟开始烧，一直到下午，火纸灰堆得似小山，稍有风就到处乱飞。

除了信仰活动，以前十九会还有热闹的集市。人们在烧香磕头之外，还要赶大集、看大戏。大庙的西边是一个宽敞的场院，庙市就在场院里，卖菜的、卖日用品的、吹糖人的、卖玩具的都有。那些平时难得一见的拨浪鼓，黄泥捏的小狗、小鸟、泥巴罐子，格外吸引女人和孩子的视线。十九会的节期正好在开春农耕之前，所以这个庙市以前也是个重要的骡马市，供附近农民交易牛、马、骡子、驴等大牲口，以备春耕农忙之需。同时，其他庄的村民们也会借赶会之机来走亲戚，这是庄里最热闹的时刻。1964年“破四旧，立四新”的时候，庙会就停办了。到了“文化大革命”时期，大庙也被毁掉。生产队把庙西的场院盖成牛园子养牛。十九会的集市就再也没有恢复。

**东王庄庙会** 徐家庄村民还会在正月十六那一天前往村西北一两公里的东王庄参加庙会。东王庄的庙会供奉的也是一位神医，名为殷元杰。据

说这位神医生前是专门治眼疾的。这个庙会并不请戏，但并不妨碍附近村落的村民前往烧香拜神，为的是祈求家人眼明睛亮，身体健康，平安无恙。

**肖家庄庙会** 每年四月初八是徐家庄村民赶肖家庄庙会的日子。肖家庄距离徐家庄有三四公里的路程，其村庙供奉的是泰山奶奶碧霞元君。村庙里面有个高兴殿，供奉的是高兴爷，拜他能保佑家庭和睦，万事顺遂。村民在这一天往往会结伴前往烧香拜神，看大戏。

这个庙会上也有集市，改革开放前，这个集上的木货市和铁货市格外兴盛。因为庙会节期在麦子成熟之前，会后马上就要进入收割小麦的时节，所以庙市上主要交易的是农具，特别是麦季收割所必备的农具，如镰刀、木锨、木杈、木耙、扫帚、簸箕、[illegible]子等，一应俱全。对于马上就要进入麦季农忙的农民来讲，如果错过了这个庙会，很难在这个时间的其他集市上买到这些农具了。这里也有家具、木材的交易市场。每年肖家庄的木材市场上都有寻找合适木料的村民，为盖房修屋这件家庭大事做准备。

庙市上也有卖小孩玩具的、玩杂耍的和说书的；还有不少卖吃食的，粽子、大米糕、小米糕都有；还有搭起棚子卖饭菜的。改革开放前，赶庙会是大姑娘、小媳妇难得的娱乐。她们揣着掐辫子攒下的零花钱，来庙会上听听戏，看看杂耍，再听一回书；饿了就坐到饭棚里，买块锅饼，切上 2 块钱的熟肉，吃得饱饱的；临走再给家里的小娃娃买块糕，捎上个小玩具，心满意足地回家了。

**莲花山进香** 莲花山在新泰市北部，古称“新甫山”，因九峰环抱、状似莲花而更名。莲花山历史文化悠久，文物古迹丰富。乾隆《新泰县志·古迹》记载：“秦始皇东巡驻跸，汉武帝封禅于此，见仙人迹，建离宫于上。”至今山上仍存有汉武帝庙、甘露堂、炼丹院、炼丹炉遗址。

新甫山主要的寺观为云谷寺，里面既有佛教建筑，如观音殿、弥勒殿，也有道教建筑，如玉皇殿、王母殿。不过，在徐家庄，人们习惯于将莲花山称为“小泰山”，也习惯于六月六去那里进香祭拜泰山老奶奶。

莲花山与徐家庄还有极密切的关联。因为徐家庄的祖先徐琛曾经重修过那里的汉武帝庙，其子徐彬于元皇庆二年（1313 年）为此事立碑记之。

## 三、神灵与生活

民间信仰具有明显的多元特征，即不会出现被某种单一信仰所统治的情况。乌丙安在《中国民俗学》中提出，中国的民间信仰缺乏完整的体系，既没有至高无上的信仰对象，也没有支配信仰的权威，因此存在着很大程度的随意性。村民生活中信奉的神灵来源复杂，法力各异，信奉的人群也并不统一。在徐家庄人信奉的神灵中，有佛教体系中的观音和阎罗，也有道教系统的泰山奶奶（碧霞元君）和关帝，更多的是些非佛非道的民间杂神，如土地、刘师傅、高兴爷等。民间信仰完全出于实用主义的传统心态，因此崇拜对象并不固定。

对于神灵，徐家庄的村民大都是抱着“宁可信其有，不可信其无”的信条。按照传统，人们会在特定的时间与节日里祭祀不同的神灵，以期消灾避难，福佑家人。日常生活中，神灵与村民朝夕相伴却又常常不被意识到，只有在某些特殊需要的时候，神灵才又出现在人们的视野里。

### （一）各家各户的神

有些神灵和人们的关系是抬头不见低头见，他们就在人们的身边，家家户户都能看到他们的身影，比如驻守大门的门神、灶台上方的灶神。他们眼看着人们每天进进出出，烧水做饭，似乎就是家庭的一员。

徐家庄人一直有贴门神的习俗，以保家宅平安。从集市上买来的彩色套印的门神年画，过年的时候贴到大门上，之后经年不动，到下一年再换张新的。现在贴门神年画的人家已经很少了，大部分习惯在大门上贴对联。有的人家也会在大门旁边挂香牌子，过年的时候插上香祭拜门神。

徐家庄人的屋里会贴着灶王爷和灶王奶奶的画像。“四清运动”时，不让供奉各种神灵，也不许贴灶王爷和灶王奶奶的像，但是有的村民会把灶王像贴到屋门后面，打开门就被遮挡住。在门后的灶王像前面垒一个泥台，上面放着油罐子、盐罐子等，正好把灶王像挡住。腊月二十三的时候，这些虔诚的村民还会偷偷地供养，然后辞灶。他们相信灶王爷是一家之主，观察并记录着家庭成员的言行，无论恶毒的还是善良的语言和行为，都会成为灶王

爷上天汇报给天帝的内容，并以此作为惩罚和奖励的依据。传说过去有个不孝的儿媳妇，婆婆出去干活了，她就在厨房里下了包子，偷偷和孩子一起吃，不给婆婆留。等婆婆回来，她用下包子的汤做了糊涂，端着窝头给婆婆吃。这一切灶王爷都看在眼里，后来上天报告，老天爷就惩罚了这个不孝的儿媳妇。反过来，如果这家里有什么善行或孝行，那么灶王爷也会上天汇报，老天爷就会奖励这家人，一般是

香牌子

路口的影壁墙

给他们增加寿数。正所谓：“上天言好事，回宫降吉祥。”每年的腊月二十三是灶王爷上天的日子，人们会摆上供品，点上香。供品就是几个菜，还有必不可少的糖瓜，为的是让灶王爷吃了糖瓜上天只说这家人的好话。然后把旧的灶王爷画像取下来，连同烧纸一起烧掉，意为灶王爷上天了。等到过年的时候再把新买的灶王画像贴上，灶王爷就又回到这个家里了。平日里，为了讨好灶王爷，有了什么好吃的，比如水饺，也要舀上一小碗，端到灶王爷的画像前放一会儿，供养供养他。

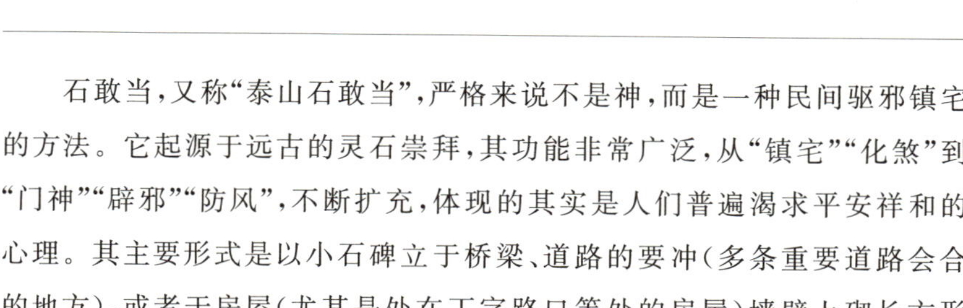

石敢当，又称“泰山石敢当”，严格来说不是神，而是一种民间驱邪镇宅的方法。它起源于远古的灵石崇拜，其功能非常广泛，从“镇宅”“化煞”到“门神”“辟邪”“防风”，不断扩充，体现的其实是人们普遍渴求平安祥和的心理。其主要形式是以小石碑立于桥梁、道路的要冲（多条重要道路会合的地方），或者于房屋（尤其是处在丁字路口等处的房屋）墙壁上砌长方形青石，上刻“石敢当”或“泰山石敢当”之类字样，以禁压不祥。

泰山石敢当

(二)集体祭祀的神

除了各家各户里保佑平安的神灵，还有些属于集体的神灵。因为对这些神灵的祭祀受益的是全体而非个人，所以每年都有对他们的集体供奉与祭拜。在徐家庄，这些神主要指的是路神、山神和老天爷。他们法力灵验，能够保佑人们出行顺遂、日常安居以及劳作无忧，是村落生活中重要的保护神。这种集体祭拜的活动一般在村子里的十字路口举行，每个村落都有几处这样的祭拜点，方便附近居民集体祭拜。人们把这种在大路上举行的集体性的祭拜活动称为“打路斋”。

打路斋其实山东各地都有，比如临沂费县打路斋是祭祀雹神，新泰县城是六月初一打路斋祭祀路神，保佑出行平安。而徐家庄六月初六打路斋祭祀的是山神，即泰山奶奶。

新泰地区多山地丘陵，所以狼也比较多。一到夏天，狼就到处窜，有的

时候在庄稼窠里藏着，有的时候在大路边草丛里蹲着，有的时候还会进村子叼走小孩。20 世纪 50 年代，有一年夏天傍晚，徐家庄邻村苏庄一个 2 岁的孩子在院子里吃饭，大人在屋子里，结果一会儿工夫孩子就让狼叼走了。大人发现以后立刻去断(追)。虽然断回来了，但是孩子已经被咬死了。为了请求泰山奶奶保佑，管着这些野兽，不要出来败坏孩子，徐家庄的村民每年六月六举行打路斋的仪式，祭拜泰山奶奶。

20 世纪五六十年代的时候，一般是以生产队为单位，一家拿上一刀纸，切一骨碌黄瓜，煎上一盘豆腐、一盘鸡蛋，摆上酒盅、筷子，献上茶，点上三根线香放到香炉里，大家一起来请神仙。推选一位能说会道的人出来念叨："泰山奶奶管着野狗子，别叫吓唬小孩，各家各户都来给你送钱了……"待香燃一半，把酒浇到地上。再满酒，再浇到地上。总共重复三遍。香烧完了就烧纸，大家一起磕头，周围看热闹的小孩也要磕头。磕完头，仪式结束，小孩就可以抢供桌上的黄瓜了。各家拿来的豆腐和鸡蛋要赶紧收起来，不让小孩抢。纸是家家户户都出，菜是大家凑的，谁主持谁拿黄瓜、筷子和茶碗、酒盅。现在人们生活富裕了，祭品丰富多了，各色时令瓜果、蔬菜和水饺都有，最后让孩子吃了也不会心疼。

现在，村民也流行在腊月初一和六月初一祭祀天地和路神。老话说："六腊月，不出门。"因为天气一冷一热，最不适宜出门。选择这样的时间祭拜路神也有一定的道理。祭祀路神也是在村子里的十字路口举行，大多是女人参加，供品中的水饺一定是素馅的，以香菜豆腐居多。以前徐家庄并不在六月初一祭祀路神，应该是最近 20 年，外出打工的人越来越多，家里的车也越来越多，人们才对路神格外重视起来。尤其是那些做生意的人家，目的是"路多宽，人多宽，求着各路神仙保平安"。而腊月初一祭祀的不仅仅是路神，还有各路神仙，一年结束，进入农闲，也快过年了，需要烧烧纸，拜拜神仙，仪式不太隆重，表示一下心意即可。

旱灾是新泰地区的主要自然灾害，发生频繁，持续时间长，波及范围广，对农业生产威胁极大。所以，每逢干旱，村民们就以生产队或家族为单位，攒纸、凑东西，集体举行祭拜仪式。村民们认为掌管下雨的是老天爷，他就是求告的对象。

求雨的地点就在村子里的大街上，有的时候在庄皮上求。仪式与其他打路斋差不多，念叨的说辞不外乎“老天爷开开善心，下下雨吧，要不然就干死了，老百姓没法过了”云云。跟其他稍有不同的是，求雨需要特别准备一筲水。仪式结束后，村民从水筲里舀水，一瓢一瓢地相互往身上泼水。有泼的，有躲的，非常热闹。说来奇怪，往往头天求了雨第二天就下。也有村民认为，求雨都是等到旱极了才求，其实也已经到了快下雨的时候了，所以才显得灵验。不管怎么说，既然有效，这项古老的习俗就有了流传的可能性和必要性。

### （三）神与人的媒介

在新泰地区，人们管通过巫术给人治病、解除疑惑的女人叫“神妈妈”。她们介于神与人之间，村落中所有与神灵相关的活动大都需要借助她们的力量，她们是神灵介入普通人生活的重要媒介。

一般来说，村民有虚病的时候会前往神妈妈家中求助，并主动给神妈妈一定的压香钱，费用不拘多少，表达个人的感谢之意。有时也会将神妈妈请到自己家中。事毕，主家要设宴款待神妈妈，并邀请邻居们作陪。现在很多企业的大老板或者做生意的都很重视财运，往往不惜重金向神妈妈问事请示。事情达成以后，这些主家还要还愿，这时会给神妈妈更多的压香钱。徐家庄中也有这样的神妈妈。

神妈妈的灵力有大有小，名声和影响范围也不一样。有的可以治愈疑难杂症，十里八乡的都来求告；有些就只能在本村从事类似叫魂、还愿、挂锁子、认干亲的活动。

**治病**　神妈妈治病有规矩。据村民回忆，他家里有人得了癌症，在医院接受正规治疗，家里人则请神妈妈来家中作法。神妈妈在堂屋里摆上桌子，拿个新笤帚，左边扫四下，右边扫八下，口中念念有词，诸如“神手接凡手，都扑拉着给他治病，保佑着别叫他再难受了”之类。所谓“凡手”，指的就是医生，意为神灵和医生一起给人治病。然后，神妈妈在大门根儿、院南边和桌下各烧一次纸。烧完了所有人都去磕头，法事就算做完了。

没有人能证明神妈妈可以包治百病，很多时候只是当事人求个心理安慰。

**还愿**　一般家里有难事的、有病人的，为了家人健康平安会向神灵许愿，一旦病愈或事情得到解决，就需要还愿。还愿必须借助神妈妈的力量。

还愿的时候,必须要有一只活鸡,神妈妈从活鸡的鸡冠上取血,将鸡血点到特定的方位,然后烧纸。神妈妈还需要有一套说辞,念完就算完成了还愿的仪式。主家给神妈妈压香钱,神妈妈走的时候会把那只鸡也带走。像还愿这类相对比较简单的仪式,神妈妈若不方便亲自前来,也会告诉主家具体步骤和说辞,由主家自己完成仪式。这样的情况下,乡里乡亲的,也就不收压香钱了。

据说,20世纪90年代,有一位在外工作的徐家庄人得了一场急病,半夜里突发脑血栓,后来虽然治好了,但家里人总觉得蹊跷。他的二姐就到自己村里的神妈妈那里去问事。神妈妈告诉二姐,小时候家人曾经给他许了个愿,必须还了这个愿才能祛病消灾。神妈妈把步骤告诉了二姐,后来由她主持,在老家的宅院里替弟弟完成了还愿的仪式。还愿用的那只鸡最后则被家人一起吃掉了。

过去村民婚后不育或没有男孩,也要请神妈妈来查看,神妈妈会告诉主家如何去做,有何禁忌,包括到原来的大庙里去拴娃娃。

神妈妈家里一般都供着神,神灵塑像放在专门的架子上或桌子上,用红布盖着,叫"神桌子",一般人见不到。至于谁能成为神妈妈,要看个人的因缘。据苏庄嫁过来的一位村民说,苏庄现在就有一位比较有名的神妈妈。她原来也是个普通人,结果到了40多岁,好好的就犯病,睡着觉就被惊醒,整天睡不好觉,有时候走着、坐着的就没了神。别人都说这是招了神了。于是她就找了个神妈妈,神妈妈说她需要安个神桌子,因为她就是这样的人,这是神找着她了,要收她为徒。打那起她就信了神,安了神桌子,自己的病也好了,开始给人治病问事了。一开始她不太出名,后来据说因为比较灵验,找她的人越来越多,很多离得远的人都开着车来请她。

每一个神妈妈供奉的神不尽相同,一旦供奉了神灵,就必须专一。因为神是有情感的,会嫉妒,会生气。曾经有这样一个故事,说的是一个老太太在家中供奉了一位神灵,后来又去另外的地方,给别的神灵磕头。结果磕头的时候一下子就趴在地上昏死过去。经施救,五六分钟后她才醒过来。有的村民就认为是老太太供奉的神灵对她祭拜别的神灵表示不满,以示惩罚。

也有一些村落里的老太太信神,却没有在家供奉;懂些与神灵相关的事,本领又不是特别高。人们认为她们是半拉子神妈妈。但是这些人往往都很热心，一家子的、邻居的，包括整个村落中的，凡是与神灵信仰相关的活动总是积极参加，有时还是领头人。一个村子里总有几个这样的老太太。

**叫魂** 徐家庄的六老奶奶就是这样的热心人。20世纪70年代，有一年，村民孙某带着自己5岁的女儿去送粥米。他们是坐着推车去的，农历的十一月天很冷，又刮着大风，孩子回来就发起了高烧，脸通红，眼没神。恰好让六老奶奶看见了，她一摸，说孩子是掉了魂了，得给她叫叫。傍晚，六老奶奶就来到孙某家里，弄两碗清水放到门口，一个碗顶上蒙上火纸，用筷子从另一个碗里向火纸上撩水，火纸湿透了，就往下滴答水，这就算是把魂叫回来了。然后把火纸包一包，放到小孩怀里，算是把魂送回孩子身体里去了。六老奶奶叫魂都是给亲戚邻居家叫的，有时要连着叫好几晚上。六奶奶既不收钱，也不收东西，就是自己愿意干。

**挂锁子** 过去生活条件和卫生医疗条件都比较差，婴幼儿经常生病，成活率低。为了保佑孩子健康成长，徐家庄有给小孩子挂锁子的习俗。直到现在，有些经常生病的孩子找神妈妈给看了，神妈妈可能会说："你这个孩子有锁子，需要开锁。"意思是孩子命里有灾难，开锁意味着把这个事解开了，保佑他以后没灾没难。

要开锁首先得挂锁。挂锁和开锁都需要用铜锁和铜钱。挂锁就是象征性地将铜锁锁住，意为已经把孩子锁住了，然后烧纸，由神妈妈给念叨念叨。等孩子长到五六岁再进行开锁仪式。开锁时家里要摆上供，制菜、盘鸡、烧纸放在簸箩里。铜锁挂在孩子的脖子上，钥匙系在一串制钱上放在孩子后背，然后让孩子围着磨转，左转三圈，右转三圈，最后把锁打开，烧纸、磕头，仪式完成。开锁后要请神妈妈吃饭，给香火钱。

现在婴儿出生时有脐带绕颈的，不少老人依然认为这种孩子需要请神妈妈来挂锁子。挂锁子和开锁子用的铜锁、铜钱是可以重复用的，而且据说用过的铜钱能给后面挂锁的孩子带来好运。开锁用的铜锁、制钱大多是借来的。

**认干亲** 如果小孩子经常生病，用当地人的话说就是"比较癞"，这时候就需要替他认个干亲，保佑其长命百岁。至于认谁做干亲则需要神妈妈来算。神妈妈会根据孩子的生辰八字告诉家长应该找个什么姓的人来当干娘。磕头认了干娘以后，每逢生日或者年节的时候，孩子都要带着礼物去探

望干娘。当然,干娘也可以到干儿子、干女儿家里做客,这样就形成了一种可以经常走动的亲戚关系。干娘不一定是人,也有认石头、槐树当干娘的,无论哪一种,人们相信都能够保佑孩子健康成长。

有村民回忆自己小时候,大年初一早上起来,发现家门口的碾上有个黑碗,里面有十二三个包子,一双新筷子,碾杆上还缠上了红绳。她非常纳闷,后来才知道是有人一大早认了碾做干娘,包子是给干娘的礼物。于是她就把包子拿回家吃了,红头绳自己用了。第二年她还想着这件事,大年初一一早又去看,结果什么都没有,可能是被别人拿走了。像这种认干娘的一般是在五更天。第一次去的时候得由神妈妈领着,点上香,孩子给碾磕头,神妈妈念叨着,让石头收下这个干儿子或干女儿。以后连着三年过年都要给石头干娘送吃的。

(四)报应故事

在日常生活中,很多人虽然并没有什么明确的对神灵的信仰,或者也没有定期供奉神灵的习惯,但是每个人心中其实都有一些比较执着的对善恶的坚持,人们普遍相信善有善报,恶有恶报,不是不报,时候未到。所以生活中要行善积德,不能作恶。而中国传统的善行之首就是孝道,即所谓的"百善孝为先"。很多民间流传的报应故事,其实就是为了劝导人们善待父母。

传说有一个老太太带着小孙女去过阴,即到阴间去。临行前老太太对小孙女说:"你到了地方,别说话,只看就行。"到了阴间,小姑娘看到一头驴,屁股上放了一盏灯,被鞭打着不停地推磨。又看见一条狗,头上顶着一盏灯,在那里拉碌轴。小姑娘很好奇,就问奶奶驴为什么要顶着个灯推磨。老太太一听孙女开口说话,就赶紧拉着她往回跑。结果一到家,家里的老母猪刚好生了小猪,小孙女一下子就托生成了小猪。老太太赶紧把小猪摔死,孙女又变成了人形。老太太就对小孙女说,那头驴是村里的道士的替身。道士贪污了人家修庙的钱,所以在阴间就被惩罚,那个灯其实就是个疮。果然,道士真的就在腰间生了个疮。而那条狗是自己家的一个侄媳妇,不孝顺婆婆,所以乳房上生了个疮。后来老太太分别对道士和侄媳妇讲了阴间的见闻。两个人听后幡然悔悟,疮自然也就好了,他们都对老太太非常感激。

还有一个故事,说的是婆婆眼睛不好,看不见了。儿媳妇这天掏鸡窝,发现里面有很多蛴螬(一种虫子),就把蛴螬洗了洗,剁了剁,给婆婆包包子。婆婆吃了觉得味道不错,还问儿媳妇:"你这是给我包的什么,忒好吃了。"儿媳妇也不说。过了一会儿,眼看着天突然就阴了,又是下雨又是打雷,而且那雷专门劈儿媳妇,她走到哪里那雷和闪就跟到哪里。媳妇赶紧进屋,背起婆婆往外跑,在院子里转着圈跑,还一边祷告:"我改了,我再也不给老的吃脏东西了。"这才慢慢地雨收云住。过去人们都说:"不做亏心事,不怕天打雷。"做了亏心事的人都怕打雷。

这类报应故事在民间口头流传的还有很多,其目的就是利用人们对神灵、天地的敬畏心理,引导人们弃恶从善。

## 四、日常禁忌

禁忌往往因信仰而生,或者出于对神灵的敬畏,或者为了生活平安顺遂,也有的是为了求禳解祸。禁忌的内容庞杂,存在于生产、生活等各个方面。在人力不能把握命运或自感无助而生恐惧时,禁忌是民间心理和社会生活中的常见现象。有些禁忌是社会约定俗成的规则,如不吃有五个爪的禽、兽,不祸害燕子;也有些禁忌是人们长时期生活经验的总结,比如不走夜路。当然,很多禁忌并不科学,在掌握现代科学知识的人看来是无稽之谈。

在徐家庄,还有很多日常的行为禁忌,作为生活的传统代代相传。其中的大部分人们也说不清楚来源,但是这些禁忌或多或少与巫术、信仰意识有一定的关联。

**不吃长有五个爪的禽、兽** 徐家庄人认为,人的手脚都有五指(趾),其他禽、兽中如果也长有五个爪,那么它就与人有某种神秘的渊源,是不能杀,更不能吃的,否则对人不好。庄里人常说的此类物种就是刺猬,还有就是极个别的鸡。庄里人买鸡或杀鸡时,都会先看看鸡爪子,如果是五个爪就会说"五爪子鸡,犯忌讳"。而刺猬据说叫起来像老头子咳嗽,更是让人忌惮。

**祸害燕子会瞎眼** 燕子是居家之鸟,喜欢在人居住的室内屋顶或屋檐下筑巢,而且冬去春来,非常恋家,与人有天然的亲近感。通过近距离观察,人们也清楚地看到,燕子能帮助人类吃掉许多祸害农作物的虫子,是益鸟。从小孩子们就听大人们说:"不能祸害燕子,谁祸害了燕子谁就瞎眼。"所以,

农村的孩子虽然经常以捕鸟、捉鱼为乐，但没有人敢打燕子的主意，一向对燕子畏而远之。现在想来，所谓瞎眼的禁忌，是指燕子就活在人的眼皮子底下，这么恋家，又帮人除虫，只要眼不瞎的人都能看到。如果有人不念情面，祸害燕子，那他肯定就是瞎了眼了。

**蛇是宅神，敬而远之**　庄里人称蛇是“小龙”，把属蛇的人都说成“属小龙的”。徐家庄属平原地形，蛇类很少。但在一些老宅子里，特别是拆除老宅时，也会发现蛇。蛇长相奇异，神出鬼没，让人望而生畏，再加上与传说中的龙联系在一起，人们一般敬而远之。庄里人发现蛇时，会躲开它，说一声“回去吧”。如果在屋里发现蛇，会用工具把它“请出去”，请它离自己远一点。

**夜猫子进宅要死人**　庄里人说的“夜猫子”是指猫头鹰，也是村南老林里常见的一种鸟。猫头鹰昼伏夜出，而且还会发出就像人尖笑一样的叫声，非常刺耳，也很瘆人。因为夜猫子喜欢在人迹罕至的坟地里、深林中活动，庄里人认为它与死亡渊源很深，能预知人的死期，哪家有人快死了，甚至包括身在外地的人快死了，猫头鹰都会提前到场，发出尖叫。因此，猫头鹰被庄里人认为是一种很不吉利的鸟，但人们对它又无可奈何。

**不走夜路**　村庄里一般没有路灯，照明条件差，一到天黑，到处都漆黑一团，阴天时甚至伸手不见五指。村子外面只能听到风吹树枝、庄稼叶的声响以及虫鸣。脚下路不平整，深一脚浅一脚地行走，怎么想怎么瘆得慌。客观条件下的反应最终生成了心理上的感应，庄里人认为夜间是鬼、怪等非人类活动的时间，人与它们撞见是要倒霉的。特别是再有一两个吓掉魂的例子，更是验证了不走夜路这一禁忌的存在价值。

还有一些地方也要尽量避开，比如舍地。所谓“舍地”，就是闹症候的无主地，或者埋过死孩子、出现过怪异事的地方。村民认为在舍地里走会让人掉魂。

水库、路口、枯井等，也是家长禁止孩子单独去玩的地方，据说这些地方常常有不干净的东西，三年找一个替身，找到替身才能解脱，孩子单独去会很危险。

**坟墓里的东西不吉利**　庄里人认为死人用过的东西不干净，拿了不吉利。人们在种地或垦荒、挖井、造渠、使土时，偶尔会挖到老坟子。里面的一些东西如坛坛罐罐的，是绝对不允许带进家的。但也有一些东西，可以拿来再利用。如砌坟用的砖，一般会用来修盖“牛园子”、桥等公家的建筑物，“寿漆板”会用来临时搭个过水桥、垫个坑什么的。

**家门不能正对着树**　庄里人喜欢自家的大门冲向大街，敞亮、便捷，忌讳家门前正对着大树。他们认为树挡风水，门前的树会挡得家和家里人都“不旺相”。因此，庄里人栽树时都会特别注意这一点，一般栽在大门两侧，大门正对着的地方则越敞亮越好。

**嫁出去的闺女不能回家过年**　中国传统家庭继嗣制度是以男性的血统为继嗣的依据，所以，人们认为闺女出嫁以后就是外人了，而过年是家族祭祖、一家团圆的大事，外人出现了是不吉利的。常言说：“过年饺子没外人。”庄里人过年都图吉利，宁可信其有，也就都信守这一禁忌了。其实，如果没有极特殊的情况，每家的女主人都是过年生活的核心人物，根本离不开，想回娘家也是不可能的。所以，这样的禁忌落实起来并不困难。

**盖房禁忌**　过去，当地人盖房如果靠近土地庙或者家庙，有个习惯必须遵循。即：宁住庙前，不住庙后；宁住庙东，不住庙西。所谓的前、后、东、西，指的是房屋连着盖的时候。如果不得已盖在庙宇的后面或者西边，就需要隔开一条街。所以，徐家庄家庙后面的土地长期以来一直空着。

**桃木辟邪**　庄里人相信桃木可以辟邪，所以会将小桃核磨好穿眼用红绳系在小孩手腕上。大人如果八字软，好生病，好掉魂，也可以用桃木来辟邪。具体做法是：砍一段朝东南的桃枝，刻成刀或棍的样子（称为“大刀”和“吉利棍”），钉到腰带上，每天带着。

# 第九章 村里的人 村里的事

每个村落都有自己的故事，随着时间的流逝留下或深或浅的记忆，有些是集体共同的经历，有些则带有浓厚的个人色彩，不管是哪一种，都有强烈的时代特色。在徐家庄，村落故事的主线往往是按照时间来排序的，人们说起自己记忆中的生活，往往会以“生产队的时候”“分地以后”等这样的时间点来标注。我们也是以这样的时间作为标题，记录徐家庄人记忆中的共同生活。其中既有为了生存而作的坚持与抗争，也有为了追求幸福而作的各种努力，每一段记忆都伴随着那些不能磨灭的历史。由于我们目前所能采访到的老人大部分集中在60～70岁，所以，他们的故事发生的年代往往也不是太遥远。

## 一、生产队的记忆

**大炼钢铁**　1958年是让庄里人记忆深刻的一年。大炼钢铁、吃食堂……现在说起来，很多人依然觉得那些日子过得好像闹着玩，却又那么惨痛。其实开始的时候上面传达的是把废旧不用的铁器拿来炼钢，结果执行的时候却成了把家家户户的铁制品收上来炼钢。从生活用的锅铲、鏊子、铁壶到生产用的铁锨、锄头，甚至连墙上的铁钉儿，橱柜上的门鼻儿、插销都起下来收缴了。队里的干部带着人挨家挨户地搜铁器和粮食。很多人把家里的铁盆、铁壶藏了起来,有的藏在夹胡道里,有的藏在白菜窨子里,还有的干脆埋到地下。为了防止别人看出土是新挖开的,村民还在上面摊上粪。各种斗智斗勇的行为,村民现在回忆起来都觉得好笑。

炼钢的炉子就支在坡里。除了成年劳动力,连学生也停课炼钢铁。年龄小的学生力气小,就负责抬砖支炉子。年龄大的中学生在老师的带领下到新汶煤矿运炭。25 公里的路,一天来回。当时运炭也不需要钱,只要庄里开了介绍信,煤矿就得给,因为那时煤矿产的炭也不许往外卖,必须都用来炼钢。有的学生要去北岭抬铁矿石。

除了煤炭,炼钢主要还是用一般的柴草。为了炼钢,庄里人把老林的树都砍来烧火,一人合抱那么粗的树砍成一骨碌一骨碌的都烧了。但是这样的炉火温度并不高,所以炼出来的都是些铁饼饼,根本没什么用处。那个时节每个村都有一两个高烟囱,炉火白黑不停歇,人们则轮流在坡里值班照看炉火。如果晚上到坡里去,到处明晃晃的,炉火,灯火,一片喧嚣。

**吃食堂** 1958 年“大跃进”的时候,家家户户吃食堂。

各家各户不再自己做饭,男女劳力都去大炼钢铁。能待在家里的只有七八十岁的老人和未成年的孩子。为了保证食堂的粮食供应,家家户户要拿出家里的存粮集中到食堂里。生产队有专人去各家各户收粮。队里的人到处翻,人们就想方设法地藏,甚至有人把粮食缝到枕头里。

食堂有一个管理员,一个会计,还有 10 多个做饭的妇女。庄里人分到饭票,凭饭票领窝头或煎饼。偶尔食堂会发馒头,但是只给外面干活的劳力,家里的老人、小孩只能吃窝头。

留在食堂做饭的一般都是手艺好的、干净利索的媳妇,她们有的负责推磨,有的负责摊煎饼、叠煎饼,也有负责做糊涂(即米面做的稀粥)或者去地里送饭的。大家各司其职。这些做饭的妇女也常常利用自己的便利条件给自家多弄点吃的。比如,来食堂干活的时候穿着两层褂子,摊煎饼的时候脱下一件,等到离开的时候把煎饼藏袖子里,然后搭上另外一件衣服遮掩着走。有的时候,家里的小孩来找妈妈,她们也会给孩子吃一个煎饼。

食堂总共维持了不到一年的时间。开始的时候地瓜和高粱比较富裕,发的高粱窝头都吃不了,但也不能浪费,有的人家就把窝头切成片晒干。到

后来粮食就不够吃了，把以前晒干的高粱窝头都吃了也不够。再往后，公社也不拨粮食了，生产队里的粮食也不多了，食堂就办不下去了，只能按量发给个人自己做，每天小孩四两(200 克)粮食，成年人半斤(250 克)，棒劳力是一斤(500 克)，所有人的粮食都不够吃。

除了食堂，那时候还把裁缝、会做活的人集中在一起，集中为村民缝补衣服。

**打狗与扒墙**　1958 年的确是个让人记忆深刻的年份，从村民的顺口溜中，我们隐约可以看到那个年月的混乱纷扰。“五八年，真是强；先打狗，后扒墙；炼下钢铁，吃食堂。”

所谓的“打狗”，主要是为了沤肥。那时庄里有专门的打狗队，在大街上到处打狗，逮住谁的打谁的，庄里的狗被打死了好多。有的人把狗拴在家里，打狗队也会进家找狗，但是厉害的人家不敢去，只找老实人家。狗打死以后就扔到大瓮里，用水泡，沤成肥，然后用来浇地。大瓮也是各家各户拿出来的，都放在坡里。不仅是狗，其他打死的小动物，如兔子等，也往里放。村民们背地里嘀咕，说是好的狗肉其实都叫打狗队的吃了，剩下的皮毛骨头才放到瓮里，也不知真假。

除了打狗沤肥，也用植物沤肥，就是把草、麦秸加上土和水，一堆一堆地在地头上沤绿肥。这些绿肥沤在坡里，沤好了生产队就会叫人挑了浇地。各个生产队每天沤多少肥都需要一一上报。但是最终的结果却是很多人根本不愿用，只有自留地在附近人才会去挑。

扒墙是指把各家的院墙拆掉，通开庄里的大路。那时整个村子四通八达，邻里之间都没有了界限，各家互相通气，出门就能看见别人家。据说是为当时的政治形势所迫，准备打游击战。

**挨饿的记忆**　改革开放以前，整个山东农村，哪里都能找到因为粮食匮乏而挨饿的记忆。但是说起最强烈、最深刻的挨饿经历却怎么也躲不过 1959～1961 年的三年困难时期。

在徐家庄人的记忆里，那也是一个历史节点，往往说完了 1958 年就自然而然地提到 1959 年挨饿的经历。虽然那几年出现了大的灾害，但是徐家庄人对天灾似乎没有什么深刻的印象，人们普遍记得的是 1958 年那个丰收年，为了炼钢铁，地里的庄稼都顾不上收，人们去拉煤、拉矿石的时候穿过没有人收割的庄稼地,把粮食都踩烂了。

其实早在1958年底食堂解散的时候粮食就已经不够吃的了。每人每天的定量粮食不足以果腹,家里的存粮也被搜罗一空。为了充饥,人们用杨树叶、梧桐树叶,掺上谷子面蒸窝窝。因为树叶没有黏性,窝窝都不能成型。那时的标准是一人一天四五两(约250克)的粮食,所以很多人家只能做半汤半水的饭,用大锅煮萝卜加上点糊涂面,一人喝一大碗。有的人家里还剩下一点没有被队里收去的腌咸菜,等到什么吃的都没有的时候,连咸菜水都喝了。徐家庄当时也饿死了六七个人,仅仅生产六队就饿死了两个。

1960～1962年,不仅是庄里人,在外工作的人也同样挨饿,因为有钱也买不到吃的,所以当时流传着这样的民谣:"七级工,八级工,不及社员半沟葱。"

不过也有例外,据徐家庄在外教学的老师尹成功回忆:"1959年我没有挨饿,那时候我在刘杜教学,一去了我就把自己的粮本交给那边队里,我就不管了。他们有搞副业的,要出去跑业务,需要粮票,队里每天就给我十个煎饼,也不用交钱。人家那边的副业搞得好,那时候还偷着养猪。我记得有一年回来过年还割给我块肉。1959年挨饿是庄稼都埋地里去了,浪费了。人家那个庄里没有一点浪费,把粮食全收了,堆了一屋子。那时候我还可以从刘杜带点粮食回家,所以家里人也没怎么挨饿。"

**农业学大寨** 大寨是山西昔阳县大寨公社的一个大队,原本是一个贫穷的小山村。农业合作化后,社员们开山凿坡,修造梯田,使粮食亩产增长了7倍。1964年3月,时任中共山西省委书记的陶鲁笳向毛泽东汇报了大寨事迹。毛泽东高兴地说:"穷山沟里出好文章。"同年12月21日,第三届全国人大一次会议上,周恩来总理在《政府工作报告》中专门表扬了大寨,他把"大寨精神"总结为八个字:"自力更生,艰苦奋斗。"这一年,轰轰烈烈的"农业学大寨"运动迅速在全国展开。

关于这段历史背景,徐家庄的老少乡亲其实并不清楚,但他们知道那个时候生活又有了新的变化。

生产队按照上级要求整理大寨田,男女老少都要到坡里去翻地,把地整成方的,弄成样本田。为了保证深耕细作,队里要求必须用铁锨铲,不能用牛耕。据说人工翻地会翻得更深更细,但是实际上谁也不愿出那么多力。

为了确保学习到位，每个生产队还派驻一个工作组，规定每个人每天铲地的任务。人们也会苦中作乐，干一阵子就休息休息，还会在地头上唱唱歌。

同一时期，供销社里的生活必需品，比如煤油、盐、白糖、红糖等，不能用钱购买了，只能用鸡蛋交换。因为那时政府鼓励农户养鸡产蛋，以保证城市人口和军用的鸡蛋。至于家里不养鸡的，就只能用钱买了人家的鸡蛋再去换，实在太不方便。政策大概实行了有一年多后，改成了由供销社来收买农户的鸡蛋。其实农户也愿意把鸡蛋卖给供销社，毕竟比自己到市场上卖要省劲，而且卖了鸡蛋可以顺便在供销社买点别的东西。

**集体劳动**　作为独立的经济核算单位，生产队不仅掌管着年终的粮食分配，更组织安排着一年的生产耕作。平时，队里的生产活动由队长负责安排，副队长带领劳动，记工员负责记录人员出工情况。

工分，顾名思义就是劳动的分值，是生产队年终时用来分配粮食和钱的重要依据。具体来说，一个男性整劳力出一天工记 10 个工分，一个女性整劳力出一天工记 8 分，其他则按照劳力的身体条件和年龄来定工分。

队员们按照生产队的安排统一出工、吃饭、收工，这种集体劳作本来是为了更加集约地使用劳动力。但是由于生产队管理不到位，队员往往出工不出力，“大锅饭”现象在农村劳动中也体现得非常明显。有的队长管得严格些，队里的庄稼收成就好些，年尾大家分的粮食也就多些；有的队长能力弱些，脾气好些，管不住队员，庄稼产量自然也就提不上去。所以在选举队长的时候，虽然人们不愿意受到严厉的管束，但为了自身的利益也会选择能让粮食增收的队长做带头人。

既然大部分劳力都在坡里干活，就得有人去送饭。这是女人的工作，但也是由队里安排的。送饭一般需要两个女人，她们抬着喂牛的筛子，一家一家地去收敛饭菜。饭菜都是各人家准备的，菜用碗盛着，煎饼用包袱包着，一起都放在筛子里。饭菜收齐了，一个妇女挑着饭，另一个挑着开水，两人一起送到地头。她们一天要送两顿：8 点送一次，中午 12 点送一次。送饭的女人还要管着烧开水，用的是集体的柴。一般需要送饭的劳力都有老人在家做饭。

**工作组**　从 20 世纪 60 年代起，为了进行政策宣传和工作指导，很多村落都派驻了工作组或工作队。

1964 年,“四清”工作组下乡,主要抓阶级斗争,抓生产,“破四旧”。就是那个时候,徐家庄的孝子牌坊被拉倒了,主要的石头被担在村南边的小河上,成了一座小桥。也是那个时期,庄里的土地庙、关帝庙等神庙都被拆了。徐氏家族的家庙由于已经被用作学校了,反而没有动,只是祖宗牌位被扔了。

每个月初四、初九的晚上工作组要组织斗争会,平时要扫黄抄家,查抄黄色书籍和封建的东西。工作组会找本村的人去抄,也给记工分。这种情况各村都类似。有村民回忆说,当时家里人害怕抄家,把老辈里留下的康熙字典给烧了,结果没有烧干净,被人发现以后还挨了批斗。那时候流传的歌谣就是:“工作队下了乡,地、富、反、坏垮了台。”

1966 年以后,下乡的叫“文化大革命”工作组,成员由县里统一抽调,有干部,也有庄里的积极分子和高中生。

1976 年,“农业学大寨”工作队下乡。工作队权力很大,上至大队领导,下到普通村民,他们都有权管束。工作队每天都要去公社驻地的毛主席灵堂悼念毛主席,然后才到各个村里去。工作队下乡期间发动群众改河造地,即把河道统一规划,原来五六十米的河道被改成二三十米的河道,两边再砌上石头。这样既增加了河两岸的土地,又使河岸看上去整齐漂亮。但是,新的河道比老河道狭窄了许多,违背了自然规律;而且石头垒得并不结实,就薄薄的一层。所以,1977 年前后发大水,河岸两边的土地都被淹了。

工作组和工作队进驻村庄之后,往往会积极发动庄里人参与各种活动,村里的宣传队就是其中的一项成果。

**大队工与出夫** 除了在农田里出工能够挣工分,还有一些工作同样能挣工分却不需要在地里劳作。这种情况叫“出大队工”,指的是在大队里干活的,比如大队干部、赤脚医生、民办教师、出夫(从事修水库、修水沟、修梯田等农村基本建设)等。由于他们所做的工作是辐射整个大队的,所以生产队需要负责这部分人的工分。大队工按每天 10 个工分计算。

1958 年人民公社成立后,经常有公社、县里的工程需要从庄里抽调民工,即所谓的“出夫”。这种情况政府是不付工钱的,出夫的人带着口粮到工地上报到干活,由自己公社管自己的饭食。新泰县修建东周水库的时候,就是从新泰各个公社抽调的人。推一车土记一个工,给一张票,推得满的属于

一等劳力，相应地发的饭也多。有的一等劳力几天能攒一提溜窝头带回家去。休息是轮流制，出夫的人每半个月或 20 天回一趟家。

每年每个生产队都分配有大队工的任务，是必须完成的。不过每年需要从事的具体工作也不一样。此外，大队的民兵训练也属于大队工。有时候生产队出的大队工超过了任务数，就不愿意再派人做了，因为出了大队工，生产队在田里干活的劳力就相应地减少了。又因为每个生产队所出的大队工性质不同，比如民办老师，名额并不是每个生产队均摊的，这个生产队多出了民办教师，另外的生产队就需要多派其他的大队工。这种用人上的不平均常常会在各个生产队之间造成矛盾。

**1976 年地震** 庄里人清楚地记得 1976 年唐山地震时的场景。那时到处都有震感，村民都不敢待在屋里，公社要求每家在院子里搭个棚子休息。徐学启回忆起那时候的事情，说道："那阵子光下雨，棚子里潲雨，孩子很小，我就想，这怎么办？我把孩子抱到屋里，给他说'要是有事，你就叫我'。他说'我怎么知道有事？'我就把酒瓶子倒过来，上面又搁了个茶盘子，那样摆放，一有震动就会塌，就会'哐啷哐啷'地响。结果半夜里让猫花子给碰倒了。一听到动静，我抱起孩子就往外跑，跑出来才发现抱的不是孩子，而是炕上的扇台子上的砖……"

那一阵子正赶上国际形势紧张，徐家庄附近的果庄又有机场，为了保证社会秩序，羊流武装部还给大队民兵连发了 40 多杆半自动步枪以及手灯和电池，说是一旦地震可以保卫公社的供销社，防止有人抢东西。一杆枪配 3 发子弹，还有手榴弹。

**大喇叭和小喇叭** "文化大革命"时期，大队和生产队都有自己的大喇叭。那时候喇叭都得到济南才能买到。大队安四个，喇叭头朝向相反的四个方向；生产队安一个。交公粮、催任务、宣布重要事情、宣传计划生育，都是通过大喇叭向外广播。有时候公社的放映队到庄里放电影，也是靠大喇叭告知庄里人。

到了 1976 年，庄里又开始在每个家门口安装小喇叭。庄里出钱建设专门的喇叭杆，给每家每户拉上电线。小喇叭需要个人出钱，5 块钱一个，安到自家的屋门上，村民就能够清楚地听到收音机里的广播内容。也有的人家不愿掏钱，就到别人家听。公社里有广播站，一天广播三次，上午听歌、听戏、听指示，广播丰富了村民的业余生活。小喇叭持续使用了两年后，由于缺乏保养，很多线都断了，再后来连大队的广播站都撤了。好多人家开始有了自己的收音机，这项举措慢慢就消失了。

## 二、学校的变迁

今天的徐家庄之所以比起周围的村落更加繁华，得益于村落北部的一条商业街和坐落在商业街上的徐家庄联办小学。每到中午和傍晚，放学的学生、接孩子的家长、商业街的顾客都集中在村北，熙熙攘攘，拥挤热闹。

原羊流镇教育办公室副主任徐同庆说，重视教育是徐家庄人一贯的传统。早在1949年解放之初，徐家庄就是羊流当地率先建立小学的12个村落之一。那时候建立学校不是政府指派的硬性任务，也没有财政拨款，一般是由村落里热心教育的人士主动发起并承担建校的责任。徐家庄小学就是在当时的村文书徐衍岱的努力下建立的。

1987年的徐家庄小学(正中房屋为原来的家庙)

学校地址选在徐氏祠堂(即家庙)。徐氏族人把当时的祖宗牌位挪到一个屋，空出三间屋，一共建了三个班，分成三个年级，所有课程完全由徐衍岱一个人教授，即所谓的复式教学法。其实那个时候，人们对送孩子上学并不是太积极，上学是自愿的，而且都是送男孩来上学，因此一个班不过

20世纪80年代徐家庄小学毕业照

10来个学生，整个学校才30多人。学生不需要交纳学费，但需要自己买课本。学校的办公经费和民办教师的薪水则是由庄里负责支付，采取以粮代薪的办法。

由于兴办了学校，承担了教学任务，徐衍岱自然就成了徐家庄第一个正式的民办老师。当时全羊流管区只录用了12个民办教师。鉴于这一批人对村庄教育的贡献，1952年，他们被统一转为公办教师。

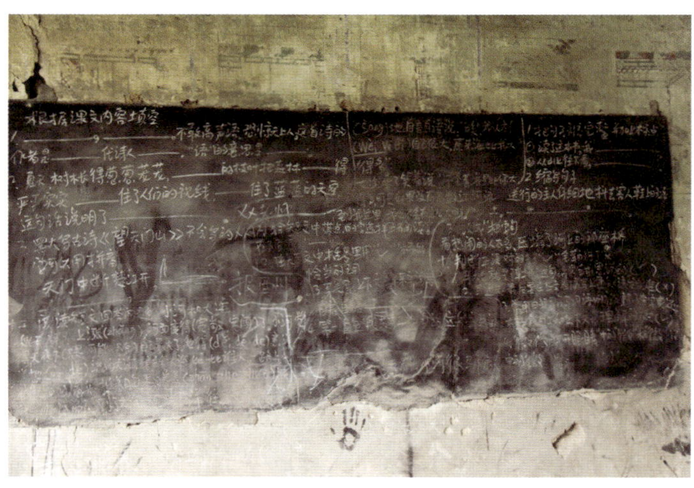

徐家庄小学搬迁后遗留的黑板，至今字迹犹存

到了1954年，随着教育政策的日趋完善，原本只有三个年级的徐家庄小学逐渐过渡到拥有一至六年级的完全小学，即“完小”。一至四年级称为“初小”，五、六年级称为“高小”。一个年级1个班，总共6个班。因为徐家庄小学办学早，所以在开始几年，徐家庄小学的高小是全区招生，那时候学生人数达到了200人，教师8人。这时候才开始有女孩上学。最早到徐家庄小学上学的女孩有徐传敏、徐传云、徐传芳、尹成爱等。

后来政府实施村级办学制度，几乎村村都建有自己的完小，统一改成了五年制小学。办公经费依然由村里负责。

到1968年，教育部门又兴起了“小学戴帽办初中”的政策，就是由几个村的小学联合办初中教育。徐家庄和附近的吴家泉村、高家沙沟、小和庄以及徐家沙沟、张家沙沟、杨家沙沟几个村联合成立“联中”。初中班加上小学五个年级，全校学生大约400人，公办老师8名，还有庄里招的10来位民办教师。办公经费由学生来源村统一缴纳。学校负责人需要协调各村来征集办公经费，有时也直接向各村征集学校需要的物资，比如冬天烧的炭、学生上课用的桌椅等。桌椅由学校出统一规格，各村出钱让庄里的木匠按尺寸来制作。

小学生都是本庄人，初中生来自几个联办村庄。1972年，徐家庄的初中被取消。

徐家庄联办小学

1989 年开始，初中由乡镇统一兴办，各个村负责办小学。小学经费由村里负责，初中经费由乡镇负责。为了普及九年制义务教育，羊流镇选址徐家庄，成立了羊流镇第二初级中学，1990 年开始招生。开始时有 18 个班，后来达到 24 个班，有教职员工 60 多人，学生 1200 人。第二中学招生范围涉及羊流镇 5 个管区中的 3 个，辐射人口达到镇人口的 3/5。正是有这样一段初中办学历史，徐家庄学校的中心位置才得以体现，而商业街也正是伴随着这个镇级初中才得以成形。

到 2002 年，乡镇教育政策统一调整，将初中统一安排在乡镇驻地，所以羊流镇第二初级中学改为徐家庄联办小学。这所学校历史悠久，规模较大，在当时羊流镇 14 个小学中，辐射人口比较多，涉及 2 个管区的村落人口(2 万多人，占全羊流镇人口的 1/5)，招生范围辐射 15 个村。目前，徐家庄联办小学有 15 个教学班，学生近千人，号称“羊流教育的东半球”。

## 三、商业街的兴起

在一般的村落中，很少能看到商业街的存在，而这恰恰是徐家庄的一大特色。在这条大约 200 米长的街道上，坐落着各种与老百姓生活密切相关的店铺：理发店、木材加工、机械电力培训班、储蓄所、照相馆、液化气站、幼儿园、百货店、五金店、建材店、手机店、网吧、养猪场、饭店、扎彩店(花圈等)、油坊、蛋糕房、酒坊、服装店……满足着附近村庄的基本的日常所需。

每天下午四五点钟是孩子放学的时间，也是商业街最热闹的时候。放学的孩子来来往往，接孩子的家长顺便也在街上买点东西，商业街一片繁华景象。

徐家庄商业街的兴起与徐家庄教育中心的位置有直接关系。从 1989 年羊流镇第二中学选址在徐家庄以后，这里来往的人口日益增加，为商业街的良性运转奠定了基础。在学校选址上，其实当时也曾经考察过其他几个村庄，但都不太合适。最终选定徐家庄北边这块地界，其原因主要有：一是选址干部原来是徐家庄人，熟悉村落的环境，知道有这么一片土地。当时这片地叫“罗锅子地”，因地势突兀高起，像人的驼背而得名。这片土地又比较贫瘠，没有种什么庄稼，主要用作村民的土场，垫栏、盖房的土都是从这里挖

徐家庄的商业街



的。徐家庄五六个生产队各有一小块，1982 年分地的时候都分到了个人头上。这样的土地征用起来相对容易。二是这里交通方便，一条大路连接 20 几个村庄。三是出于对村落的感情，把学校建在自家庄里，可以方便庄里的孩子上学。经过庄里的协调，这片地就统一卖给了镇里建起了中学。直到现在，虽然又改成了小学，徐家庄的孩子上学依旧非常方便。

学校带来了人气，但那时这条街还是一片大坑。当时的大队书记徐学庚看准了形势，将这一片地申请改成了商业用地，承包给个人，但是需要个人填平地基才能建房。据现在商业街上开澡堂的徐传法说，当时他就是看中了这片地的位置，才决定在这里做澡堂生意。

## 四、发家致富的努力

经过了 20 多年的集体生活，到 1980 年，徐家庄人终于迎来了一个历史性的节点，分地与改革开放成为人们新生活的起点。人们终于可以凭借自己的努力去创造美好的生活。徐家庄人有的立足土地，有的靠苦力打工挣钱，有的进行多样化的商业经营，有的走南闯北，专营机械维修，他们选择了不一样的道路，内心深处都充满了对于幸福生活的渴望。

(一)立足土地

20 世纪 80 年代，在徐家庄人的记忆中最为深刻的就是土地承包责任制的实行，当地人管这种政策行为叫“分地”。在人与人的交流中，提到那个年代，分地成为一个重要的时间标志，如“某某事是发生在分地前”“谁谁是分地后才结的婚”等，可见这件事在人们心目中的地位。正是有了这种颠覆性的政策变革，才有了后来直至现今的生活面貌。

人们还清晰地记得，刚刚分地的时候，大家都兴高采烈，精心侍弄着自己的土地，地耕得深，土刨得细，地里的庄稼长得油亮亮的，几乎没有一棵杂草。徐家庄的退休老师说，那时候很多在外工作的人，家属是留在庄里的，因此也分到了土地。所以，不管是厂子里工作的工人，还是学校里教学的老师，只要家里有地，心里就总是记挂着自己的土地。尤其到了播种、收获的时候，都无心干工作了，老想着回家种地。那片神奇的土地牵动着所有人的心。

确切地说，徐家庄的各个小队是 1982 年前后实行的家庭联产承包责任制。那时候拿出来分配的主要是生产队的土地，每人两三亩(约 2000 平方米)地。也有大队里一些集体土地。到了 1985 年前后，在国家政策的引导下，一部分地区开始鼓励农民大规模承包土地。在徐家庄，徐琛墓所在的老林有一片土地，将近 100 亩，原来是科技队进行试验的土地。科技队解散后，大队里希望能有人承包这块比较大的土地。但是那时候很多人还没有解决温饱问题，没人有能力承包这一大块土地。村民徐衍利回忆说：“1985 年的时候，温饱还基本没有解决；到了 1988 年以后，基本上就没有困难户了。1985 年之前，一到春天就断粮。刚分地的时候，种子、肥料都买不起。地虽然是给个人，种也种上了，但种不好。从 1982 年分地到 1985 年，还是很困难。但是，慢慢地，自己家有了点收入了，不像以前了，有了活钱，就可以买肥料了。到 1988 年才基本上没有困难户了。”

为了这事，大队干部到处走访，了解哪个生产队粮食产量比较高，农业技术比较好，具体哪些人具备这样的条件。了解了再去家里做动员工作。作为大块土地的第一批承包人之一，徐衍利回忆起自己的这段经历也不无感慨：“咱这边种粮食比较好，产量比其他队高些。但是那时候，年纪比较大的对形势看不透，再说也穷惯了，都不敢想这个事；年纪小的想干没有经验也不敢。我那时候正好是三十来岁，有点经验，也能担事。”但是，这些仅仅是内在条件，当时要想承包如此大宗的土地，外部的物质条件才是真正的制约，主要是缺乏资金。种地所需的种子、化肥、人工，没有资金什么也办不成。在这种情况下，大队书记和会计亲自帮忙跑贷款，最后通过管区的信用社帮着徐衍利贷了1000块钱。那时候个人贷款非常困难，没有大队的担保，一分钱也贷不出来。正是在各种条件的支持下，徐家庄的老林被承包了出去，这也是当时国家政策提倡的方向。直到10年以后的1996年，全国性的大面积承包土地、承包荒山才普及开来，徐家庄有这么一批人走在了历史的前沿。说起来当年的动力，其实很多人心里想得都很实在，他们说：“那时候除了种地也没有什么好干的。1990年以前，想打工也没有地方，你要出去必须开介绍信，不要说联系活儿，住宿都离不了介绍信，没有介绍信简直寸步难行。所以那时候想挣两个活钱，就得靠土地。”

的确，土地给承包者带来了比较大的收益，种粮、卖粮，比起仅仅经营自家那几亩土地的人收益高了很多。所以，即便后来庄里人纷纷外出打工，徐衍利依然坚守着自家的土地：“我这一辈子没有出去打过工，就在地里干活，辛苦是辛苦，下地的人哪有不辛苦的？”

现在这些人大部分已经过六十耳顺之年，有的已经不再种地，享清闲了；也有的依然在地里忙活，像徐衍利，还养了二三十只羊。随着农业机械化的深入，现在种地与过去大不相同：从1994年开始，浇地、耕地实现了机械化；2000年左右，实现收割机械化；到了2008年，几乎全部耕作都实现了机械化。需要农民做的只剩下了间苗、拔草、打药（大面积的土地也可以用飞机打药）。用他们自己的话说：“都是些小活，轻松多了。”

说起未来的农村和农业生产，从来没有离开过土地的徐衍利兴趣十足：“现在种地是不挣钱了，即便是大户也不行。有再多的地也不如开厂子的挣钱多。现在的社会，即便不种地，粮食也尽够吃。外国粮食便宜，可以进口。但是老百姓真不种地了可不行。过十来年，就显出来了。国家现在的改革，就是重新把土地集中起来，成立合作社，机械化耕作，科学管理，电脑设计程序，该播种播种，该打药打药。”

对于年轻人务农，种地的行家们其实还是很乐观的：“种地没有什么技

术，过去播种、打药什么的，说是有技术，更多的原因是老一辈人害怕浪费。其实年轻一代知识水平高，掌握技术快，很容易掌握种地的要领。一定能比老一辈强。”

机井

在土地的利用上，这些跟土地打了一辈子交道的农人充满希望：“下一步等产权流转成了，这一个村可能就成了一两个农场。有老板，雇用的是有知识的年轻人。而年轻人除了外出打工，也可以选择在村子里的土地合作社里打工。”

立足于土地生活的徐家庄人是传统村落生活的缩影。他们身上，浓缩着过去的农耕生活经历，他们的奋斗、希冀都与土地息息相关。但是，他们绝不是一群一成不变的人，无论在生产技术、生产方式还是生产观念上，他们都紧紧追随着时代的潮流。而始终不变的，是他们内心深处那种对于土地的热爱。

秋种

(二)苦力经营

在徐家庄,也有这样一些人,为了生计,不辞辛劳,什么活都愿意去尝试,什么苦都愿意承担。在他们的人生字典里,苦与甜往往相伴而存,在幸福的日子里,他们常常忘却那些辛劳的汗水,只剩下甘美的果实。

1945 年出生的徐衍耐仅仅是这样的一个代表。

生产队时期,徐衍耐做过四队的队长。现在回忆起来,很多四队的老人依然记得他当队长的情景。据说当时他对生产管理得比较严格,脾气也大,但是这样的管理可以使四队每年多收一些粮食,年终队员分得的口粮也会多些,因此他在队里还是比较有威望的。

20 世纪 70 年代末,他开始跑出去干机械维修,都是与亲戚朋友合伙干。先是在附近的泉沟煤矿干活,虽然时间只有 10～20 天,但能到手四五百块钱。相比而言,同时期的建筑工一天才 2 块钱。“1978 年的时候,大队里还不放,得管区开介绍信才能出去,我是通过熟人开出来的信。回来挣了钱得交给队里一部分。那时的规定是一天上交 10 块,买工分。没有工分年终就不给分粮食。”最长的一次是在浙江一个部队干维修,干了 4 个多月,总共挣了 4600 元钱。在猪肉才五六毛钱一斤的时代,那无疑是一笔巨款。

其实,徐家庄很多人都走过这条道路:从生产队时期出工干活,勉强糊口;到承包土地后精耕细作,满足了温饱,有了余粮;再到出门跑业务,维修机械,挣到了土地经营之外的财富。但是,各种原因也会制约他们走出去的脚步。如徐衍耐曾说:“我家里人口多,兄弟姊妹八个,我是老大,我要是走了,谁管这个家?”

20 世纪 70 年代末,生产队对村民的日常生产活动的控制逐渐放宽,有部分人就开始外出找活干。当时就有人拉地排车搞运输,一天可以挣 8 块钱。人们还把这一致富途径编成了顺口溜:“毛驴一拉,8 元到家,7 元交队,1 元自花。”所谓交队是为了挣工分。可见,即便是大部分的钱都交给生产队,人们对手里这一小部分的余钱依然很满足。

为了挣钱,人们会去矿山推长石。长石矿产品主要供应陶瓷工业、玻璃工业领域。那时山路难行,公路不通畅,无法机械化运输,需要大量人力把矿石从矿区运送出来。从石棚的矿区运到谷里火车站,有将近 20 公里的路,

中间还要趟过500米宽的柴汶河，一天只能运一趟。运完按矿石重量付钱，50公斤0.55元。力气大的能推千斤重的长石。

力气大的人还可以外出“劈铁”。20世纪70年代，钢铁厂的技术工艺都比较落后，炼铁炼钢后往往会产生大量的废铁锭和废钢锭，小的有锅盖大小，大的能有四五吨重。想把这些铁锭、钢锭重新入炉熔炼，就需要把它们劈成碎块。过去没有先进的办法，就只好用人力。像采石头一样，在废锭上凿上窝，用大锤钢楔硬生生地将其劈开。徐家庄的劈铁匠走南闯北，遍布全国各地，往往是一个人出来后，回乡召一帮。劈铁虽然又苦又累，却能挣到钱。

赶集贩菜也是一个致富门路，徐衍耐当年就干过这个活。贩菜是个辛苦活儿，什么季节定什么菜，从哪里定，定多少，都要心中有数才行。“冬天气候冷，三天两天也不坏。夏天就得少要。”菜的量要根据天气决定。开始时，外地批发来的菜都运到附近的比较大的乡镇，需要自己用小推车推回来。“11月里，4点起来，到果都镇天还不亮呢。去的时候空着车子，回来的时候装着货回来。”徐衍耐说。菜运回家里，分类整理，然后就轮流到周边的各个集市上贩卖。“浮邱、安乐庄、和庄、果庄、沟西，这几个集，差开日子都不闲着。”卖菜的时间可以自己做主，但是一想着卖了菜有钱挣，根本不会松懈。20世纪80年代，平常一个集卖菜可以挣到五六十元，到了腊月集生意就更火爆，一个集就能挣五六百块。“赶上年集的时候，头一天晚上连觉都睡不着，光想着挣钱，叫钱拱得睡不着觉。”

徐衍耐回忆说：“有一年腊月二十二的年集，我姊妹们说人家都买上电视了，咱也买吧，我说等过了这个集。结果那个集完了，数数钱，500多(块)，买了个电视370(块)，剩下的给孩子们，叫他们愿意买衣裳就买衣裳去。”这么丰厚的收入以及这种自由支配劳动报酬的幸福，对于那个年代的人来说真是久违了。

老一辈的徐家庄人真的很能吃苦，只要日子有奔头，什么苦都甘之如饴。

### (三)商业经营

年轻一代的徐家庄人可能不再像他们的父辈那样愿意在土地上下死

力，也不会想着靠卖力气挣辛苦钱。对于他们来说，技术、机遇、商机才是关键。他们心思灵巧，头脑活络，能够把握机会，创造自己的生活。

20 世纪 90 年代的时候，徐家庄北部的一条连接外村的街道被改成了商业用地，商机伴随而来。那时商业街还很不规范，到处是坑。任何人都可以申请承包，但是批给个人之后要自己平整土地。所以很多外村的人承包了徐家庄商业街的土地盖起了房子。现在徐家庄地界上的商业街房屋多是外村的，但做生意的却是徐家庄人居多。他们承租外村人的房子在自己家门口做起了生意。

既然是生意人，就需要有精明的头脑和前瞻的眼光。商业街上开澡堂的徐传法说："90 年代的时候，我在化肥厂工作，当时休班什么的没有事情，就爱琢磨事。我就想着这个生活条件越来越好了，人们肯定也愿意干净干净。当时很多人跟我提建议，说弄个澡堂。那个时候连羊流镇上都没有澡堂。倒真是个生意，农村的房子冬天太冷，零下 3 度的时候太阳能就不太好用了，温度到零下 5 度以下，洗澡就只能去澡堂了。但是在哪里开得好好想想。当时我想的是要在羊流开澡堂的话，羊流是镇政府所在地，会发展很快，一家建起来肯定会有很多跟风的，竞争会很激烈，还不如就在家里建，抽空还能帮着家里干点活。"

的确，澡堂开业之后 2 年内，羊流镇上一下子建了好几个澡堂。而徐家庄的澡堂很长时间以来都是一枝独秀，直到现在也不过 2 家。加上商业街连通四邻八乡，保证了充足的客源，也保证了澡堂的利润。生意从早上 9 点多一直忙到晚上 9 点多，快过年的时候，腊月二十七八这几天要忙到凌晨 1 点多钟。最多的时候澡堂一天曾接待过 500 多人。

生意就免不了竞争，以质取胜是生意成功的保证。

为了和对手竞争，首先要提高的就是质量。对于澡堂来说，徐传法认为最关键、最吸引人的是温度。为此，他不断改进技术、改造设备，在节约的基础上做好保暖。其次是服务。人们来洗澡图的就是干净，澡堂的环境也得让人放心。徐传法说，顾客多的时候会专门雇人打扫卫生，一有人洗完澡出来，就赶紧进去打扫一遍，保证清洁。

不仅开澡堂如此，任何生意想要在竞争中保持不败，质量都是关键。商业街的蛋糕房也是如此，他们家的点心之所以能够供不应求，就是在口感和

用料上下了功夫:“人家用 5 块钱的奶油,他用 16 块钱的奶油,口感就是不一样,一吃就吃出来了。”所以这家的点心卖得快,很多人还要预订。以前商业街也有过几家蛋糕房,现在只剩下一家。

其实无论是做生意,还是出外打工,年轻的徐家庄人都清楚地意识到,技术是安身立命的根本。现在徐家庄的年轻人外出打工多半是干电工和机械维修,这些技术工种需要一定的学习和实习经历。为此,商业街上还有徐家庄人兴办的机电维修技术培训学校。蛋糕房的老板也曾经花了 1 万多块专门跑到济南参加培训。随着越来越清晰的时代感悟和自我认识,徐家庄的年轻人开始走出了自己的创业路。

浴室

(四)机械维修

说起徐家庄乃至整个羊流镇最值得骄傲的事,就不得不提到兴起于 20 世纪 80 年代的机械维修的历史,这也是现在多数徐家庄人赖以为生的技能的源头。

初到羊流的人会很困惑,为什么这个地方会在 80 年代之初就兴起较大规模的人口外出从事机械维修的场景。在当时,山东的大部分乡村,人们才刚刚满足于获得温饱的喜悦。当其他地方的人虽然被外面的世界所吸引,却不知道走出去应该做什么的情况下,羊流人已经有了明确的目标,并且在这种目标的指引下走了出去,天南海北,挣得人生的第一桶金。当时徐家庄有好几支长期在外从事机械维修的队伍,就在那个时期,不少人开始了最初的财富积累。

说起机械维修行业的兴起，有一个人是大家共同承认的发端者。

据说1960年国家实行城市人口疏散政策，很多城市里的工厂、机关、事业单位的工作人员根据政策回到家乡。有一个在沈阳工作的技工被疏散回老家沟西大队，他的名字叫张学凯。回家以后，他就在沟西大队修理副业股里工作。那时候队里的拖拉机、千斤顶什么的经常坏，没有人会修，有时就是坏了一个小零件，但是大家不知道去哪里买。张学凯就利用自己的专长搞修理，修个小毛病，就能挣十来块钱，而且技术并不复杂。于是他的一些亲戚就开始跟着他学修理，暗地里干。改革开放以后，亲戚串亲戚，好多人都学会了机械维修，并开始以此为谋生手段。徐家庄最初干维修的也是靠着这种师承关系学到的技术。张学凯的确是个能人，改革开放后，他办起了自己的厂子。1997年的时候，大亚湾核电站闲置了3年的700多台洋机器没人能修，还专门找他去修理。这件事被《北京青年报》公开报道过。

前面有了引路的人，后面的人就有了方向。包产到户以后，农闲的时候没事干，也没有什么收入，很多人就想出去找点活干。一开始都是搭伙干，几个有亲戚关系的，或者关系比较好的邻居、朋友凑到一块，大家都想出去，一拍即合。开始可能是在附近的地方找活干，主要是修修千斤顶、手拉葫芦这一类的小型的机械。慢慢地，技术熟悉了，跑业务的范围也越来越远。

不过，1980年要想出去，必须有介绍信。介绍信大多是从苏庄的一个乡镇机械厂开出来的，挂上人家的名，就有了身份证明，只是回来后要给机械厂交大约0.5%的管理费。

说到找业务也很有意思，基本上都是蒙着找。每到一个地方，先打听当地的拖拉机站，再打听其他的企业。那时候经济不发达，各地的企业也少，每个县就那么几家。知道了地址就直奔这几家厂去。先找生产科，问人家有没有需要修理的设备。如果有，再去找厂长、书记。疏通各个环节后，就可以从事起重机械设备的日常保养和维护。较早出去跑维修的徐庆坦说："那时候技术不是多复杂，主要在配件，只要能买到合适的配件，换上就行。"

那时合作搞维修的人虽不多，但也有具体的分工，有管跑活的，有管记账的，有管修理的。有的维修队还有口头约定的基本制度。比如喝酒、看电影得大家凑一起才行，这些钱可以在收入里支出。如果是个人消费就需要自己掏

钱。整个过程中，买配件、跑业务花的钱，不管谁先垫付，都要报给记账的。一次合作结束后，刨除管理费和先前每个人的投资花销，剩下的钱由合作的人再分。

徐家庄和羊流镇所有的机械维修队都有类似的经历。一般先是维修些小的零部件，零件都是自己带着。后来业务扩大，维修的机械也越来越大，越来越复杂，就只能先拆开机器，见什么部件坏了就买什么。慢慢地，投入也越来越大。1983 年，徐庆坦在徐州利国铁矿干活的时候，仅零件投入就近 5 万块钱，尽管那时候已经干了三四年维修，手里也有些钱，但依然凑好几家的钱才够。当然，最后的盈利也很丰厚。1982 年开始，徐庆坦组建了自己的机械安装维修服务队，从此辗转于各地，山东邹县、滕县、龙口、济南，安徽滁州，江苏徐州、无锡，辽宁鞍山等地，都留下了他们的足迹。

维修队出门在外，首先要解决的就是吃饭问题。尤其在 1985 年以前，粮食供应控制得还很严，没有粮票根本走不出去，人们戏称粮票就是“路条”。维修队每次出去前，会事先从市场上买一部分粮食带着，也会去粮所拿粮食换粮票，或私下里买别人家的粮票。当时，因为市场发育不充分，即便有粮票和钱也可能买不到吃的。徐庆坦介绍说：“有一年去潍坊，可能是 1983 年，年前人家让去修机械，正月初六去的，那时候到处没有卖饭的，吃了好多天的饼干，7 个人，光吃饼干，一直到正月十六人家饭店开门。可是饿得不轻。”当然，也有饭食比较好的地方，比如部队。“有一次在部队上修千斤顶，人家饭尽你吃，大米饭。那时候农村哪里吃过大米饭。菜是一碗鸡蛋汤，一个小菜，吃饱了就在乒乓球台上睡觉。连续待了 3 天，有的人就吃撑着了，伤了胃了。”

1982～1992 年期间，徐家庄这样的维修队还有四五支，一个维修队一开始是四五个人，后来发展到十来个人，成员都是本乡本土的亲戚和邻居。

进入 20 世纪 90 年代，很多维修队的领头人已经不满足于四处打工干活，他们纷纷建起自己的工厂，或者生产配件，或者直接生产起重机（当地人叫“行车”）。那时候打工的机会不多，庄里人都愿意到私人的厂子里干活。为了能进厂，常常需要辗转找亲戚、托关系，还要送点家里的鸡蛋什么的。有的厂主在庄里还有地，到了收割的时候，不少庄里人会主动去帮忙割麦子，为的就是能进工厂挣钱。

# 山东泰峰起重设备制造有限公司在改革中续写辉煌

山东泰峰起重设备制造有限公司，是由1993年成立的山东青云起重机械有限公司起重设备制造厂改制而成的新的有限公司，是国家生产各种起重机的定点单位，主要从事“泰峰”牌桥、门式起重机、抓斗式起重机、变频起重机、防爆系列起重机、门座式起重机及各吨位电动葫芦的设计、制造、安装、维修、改造、保养等，是国家一级安全认可证、生产许可证企业，并通过了ISO9001：2000国际质量体系认证。

董事长、总经理 徐庆坦

公司占地面积26.8万平方米，其中厂房占地面积4.8万平方米，仓库6000平方米，货场1.6万平方米，机加工车间5000平方米。拥有固定资产5800万元，各种生产、检测设备380多台，其中精大稀设备28台，能独立完成车、铣、刨、磨、滚、拉、镗、钻、切割、折弯、冲压、喷沙、化验及热处理等全套工艺流程，质量均达到一等品水平，公司现有员工800人，其中中高级专业技术管理人员96人。

产品畅销全国30个省市，并出口尼日利亚、韩国、伊朗等国家，其中为白山水利发电厂、太平湾水利发电厂、云峰水力发电厂、核电秦山联营公司分别改造2×250t、300/40t、85/20t变频调速起重机，受到日本安川、三凌公司及用户的好评，连续几年被泰安市人民政府评为二十强公司及先进企业。品质竞争市场，业绩说明一切，信誉重于泰山，公司将始终贯彻精心运作、持续改进、开拓创新的质量方针。

仉咏 图文报道

低建筑电动葫芦

低静空电动葫芦

200kg 300kg 400kg 500kg 600kg 220V电动葫芦

安全滑触线导电系统

LB型防爆梁式起重机

MDG型单主梁门式起重机

MH型电动葫芦门式起重机（箱式）

QB型防爆桥式起重机

山东泰峰起重设备制造有限公司宣传页

徐庆坦用三个十年来概括自己的、徐家庄的乃至整个羊流镇起重机械制造的发展历史：“第一个十年，背着包到处修理安装；第二个十年，组织生产，从不会到会；第三个十年，规模生产。”而他的工厂从1994年起产值超过百万，到2008年，纳税额达到七八百万。2006年，时任中共山东省委书记的张高丽曾经到徐庆坦的泰峰起重设备制造有限公司视察，并在十几天后的全省发展县域经济工作会议上专门表扬了羊流镇的民营企业。用他的话说就是：“麦地里‘种’出了大行车，了不得！”

到今天，年轻人出外闯天地的依然是村落生活的主流。现在家里有年轻人在外面闯荡的不下二百五六十家。庄里很多年轻人完成义务教育后，如果没有继续读书，就会跟随村中的长辈学习行车维修技术，第一年先学会电气焊，然后再学习其他技术，往往能成为各个工厂中的技术骨干。庄里人常说：“有起重的地方，就有徐家庄人。”值得一提的是，徐家庄打工的队伍

中，妇女也是一支重要的力量。同样在行车工厂里上班，基本上都是每天7点半开始工作，中午休息2个小时，下午5点半下班。她们也能充当焊工、喷漆工，在工资报酬上，比同样工种的男性工人稍少一点。

徐家庄人正是凭借这门技术在改革开放后走南闯北，改变了村落贫穷落后的面貌，庄里人的生活水平也不断提高。

一方水土养育一方人，一方人演绎一方故事。徐家庄人的故事抹不去岁月的痕迹，留下了深刻的时代烙印，更有着浓浓的地方特色与特有的人文情怀。在这些故事里，我们看到了一代代徐家庄人为追求生活富足而付出的艰辛与努力，看到了一代代徐家庄人在时代变迁、社会潮流面前表现出的思考与应变，也看到了一代代徐家庄人因生活改观而自然流露的满足与感恩。村落，在自然的、人文的因素交织之中，形成了独有的生态环境、生存底蕴、生命记忆，这些灵动而厚实的存储，不会因岁月的流逝而改变，只会越积越浓，越沉越厚，成为村落永不消失的标志，留给后人越来越多的思考。

# 附　录
# 元代名臣徐琛生平考[①]

在新泰市羊流镇徐家庄村东南，有一规制很高、保存良好的元代墓葬。墓前翁仲、华表、石虎、石羊各二；神道中一石坊，上书“徐公祖茔之门”。其墓所主人便是元代名臣、亳州太守徐琛。

## 一、家世流布

据史谱考证，黄帝玄孙伯益辅佐舜、禹治水教民有功，赐姓嬴，其次子若木封于徐，建徐国（今江苏、安徽一带），子孙遂以国名为姓，至今已有4200多年，传150多代。唐末天下大乱，世人避乱四方。唐英国公徐懋功后裔一支，自山东离狐（今单县）逃难，几经颠沛流离，约于宋绍兴初年（1131年左右）在新泰县之和庄村东北落户，繁衍生息，因姓命村，曰：徐家庄。传至今已60余代。

宋金之末，元太祖铁木真命太师国王木华黎大将经略中原，经过二三十年的战争后，“两河山东数千里，人民杀戮几尽，金帛子女、牛马牲畜皆席卷而去，房庐焚毁，城郭丘墟”[②]，“河北、河东、山东郡县尽废”[③]。在此背景下，

① 作者李光星，文章有删节。
② 《两朝纲目备要》卷四。
③ （元）刘因：《静修先生文集》卷十六，北京图书馆出版社2006年版。

新泰徐氏也自难逃劫数，由故里徐家庄纷纷外逃避乱，流亡新泰各地，甚至远徙外县。元元贞二年(1296 年)莱芜教谕李锐在为新泰徐氏所撰《徐公孝思之记》中云："值元兵南下，徐氏宗亲或灭身殒命，或逃难解散，俱不知其所往。"[①]而明万历四十七年(1619 年)，新泰徐氏族人、曾任花县正堂的徐有尚在《元太守中宪大夫后赠光禄大夫徐公状记》云："值元兵向午，我徐氏几聚族而歼焉，祖茔仅存公之一家，因乱亦窜他乡。"他在《徐氏之原始由》中又云："闻当年元兵向午，时我宗亲灭身者，百有余奇，逃难者数百余众；及元称帝，而祖茔中仅琛祖一家，小茔内第有曾祖一人，是我徐氏固几聚族而歼也。"[②]由此观之，当时新泰各地经受的灾难之深之巨。

《平阳徐氏族谱》等史料表明，在宋金末期，新泰徐家庄徐成有四子，长为徐胜，次为徐曾，三为徐晏，四为徐滕。蒙古经略中原，时局动荡艰辛，兄弟天各一方。徐胜迁蒙阴莫庄(后人于明初复辗转迁回苏庄)，徐滕远迁山西；在新泰只有徐曾、徐晏二人。后因徐晏殒于兵事，徐曾乃携徐庭、徐江二侄背井离乡，四处逃难。徐江即徐琛之父，徐庭即其伯父，徐曾则为徐琛之二祖父。

在元太祖铁木真晚年，特别是元太宗窝阔台继位大汗后，中原战事渐息，社会秩序渐定，北方流亡的人口逐渐固定下来，经济慢慢得到复苏，元初出现了比较稳定的"中统至元初治"。在这一时期，劫难余生的徐曾与其子侄们陆续回到徐家庄。约在中统元年(1260 年)之前，因子孙渐大，徐曾率部分族人迁出徐家庄，立村苏庄。徐庭、徐江及其后人仍守故里。新泰徐氏一族经过苦心经营，渐渐家道中兴。自此，新泰徐氏成为徐氏大家庭中的一个独立分支，徐家庄遂为新泰徐氏望族之发祥地。《徐公孝思之记》载："庭、江皆公之侄，同居于故庄数年，伉俪辑睦，庭无闻言，各皆生子，咸喜曰：天不绝徐氏矣，使各得一子。及长，公兴心迁居于本林之东北，置买田土，因而家焉。"

《元太守中宪大夫后赠光禄大夫徐公状记》载："公(徐琛)生于宋理宗绍定三年，卒于元成宗大德七年，享年七十三岁"，"且(琛)原本土人"。宋理宗绍定三年(1230 年)，即元太宗窝阔台继位大汗统治中原的第二年，徐琛诞生于新泰徐家庄。

---

① 《平阴徐氏族谱》卷一，第 28 页。
② 《平阴徐氏族谱》卷一，第 9 页。

## 二、仕途探踪

“公赋性醇雅，处事谨慎，少有大志，读书不为章句，凡学必穷源流；仪观魁杰，有古杰士风。为平阳高唐氏、羊氏之亚人物。”（《元太守徐公状记》）

元宪宗（蒙哥）九年（1259 年），东平大行台严忠济奉诏南征，以儒士征召徐琛随军，首任尚书行军万户府令史一职。

明代天启《新泰县志·人物》载：“元太祖东平大行台严实（当为严忠济）之南征也，辟公（徐琛）行，以公为尚书行军万户府令史。”天启《新泰县志·人物》载：“中统三年，行军都元帅按脱以公处事无私、应机有节，选元帅府令史。”中统四年（1263 年），“擢宿蕲万户府经历”。

至元三年（1266 年），徐琛调迁至沂郯万户府，升任沂郯万户府经历，官秩从七品。

至元十四年（1277 年），徐琛授从七品文散官从仕郎；任徐州路总管府判官，官秩为正七品，负责处理府内公事（相当于今秘书长）。

至元二十年（1283 年），徐琛晋升为从六品的文散官承务郎，任绍兴路总管判官（官秩正七品）。

至元二十五年（1288 年），徐琛随军迁驻广德路。因办事干练出众，敕授为正六品的文散官承直郎，升任广德路总管府判官（官秩正七品）。

至元三十一年（1294 年）元月，徐琛奉旨晋见成宗铁穆耳，深受太傅太师月赤察的赏识，举荐重用为从五品的奉训大夫，任宁海州知州。不久，又升为奉直大夫，官秩从五品；升任归德府亳州知州，官秩正六品。

元贞二年（1296 年）初，徐琛敕封为官秩正四品的中宪大夫，升归德府总管太守，掌管归德府（今河南商丘一带）军、民诸事，官秩正三品，位居“九卿”之列，跻身于朝廷重臣。后又迁任沂郯万户府知府，官秩正三品。

不久，木华黎五世孙脱脱元帅南征，举荐徐琛辅佐出征，说：“如徐公者年高德劭，可辅我以南征矣。”（《徐公状记》）以“资望高深之武臣”拜徐琛为三路副元帅，奉秩从二品，“同挂三面元帅印”。

大德四年（1300 年），徐琛 70 岁，功成名就，援例致仕，全身而退，荣归故里新泰徐家庄。徐琛解甲归田，乐为乡里父老做事，兴修义学，修路建桥，对

乡里名刹古寺多主持修复。徐琛喜爱游历，广结贤达，与羊流儒生赵惟敬等名士往来密切。因感念新甫山汉武帝庙多年失修，且"螟蝗伤稼，老者转乎沟壑，幼者死于道路"（赵惟敬《重修汉武帝庙碑记》），倡议兴修汉武帝庙，保存名胜古迹，为民祈福。尚未完工，徐琛惜因年高辞世。后由其四子徐彬继承父志，于皇庆二年（1313 年）克难举成。徐彬特请羊流名士赵惟敬撰写《重修汉武帝庙碑记》[①]。此碑虽历经七百年风雨，残损较重，幸而尚存新甫山。

大德七年（1303 年），一代名臣徐琛走完了他 73 年辉煌的人生旅程。"是年归葬于和庄东北"徐氏祖茔（《徐公状记》）。元廷颁赐谕祭，派员营葬，葬仪尤隆。社会贤达纷往致哀，一时空巷。

## 三、结 语

徐琛从一个无名乡村走出去，两任太守，督统三师，屡佐南征，身历百战，建立了不朽功勋；从一个九品令史，一步步成为二品朝廷重臣；从一名普通儒士，历练成为一个文武兼备、有所作为的一代名臣。徐琛为后世树立了一座仰之弥高的丰碑，值得我们永世景仰。

① 参见半岛：《话说莲花山》，山东大学出版社 1993 年版，第 86 页。

# 后记

接到“山东村落田野研究丛书”的编写任务，我很自然地想到了新泰市羊流镇的徐家庄。

究其缘由，是庄里人引以为荣的茂公林、元代徐琛墓、家庙大殿？是徐姓人津津乐道的“天下无二徐”的说法及续写家谱的热情与执着？是在享誉全省的羊流镇民营经济体中，徐家庄人不乏出色的表现？还是那些久传不衰的一个个村落故事……

应该说，上述所有都是吸引我走进徐家庄的重要因素。久远的村史、厚重的底蕴、连绵不断的家族传承、与时俱进的经济理念，让我对完成本书充满信心。更为重要的是，村支部书记徐学庚等村干部以及广大村民积极支持和配合调查工作，让我对完成写作充满底气。

在整个村落调查和写作的过程中，徐良惠、徐衍礼（及其妻子）、和尚芬、徐衍耐（及其妻子）、徐衍利（及其妻子）、徐仁庆、徐庆坦（及其妻子）、徐同庆、孙西玲、徐庆强、和桂芳、徐庆乐、高庆丰、徐传功、徐传钧、徐传祥、徐传贡、尹成功、陈明国、徐传文、徐传山、徐传法、高春花、徐学政、徐学庚、徐学启、徐学明、张玉强、徐丽君、徐文娟、徐建华等（排名不分先后）接受了采访，并提供了无私的帮助和支持。另有一些村民热情配合拍照或提供影像资料，这里对他们一并表示诚挚的谢意。

书中附录部分还节录了原羊流镇教育办公室主任李光星先生的文章《元代名臣徐琛生平考》，增强了村落志的历史厚重感。集中调查期间，山东大学李浩老师、博士生蒋帅、硕士生杨心恬一同进村，指导和协助调查、拍照。在此，对李光星先生、李浩老师等人的慷慨支持深表感谢！

一本村落调查研究，留下的是一段时期、几代人的共同记忆，虽不完整，但从中或多或少能够探寻到历史的痕迹，可深可浅能够感受到社会的变迁。不忘历史，总结过往，是为了更好地前行。

李　然

2017 年 10 月

**图书在版编目(CIP)数据**

徐家庄村/李然著. —济南:山东大学出版社,
2017.12
(山东村落田野研究丛书/张士闪,李松总主编)
ISBN 978-7-5607-5925-8

Ⅰ. ①徐…　Ⅱ. ①李…　Ⅲ. ①村史—泰安　Ⅳ.
①K295.25

中国版本图书馆 CIP 数据核字(2017)第 328674 号

责任策划:傅　侃
责任编辑:傅　侃
装帧设计:牛　钧

---

出版发行:山东大学出版社
社　　址　山东省济南市山大南路 20 号
邮　　编　250100
电　　话　市场部(0531)88363008
经　　销:山东省新华书店
印　　刷:山东华鑫天成印刷有限公司
规　　格:720 毫米×1000 毫米　1/16
13.5 印张　202 千字
版　　次:2017 年 12 月第 1 版
印　　次:2017 年 12 月第 1 次印刷
定　　价:45.00 元

---